中国企业故事

Story of China Enterprises

第一辑

中国企业文化促进会◎主编

中国工人出版社

图书在版编目（CIP）数据

中国企业故事. 第一辑 / 中国企业文化促进会主编. —北京：中国工人出版社，2018.1
ISBN 978-7-5008-6921-4

Ⅰ.①中…　Ⅱ.①中…　Ⅲ.①企业文化—中国—通俗读物　Ⅳ.①F279.23-49

中国版本图书馆CIP数据核字（2018）第017804号

中国企业故事　第一辑

出 版 人	芮宗金
责任编辑	习艳群　时秀晶
责任校对	赵贵芬
责任印制	栾征宇
出版发行	中国工人出版社
地　　址	北京市东城区鼓楼外大街45号　邮编：100120
网　　址	http://www.wp-china.com
电　　话	（010）62005043（总编室）　（010）62005039（出版物流部） （010）62382916（职工教育分社）
发行热线	（010）62005996　（010）82075964（传真）
经　　销	各地书店
印　　刷	北京市密东印刷有限公司
开　　本	710毫米×1000毫米　1/16
印　　张	18
字　　数	260千字
版　　次	2018年2月第1版　2018年2月第1次印刷
定　　价	68.00元

序言

党的十八大以来，习近平总书记多次强调，讲中国故事是时代命题，讲好中国故事是时代使命。习近平总书记更是在内政外交的多个场合带头讲中国故事，传播“中国声音”。《习近平谈治国理政》一书中，至少讲了109个故事，让人们明晰了十八大以来我国取得举世瞩目的成就的文化渊源。

“企业故事”是中国故事的重要组成部分，讲好“企业故事”是“讲好中国故事”不可或缺的重要内容。企业故事蕴含着丰富的企业文化元素，是反映企业文化主旨和质量的一个重要指标，是企业文化传播的重要载体，讲故事有利于提高企业文化的内聚力和外发力，提高企业文化的内外传播率和文化认同率，实现企业文化的名牌效应。

当前，新一轮科技革命正在发生，我国经济正处于产业变革与加快转变经济发展方式的历史交汇期，中国企业文化促进会和中国工人出版社、中外企业文化杂志社等单位联合举办，中国企业文化促进会中小企业文化专委会、北京艺海博文科学研究院承办的首届“企业文化故事”征文活动，以及即将出版的《中国企业故事　第一辑》，广泛地传播中国企业故事，可谓风鹏正举，正当其时。

古人云：文以载道。《中国企业故事　第一辑》最大的亮点是用故事“载道”。企业人通过讲故事，用朴实的道理表达自己的思想、讴歌企业人的生活，打动人、说服人、感动人。企业职工是用行动讲述、书写中国故事和企业故事的重要群体。在本书的60余个故事中，尽管行业不同，但故事都贯穿着企业坚守国家“创新、协调、绿色、开放、共享”的发展理念之“道”，企业的历史文化积淀之“道”，传承文化基因之“道”，人文关怀之“道”，筑牢精神家园之“道”，改革创新之“道”，依法治理之“道”，科学管理之“道”，企业重组之“道”，澎湃企业动力之“道”，标注企业能力之“道”，激发企业活力之“道”，参与“一带一路”建设文化融合之“道”，在开放的格局中各国携手打造命运共同体之“道”，以及员工精益求精的独具匠心之“道”，可谓“言为心之声”。

《中国企业故事　第一辑》把深刻的思想、抽象的道理转换为鲜活的案例，视野开阔，对接地气。故事彰显的是把企业文化建设的优势转化为话语优势，企业发展与国家战略实施合拍共鸣、与员工发展同频共振，看到的是企业人的文化自信，听到的是企业人唱响的昂扬向上的人性歌、关怀歌、正气歌。

在党的十九大报告中，习近平总书记向世界庄严宣示，中国特色社会主义进入新时代。实现中华民族伟大复兴的中国梦，是当代最宏大、最精彩的中国故事。而在筑梦的进程中，价值多元、多变、多样以及思想交锋、交流、交融还可能并存。而讲好中国故事，传播正能量，是每一个中国人的共同责任。讲好企业故事，更是企业人的责任所在。《中国企业故事　第一辑》意在让企业人从中吸收先进文化的养料，感受企业和企业人的智慧，体悟故事背后鲜活的文化化人的治企之道。面对进入中国特色社会主义新时代以及多样的文化元素，我希望全国的企业能从中受到启迪，以发现美的视野和境界学会发现企业故事，更加主动地讲好自己的故事，展现企业的风采，为提升企业软实力继续续写荡气回肠的企业故事。

祝“企业文化故事”征文活动越办越好，在全国的影响力越来越广！

倪健民

2018年1月

目录

上篇　坚守与创新

中篇　热爱与担当

下篇　实干与卓越

上篇

At The Beginning

创新与坚守

金牌教练的“航空梦”

文 / 刘萍

2015 年 8 月 16 日，在热情如火的巴西，当世界技能大赛制造团队挑战赛颁奖屏幕上出现中国国旗的时候，在场的中国人欢呼着、雀跃着，中国实现了该赛事上奖牌为零的突破，一举夺冠！在观众席的五星红旗下，性格坚毅的戴梦漪红了眼眶，在与周围的专家组、教练组成员们激动地互相拥抱后，他连忙拿着相机冲到颁奖台旁，给祖国的三位选手拍照，为祖国的航空制造业留住这宝贵的一刻。

世界技能大赛始于 1950 年，由世界技能组织举办，每两年一届，是世界技能组织成员展示和交流职业技能的重要平台，也是当今世界地位最高、规模最大、影响力最大的职业技能竞赛，被誉为“技能界的奥林匹克”。其中，制造团队挑战赛项目是唯一一个 3 人团队项目，涉及设计、加工制造和装配调试三个领域，难度最大，含金量最高。戴梦漪担任此次制造团队挑战赛项目教练组组长兼技术指导专家。

因为热爱　所以承担

戴梦漪，认识他的人都说他“胸无大志”。他整天埋在设计图纸堆里写写画画，或者在生产工艺现场跟一线的同事们围着零件比比画画，你跟他说“升职、加薪、登上事业高峰”什么的，他只是笑笑，继续每天乐呵呵地围着自己喜爱的航空零件、设备、图纸，一副充实而满足的样子。

戴梦漪进入制造团队挑战赛项目的原因很偶然。2013 年 9 月，由中国航空学会举办的第二届中航工业杯——国际无人飞行器创新大奖赛在北京密云机场举行，中航工业庆安集团有限公司的共轴双旋翼无人直升机“中华珈蟌”凭借新颖的方案和超强的实用性能在北航、清华等 76 支队伍里“杀出重围”，获得创意类比赛第三名，荣获二等奖。这是中航工业所有成员单位获得的最高奖项，也是庆安集团公司所在的航空机电板块里的唯一获奖项目，而这个项目是由戴梦漪指导负责的。戴梦漪的能力被中航工业相关领导看在了眼里，当时中航工业受国家人力资源和社会保障部委托，负责第 43 届团队制造挑战赛项目。因此，戴梦漪顺理成章地成了技术指导专家。

技术指导专家组、现场教练组、青年选手、后勤保障组组成了制造团队的整体。技术指导专家在项目团队中的作用是围绕比赛，协助选手进行方案设计等总体性规划工作，教练组负责青年选手们的现场培训等工作。喜欢拿着零件比画的戴梦漪在完成技术指导专家工作的同时，“老毛病犯了”，跟优秀的青年选手们就比赛的工艺设计、图纸规划等进行讨论，成了他跟选手们的共同爱好。面对选手们实际操作中的困难和工艺设计疑问，他总是很热心地给予帮助，给出让选手甚至教练组成员都惊叹和佩服的答案。于是，某天，负责比赛总规划的领导告诉戴梦漪——通过集体评议，由他担任教练组组长。

此时的戴梦漪，还负责着中航工业庆安集团有限公司新型无人机预研和多个型号的研制推进工作，其中一项型号的研发工作正处于关键期。“胸无大志”的戴梦漪没有向任何人诉苦，他的脸上充满自信和满足，与制造团队项目成员们共同努力着，与公司型号团队的同事们密切联系着。他每周在两个团队之间不停地转换忙碌，没有周末，没有节假日，也没有休息。

因为热爱，所以戴梦漪勇于承担各种任务与责任！

因为热爱　所以选择

戴梦漪的航空梦源自小学时学校组织的一次航模展参观。上海是中国航模工业发展较早的城市，作为上海本地人，戴梦漪从小就有机会看到各式各样的精致航模。每次看到那些航模，他的耳边总会响起航模起飞时让人兴奋的引擎声。那一刻，自己制造航模成为小小戴梦漪的目标。中学时，他获得了上海市航模比赛第一名，成为远近闻名的航模小高手。填高考志愿时，父母都希望他留在上海，因为他是家里的老大，他的考分也很高，招生办老师说可以在上海的高校里随便选。

北京航空学院的老师来上海招生，对戴梦漪这样的人才也是爱不释手，直白地跟他说，“来我们学校吧，我们学校不只能制造航模，还能制造飞机”。从制造航模到制造飞机，戴梦漪觉得自己正在向实现航空梦靠近。18岁的戴梦漪背着行囊，踏入了北航的校园。担任北航航模队队长、获得全国航模比赛一等奖、航模作品被收入北京航空馆，戴梦漪的大学生活充实又精彩。毕业的时候，戴梦漪有机会留校、进研究所，也能回上海。而他又被中航工业庆安集团有限公司负责招聘的领导一句“国家所有战机上都有我们的产品”的话语“忽悠”到了大西北。那个在外人看来腼腆、内向的上海男生被分配到企业分厂担任工艺员。从此，他扎根西安，在庆安这个航空附件厂一干就是33年。

因为热爱，所以戴梦漪勇于选择自己的航空梦想！

因为热爱　所以坚持

一个人不可能永远拥有掌声与荣誉，能力越大，责任越大，压力也越大。戴梦漪的航空梦实践起来也并非一帆风顺。面对坎坷、面对质疑、面对不解、面对困难，戴梦漪从不爱去争辩。“有说话的时间，问题早就解决了。”

当戴梦漪负责的一项型号进入攻关阶段时，公司分厂反馈，工艺人员和工人们都认为某两种零件的图纸有误，根本无法实际制造。而设计人员本身是新手，也没法讲清楚。此时，戴梦漪依然从容镇定。几十年的一线工艺经验和从不间断的学习，让他对该项目所有的设计图纸烂熟于心。在现场，他手把手地带领着设计人员，跟工艺人员和工人们仔细讲解起来，如怎么运用设备、怎么设置设备参数。当两种零件顺利按照设计要求生产出来时，大家纷纷夸赞，戴梦漪却说没有让一线人员完全理解设计思路和图纸是他的失误。

2010年，中航工业庆安集团有限公司正式启动无人机项目预研，由戴梦漪总负责。没有人员，没有资料，没有办公场所，戴梦漪拿着公司下发的成立文件开始了一项新的征程。首要任务就是组建一支有信心、有激情的团队。通过自荐和考核相结合的办法，项目团队招收到了对无人机感兴趣的成员，但每位成员还承担着各自的本职工作。就这样，戴梦漪的无人机团队磕磕绊绊地组建成型。团队里全是20岁出头朝气蓬勃的青年人，他们有热情、能吃苦，对“无人机”却没有概念。公司在无人机这方面连个图纸都没有。怎么办？大家看着戴梦漪。“从无到有才能证明咱们的本事！”戴梦漪鼓励着队友，也鼓励着自己。去图书馆查，去网上搜，去兄弟单位取经，去高校学习，戴梦漪带领着他的无人机团队一步一步扎扎实实地前进着。前期总体方案确定，技术成熟度分析，原型机对比选取；中期原型机性能测试，故障分析与解决；后期样机方案的确定、装配、调试与试飞。他们不断地摸索，不断地尝试，年轻的队员们也在不断地进步着。戴梦漪告诉队友，希望他们把他作为“学步车”，通过他在无人机的道路上迈出稳健的步伐，然后离开“学步车”，独立走出自己的路。

5 年来，庆安无人机团队在中航工业的知名度不断提高，他们研制的“雨燕”“中华珈璁”“巨蝠”等无人机在各项展览比赛中受到高度关注。队员们在戴梦漪的培养锻炼下，已成为公司科研生产的中坚力量。而戴梦漪，依然穿着蓝色工装，重复着上班、下班、加班的节奏，干着自己为之沉醉而热爱的事业。

因为热爱，所以戴梦漪勇于坚持他的航空梦想！

因为热爱　所以永不停歇

正如戴梦漪向国务院副总理马凯汇报时所说的那样，“团队挑战赛非常重要的一点是专家教练可以指导、协助选手，这主要依赖于老工匠对产品的理解和长期积累的工艺经验”。 戴梦漪自称是工匠，在外人看来冷冰冰的航空零件，对他来说却有着不可思议的吸引力。

从世界技能大赛回来的戴梦漪还来不及去享受荣誉，又马不停蹄地参加了第三届中航工业杯——国际无人飞行器创新大奖赛，由他主导设计的“巨蝠”变体尾翼飞翼无人机亮相创意类比赛，达到了预期的目标。对于未来，戴梦漪说他没啥想法。“不过，我们已经有了新的无人机型号设想了。”他笑着说，眼里充满了光。

开拓者号的故事

文 / 王厚全　岳静　张凯

2012 年，中国电建成功进军深圳地铁市场，电建铁路公司作为电建旗下的开拓者和先锋队，承担深圳地铁 7 号线的建设。这是公司承担的第一个地铁项目，意义重大。

公司看好轨道交通市场，当机立断，投资 1 亿元，购置了两台具有国际领先水平的海瑞克土压平衡盾构机，取名开拓者一号、开拓者二号。从此，我与开拓者号结下了不解之缘。

当我得知自己担任盾构队队长时，心里既惊喜又惶恐，惊喜的是公司把这样的重任交给自己，惶恐的是我从未干过盾构，公司把这两个宝贝疙瘩交到我手中，不能辜负领导的重托。我暗暗下定决心，要么不干，要干就干到最好！于是，我开始了组建队伍的新征程，从最初的光杆司令，到成立时的 12 人，发展到今天的 168 人，盾构团队成为该项目第一支，也是最年轻、最具朝气的队伍。

为了尽快掌握技术，我们寻师问教、埋头钻研。甚至为了偷师学艺，在春节期间，积极主动为缺乏劳动力的单位免费上门打工。就这样，作为儿子、父亲的队员们，默默忍受着对亲人的愧疚和思念，白天在一线学习，晚上到宿舍总结经验，大家不叫苦、不喊累，用最短的时间熟练掌握了盾构机的操作原理和使用方法。

我们不断学习、不断探索、不断提高，励志前行，一路走来，由刚出道的小学生，成长为精操作、善管理、懂保养的盾构劲旅。2015 年 1 月 24 日，我们负责的标段在全线盾构区间率先贯通，在全线首创了盾构远程监控系统。

就在我们顺利推进的时候，却遇到了一个拦路虎。记得那是 2014 年 5 月 10 日的一个晚上，在贯通茶珠盾构区间左线仅剩 70 余米的时候，短短的 10 厘米竟然耗用了 5 个多小时。原来是遇到了孤石，它是长 2.2 米、宽 2.5 米、高 6 米的一个石柱，卡在盾构刀盘的右侧。这块石头重重地压在了每个人的心头。我们先后提出了带压进仓、地面加固、冲击破碎等方案，但均不符合现场条件，被一一否定。经对比分析，最终采用深孔爆破的处理办法。但是，常规深孔爆破方法常有，像这种紧贴刀盘的孤石爆破工艺前所未有。如果控制不好，设备损伤的风险极大，刀盘主轴承密封极有可能被冲击波击穿，设备彻底报废，将给公司造成极大的经济损失。

爆也不是，不爆也不是，可如何是好？ 5 月 13 日晚，我站在刀盘停机的位置，看着“3 公里 +179 米”的里程桩号，这个数字我一辈子也忘不了。心想：我们不能就停在这里啊，这可是我们的第一台盾构机。如果爆破控制不好，那设备就完了，我将是企业的罪人！我暗下决心：必须控制好每一个细节、每一个环节，不能出现一点纰漏，成败将在此一举！

为此，深圳地铁 7 号线项目经理张书起千里迢迢连夜赶到武汉理工大学，请到了国内顶尖爆破专家祝教授，帮我们明思路、理细节，最终确定了爆破方案。为了确定埋设炸药的具体位置，我和孙同印两人吃住在工地的集装箱里。可是天公不作美，一直下着雨，但是我们没有退缩，搭起 6 米高的挡雨棚，坚持 24 小时不间断施工。

6 月 3 日 9 点 16 分，随着指挥员发出的指令“准备！ 3-2-1，起爆！”，一声闷响，刹那间，我的脑子里一片空白。不知过了多久，当控制室值班人员王兴利在电话中兴奋地说："成功了！我们成功了！刀盘正常启动了！"我和兄弟们紧紧地拥抱在了一起，再也抑制不住内心的激动，流下了眼泪。回想起这28天的煎熬，虽然似炼狱、似轮回，但是队员们不离不弃、无怨无悔，经受住了考验，没有辜负领导的重托和期盼。

盾构机犹如大病初愈的亲人，让我们更加呵护、爱惜它。有一次，我们遇到洞口涌水，情况紧急，我带着两名队长直接跳入冰冷的水中，玻璃纤维把双手扎得钻心疼，强忍着苦战了三个多小时，最终确保了盾构机安然无恙地穿洞而出。

我们盾构队自成立之初，就始终秉承公司"自强不息、勇于超越"的企业精神，大力弘扬中国电建"精工良建、品臻致远"的企业文化，上下一心、脚踏实地、勤勉奋进，施工期间达到单日掘进27环，全线盾构区间率先贯通，全线4.321公里无开裂、无渗水、无漏水，两次成功穿越大沙河、穿越平南铁路、南坪快速。并且荣获电建集团青年文明号、7号线建设指挥部"工人先锋号"等荣誉称号，得到了上级领导的高度认可和充分肯定。深圳、武汉、哈尔滨等地铁项目遍地开花。

回首走过的362个日日夜夜，我们有泪水，有欢笑，有付出，也有收获。今天，我们这支平均年龄只有28岁的年轻盾构团队，再也不是初出茅庐的小学生了，历经磨炼，已经成长为中国电建旗下一支专业化的盾构劲旅。今后，我们将继续增长本领、积蓄力量。我们的努力必将成为城市容貌的靓丽风景，必将化为城市建设的永恒记忆!

程飞：您信赖的螺杆泵专家

文 / 江志伟

与黄山工业泵制造有限公司（以下简称“黄泵”）董事长兼总经理程飞见面的时候，我被他递过来的名片上的一行文字——“您信赖的螺杆泵专家”所吸引。待三个多小时的专访结束后，我猛然发现：这篇关于程飞的专访文章，再也没有比《程飞：您信赖的螺杆泵专家》更为贴切的题目了。

首次辞职与邓小平南方谈话有关

应该说，我的黄泵之行是慕名而去的——慕“黄泵”之名：国家计划高新技术企业、全国就业与保障先进单位、安徽省最具创新力民营企业、安徽省“安康杯”竞赛优胜企业、安徽省民营企业纳税200强企业、黄山市民营企业纳税20强企业、屯溪区第一纳税大户、黄山市人才工作先进单位、黄山市“十大贡献企业”、黄山市民营企业20强企业等。

应该说，我的黄泵之行是慕名而去的——慕“程飞”之名：安徽省优秀中国特色社会主义建设者、黄山工业泵制造有限公司董事长兼总经理、黄山市人大代表、黄山市企业家协会常务副会长、黄山市工商联副主席、黄山市优秀企业家、黄山市十佳民营企业家等。

但是，更确切地说，我的黄泵之行，是因程飞人生履历表上诸多节点的不可思议而去的：1964 年 1 月 16 日，程飞出生于安徽省屯溪市；1985 年 7 月，程飞从南京林业大学机械工艺专业毕业，被分配到家乡的黄山第一机床厂技术科做技术工艺工作，直到 1992 年 12 月；1992 年 12 月，程飞辞职，于翌年 1 月南下江西新余市，与同学一起创办新德工业泵制造厂，并出任副厂长，负责生产与技术工作；1996 年 10 月，程飞又辞职，返回家乡，与黄山第一机床厂联合创办黄山工业泵制造厂，并出任厂长；2003 年 11 月，黄山工业泵制造厂改制为黄山工业泵制造有限公司，程飞出任董事长兼总经理……在这些履历中，最富传奇色彩的，还是那桩“程飞的首次辞职与邓小平南方谈话有关”的逸事。

1992 年 1 月 18 日至 2 月 21 日，邓小平南巡武昌、深圳、珠海、上海等地，发表了一系列南方谈话。邓小平的南方谈话，对中国 20 世纪 90 年代的经济改革与社会进步起到了关键的推动作用，也在不安于现状、渴望迎接挑战的程飞心中激起了巨大的浪花。尤其是邓小平说的“改革开放胆子要大一些，敢于试验，不能像小脚女人一样。看准了的，就大胆地试，大胆地闯。深圳的重要经验就是敢闯。没有一点闯的精神，没有一点‘冒’的精神，没有一股气呀、劲呀，就走不出一条好路，走不出一条新路，就干不出新的事业”和“高科技项目要让年轻人干，希望在青年人身上”，更是被程飞反反复复地咀嚼思考。好多次，他都亢奋得彻夜难眠，一遍又一遍地告诫自己：我要大胆地去闯，干出一番新事业来！

1992 年年底，程飞忽然递交他的辞职报告，告别了他国有企业科技人员的光环，告别了他舒适安逸的生活，告别了家人，独自南下江西新余市，去闯、去干，去拥抱高科技，去拥抱螺杆泵事业！就这样，程飞成了黄山第一机床厂第一个辞职下海创业的大学生。程飞告诉我，他当时的辞职是破釜沉舟的，是“跳水”式的，中间没有假借“调休、请病假”之类的托词进行“试水”缓冲。因为他有信心，也相信自己，所以敢于自断后路，只留下“往前走”这条路。此时，程飞刚刚度过他 28 岁的生日。

创出一份属于自己的事业

为了创出一份属于自己的事业，在江西新余市创业的这段时间里，程飞与大学同学一起租借一家校办工厂的厂房，创建起新德工业泵制造厂，并出任负责生产与技术的副厂长，他大学同学则出任厂长，并负责营销。南下的目的地，为什么是新余而不是深圳？这是因为，新余是他的那位原在南京工业泵制造厂工作的大学同学的老家，初次创业，有些人脉优势或许会好些。从 1993 年 1 月到 1996 年 12 月，程飞在新德苦干了近四年。他最大的收获，就是借助新德这个平台，使自己走进了螺杆泵事业，并牢牢地树立起“成为螺杆泵专家”“永远为螺杆泵事业而奋斗”的目标。

为了创出一份属于自己的事业，1996 年 10 月，程飞又辞去新德副厂长的职务，打道回府，来到自己的家乡——黄山市，进行第二次创业。他与黄山第一机床厂联合组建了黄山工业泵制造厂，并出任厂长，先后租赁机床修理厂、屯溪茶厂等的厂房，设计、研发和生产螺杆泵。2003 年 11 月，工厂迎来改制，成立了黄山工业泵制造有限公司，程飞出任董事长兼总经理。从此，程飞犹如一只飞出鸟笼的鸟儿，在市场经济的广袤天地里自由地飞翔。即便是在金融危机期间，黄泵也没有萧条冷落，反而还买下 50 亩地进行第二期工程建设，以控制风险，并利用这段难得的时间培训员工，养精蓄锐、蓄势待发。

在厂房里连续奋战 13 天

那是 1999 年春节的前夕，黄泵接到了一宗来自江苏南通市某客户的紧急订单：突击完成两台特大型2GS208螺杆泵的设计、制造任务，必须在一个月内交货。

这对于当时的黄泵来说，是一个大难题：一是时间紧，虽说还有一个月的时间，但实际上只有半个月，因为其间有一个春节；二是任务重，黄泵没有生产过特大型的螺杆泵，没有图纸，得在十天时间内突击完成包括图纸设计、开模、生产等诸多任务；三是形势险，春节期间好多厂家、店家都要关门过年，采购材料的时间很紧，得赶在节前完成材料的采购。

对于这个一般人不敢接的订单，不畏挑战的程飞和他的团队挺身而出、迎难而上。从接下订单的第一天开始，程飞就在厂房里安营扎寨，夜以继日地苦战，边设计图纸，边准备材料，边进行加工。他白天在车间里指导会战，夜里则在办公室里设计图纸。团队员工一呼百应，急程飞之所急，忙程飞之所需。全员加班连轴转，一直忙到大年三十晚上，大年初一放了半天假，下午又回到厂房继续奋战。最终，他们赶在限期前完成了交货。为了完成这个订单任务，程飞创下了“在厂房中连续度过13天没回家”的纪录。

程飞现在回想起来，还觉得那次任务能够提前完成有些不可思议。不过，程飞也坦言，自己是一个工作狂，连续13天待在厂房里工作就是证明。

“席地而坐”与“ISO9000”

在程飞的带领下，公司成立伊始就树立起了“以质量求生存、以服务求市场、以效益求发展”的企业方针。“以精心、创精品、树名企”是黄泵人孜孜不倦的追求。多年来，公司一直注重管理、质量、服务、科技创新和品牌建设，关注员工利益和为社会作贡献。在黄泵屯溪茶厂时期的“席地而坐”与“ISO9000”的故事，就非常动人。

那是发生2000年到2003年之间的事儿。当时，程飞为了发展黄泵，除了租赁城郊机床修理厂500平方米的车间，又租赁了中心城区屯溪茶厂空闲的厂房，以及茶厂闲置的设备。于是，这三年，黄泵就在这两个距离遥远的租赁厂房里生产。

条件虽然艰苦，但程飞坚信，“天将降大任于斯人也，必先苦其心志，劳其筋骨”，他苦中作乐、泰然处之。一方面，程飞做出一个非凡的举动，再苦不能苦科技，他将 2001 年全年的办公经费全部节省下来，用于添置技术科室里的空调、电脑。这引得许多慕名而来的兄弟单位的技术人员纷纷赞叹道：“好羡慕啊，你们的技术人员能在空调办公室里人手一台电脑设计、画图！”另一方面，程飞又提出，再苦不能苦质量。他大张旗鼓地在公司上下开展 ISO9000 质量管理体系的知识普及与实践活动。

公司没有会议室，更没有大会堂，程飞的关于“ISO9000 质量管理体系知识普及与实践活动”的动员大会，只能在厂房门口的一小块水泥地上进行。心怀鸿鹄之志的程飞，站在台阶上进行宣讲，30 多个员工则只能席地而坐。那是黄泵创业史上令人难忘的一幕：与国际接轨的先进质量管理议题，却是在最寒酸、最简陋的水泥地上进行讨论的。

功夫不负有心人，经过矢志不渝的努力，黄泵终于在 2000 年 12 月通过了 ISO9002—94 质量体系认证，又于 2003 年 12 月通过了 ISO9001—2000 质量体系认证，企业的管理水平跨上了一个更高的台阶。其间，黄泵于 2000 年获得中石化物质资源市场成员证和石化行业贮运设计推荐证；2002 年 7 月，获得“安徽省质量协会会员单位”称号；2003 年，取得中石化推荐产品证书；2004 年，获得黄山市民营企业 50 强称号；2004 年 9 月，公司生产的三螺杆泵获得“安徽省名牌产品”称号；2005 年 9 月，被认定为“安徽省民营科技企业”；2005 年 12 月，被认定为安徽省高新技术企业，其主导产品三螺杆泵同时被认定为省高新技术产品。

程飞回忆说，那是黄泵向现代企业管理转变迈出的第一步。从此，ISO9000 系列标准锤炼出了黄泵员工很多优秀的理念，更派生出了黄泵一系列先进的质量理念，如“质量是设计出来的，质量是制造出来的，质量是管理出来的”“产品满足用户需求，制造符合技术标准，管理促进持续改进，服务保证顾客满意”等。如今，这些先进的理念，已经成为黄泵的立足之本、发展之基。

不满足于“全国第二”

在外人看来，黄泵的三螺杆泵与双螺杆泵的综合生产能力在全国排在第二位，仅次于天津工业泵公司（以下简称“天泵”），已经是十分了不起的成绩了。但程飞却并不满足于“全国第二”，他一直都在知己知彼地瞄准着天泵，一点点地突破，以寻求超越。

关于黄泵与天泵之间的较量，程飞的头脑相当清晰，他如数家珍般地给我们做出如下分析：

目前已经实现超越的：黄泵三螺杆泵的产量已经超越了天泵；黄泵三螺杆泵的细分行业，如冶金、电力等的用户应用量已经超越了天泵；黄泵企业内部的综合检测中心的规模与自动化程度均超越了天泵；黄泵的综合服务保障能力也已经超越了天泵。

目前存在的差距：天泵的生产规模为两个亿，而黄泵只有一个亿；天泵拥有价值 2000 万的关键设备螺杆磨床，而黄泵正在准备采购；天泵已经拥有了市场积淀深厚的老字号品牌，而黄泵的品牌还处在造势阶段；在技术研发上，黄泵与天泵之间的差距则更大一些。

程飞敢于承认差距，敢于以“国内领先、国际知名”作为自己的目标，并带领着他的团队为实现此目标而日夜奋斗，从而赢得了业内专家、同行的好评。对于黄泵的螺杆泵检测中心，合肥工业大学化工机械研究所的研究员、博导李强给予了这样的评价：“这条全靠投钱的检测线，国家容积泵实验室和国有大公司都没有去搞，而你们一个小民营企业却愿意为此投入 600 万，令人感动。”中国螺杆泵专业委员会的专家们在 2010 年 5 月 21 日视察、参观黄泵之后，高度评价黄泵的检测中心，一致认为“这是目前国内规模最大、现代化程度最高的螺杆泵检测线”。专家们回去后不久，天泵和同行多个企业就多次派出技术专家来黄泵取经。程飞将此视为一个关于超越的可喜预兆。

程飞告诉我，黄泵的发展战略是从2009年开始的，用五年的时间，真正成为中国一流的螺杆泵制造企业，实现三螺杆泵“中国第一品牌”的目标。听着这样的话语，我的耳边回响起一句世界名言：“不想当将军的士兵，不是好士兵。”

专利证书与维权声明

在黄泵档案室里，我欣喜地看到了一大摞盖着国徽公章的由国家知识产权局颁发的“专利证书”。这里面既有“外观”类的专利，也有“实用新型”类的专利，共有17项之多。我发现，在这些专利证书上的“发明人”名单里，基本上都有程飞的名字。

我问程飞，担任总经理的担子已经非常沉重了，怎么还有时间来搞发明。他回答说，他们的发明项目都是围绕产品的竞争力来进行的，所以他们具有发明创新的巨大原动力。再加上他自己有发明和创新的习惯，思考几乎占去了他所有的业余时间。在家中休息时，在出差的长途汽车里，甚至在睡梦之中，他都在不停地思考，创新的火花随时闪现。他厚积薄发，灵感之光必然频频闪烁出耀眼的光芒。我想起了他名片上那句“你信赖的螺杆泵专家”，更加觉得名副其实。

在注重创新的同时，黄泵对知识产权的维权意识也很强烈。就在我们采写这篇文章的时候，我们在黄泵的公司官网上读到了一份题为“黄泵维权声明”的文件。“黄泵维权声明”内容如下：近期发现部分南京地区和黄山地区的螺杆泵制造、销售公司未经我公司授权，利用网络媒体发布、转载我公司产品图片、文字描述及用户选型参数表，其中大量涉及我公司知识产权和专利。现针对侵权行为，发表如下声明……

程飞告诉我，他们之所以要如此强力、积极地维权，除了理直气壮地捍卫自己的知识产权，更主要的是因为担心那些打着他们招牌的盗版螺杆泵会败坏黄泵的声誉。

每一位员工都很重要

在程飞的心中，公司的每一位员工都很重要。他一直认为：大家从四面八方走到黄泵这个集体里来，是一种难得的缘分。我当老总，您当员工，仅仅只是分工不同而已，大家都是黄泵的一分子，是一条战壕里的战友，所干的也是同一份“为祖国的螺杆泵事业而奋斗”的大事。正因为如此，在1997年公司差点去借高利贷的非常困难时期，程飞却拿出自己在江西赚到的全部积蓄，再把父亲用来炒股的资金也一起借来，按时按量地给员工发放工资，没有任何拖欠。也正因为如此，1998年和1999年，在公司两次接到紧急订单却又奇缺资金的情况下，员工们才能主动为程飞着想，为公司分忧，纷纷奉上自己力所能及的资金，帮助公司渡过难关。

公司自成立以来，一直以《劳动法》等法律法规为办企业的依据，与公司员工均签订了劳动合同，保证了员工的利益。公司的工资水平依据相关制度和公司的经济效益，一直稳中有进，按月发放，从无拖欠现象发生。在劳动保护设施方面配置齐全。公司特别成立了安全委员会，对公司的安全着重管理，为生产一线的员工都配置了相关的劳保用品，保护员工的生产安全。在平时的管理中，公司都会对员工进行安全生产方面的教育与宣传，提高员工的安全意识。公司未有任何重大工伤事件和集体争议的事件发生。

在员工福利方面：公司为签订劳动合同的员工办理有关社会保障法规规定的养老、医疗、失业、工伤、生育五类险种和商业保险“意外伤害险”，并按时足额缴纳各项保险费；对新进的外地员工，在住房方面也给予一定的补贴；部分岗位享有手机通信费补贴；为营造温馨和睦的社会、家庭环境，公司怀着以人为本的理念，在妇女节期间为员工发放慰问费；“六一”儿童节时，给员工子女发放慰问费；为保障员工的身体健康，公司定于每年的夏季发放防暑降温费，用于员工自购防暑降温用品；员工生病住院及喜丧假期也有一定的慰问金。

公司于2005年先后建立了工会制度，成立了党支部带领下的工会组织，在公司范围内组织职工参加多项群体性娱乐活动。公司还成立了团支部以及党支部，鼓励与帮助年轻员工积极入团、入党，为社会培养有思想、有文化、有道德、有素质的先进年轻人队伍。

经过多年培育，公司现有员工200多人，其中工程技术人员34人，检验理化人员7人，高级技术工11人。引进人才不容易，但留下人才更难。公司在倾力改善住宿、娱乐、交通等条件的同时，也引导人才把自身职业规划与企业发展相结合，解决他们的后顾之忧。2017年，公司还把员工住房补贴和住房公积金等福利纳入议事日程，提高了人才对企业的认同度，为企业建设了一支优秀的创新型人才队伍。

人多了，管理成了大难题。在多年的发展过程中，黄泵摸索出了一套自己的管理办法——以人为本，凝聚人心，让大家的心跟企业的发展紧紧连在一起。程飞说，在金融危机的背景下，企业再苦再难，也没有裁退一个员工。2008年和2009年，公司连续两年薪酬增幅都在15%以上。“专业专注、传承创新、尽责敬业、共享共赢”，在这种家庭式管理的理念下，员工的积极性被极大地激发出来，每一位参与企业发展的员工都获得了利益，收获了快乐。

高效管理与人性化管理相结合

公司还高度重视规范经营和创新发展，全力打造高效的管理团队、广泛的市场营销网络以及专业完善的服务队伍，通过实施信息化管理和持续优化的管理理念，建立系统化、规范化的现代企业制度，不断提升企业的管理水平。

从引进式“输血”到自发式“造血”，企业的发展迈上了新的台阶，产品由原来的几十种扩大到了现在的500多种、20多个系列，广泛运用于冶金、电力、石油、化工、建材、船舶、机械等行业。“造血”不仅造出了企业效益的几何式增长，更为企业赢得了荣誉和社会的广泛赞许。2006年10月12日，黄泵被评为“劳动就业和社会保障全国优秀民营企业”，程飞代表公司赴京参会，受到了党和政府的表彰。

近年来，随着国内外环境的风云变幻以及公司突飞猛进的发展，公司更加注重员工素质教育和技能提升培训，每年在各项培训上投入的直接成本达20余万元，每年都聘请专家来公司指导交流。黄泵的培训分为内部培训和外部培训。内部培训是员工在公司内部参加的培训，外部培训是指派员工到专业培训基地进行专业方面的培训。通过内外结合的培训，员工的岗位技能得到提升。而在一些关键工序、重要岗位和特殊工种方面，员工都做到了持证上岗。

在黄泵的员工中，出现了这样的例子。个别员工想去外面的世界闯一闯，跳槽离厂。但是，没过多久，却都一个一个地回到黄泵来。一问原因，他们众口一词：“跑来跑去，还是黄泵对员工好；走来走去，还是觉得在黄泵最有奔头。”

一位员工接受我们的采访时表示：“黄泵有两点是其他地方难以做到的：一是能像黄泵这样，工龄工资、餐费补贴、交通补贴、节日慰问、生日慰问、免费体检、年终奖励等一样都不少的厂家，已经越来越少了；二是能像黄泵这样，处处为普通员工的利益着想，即便是在金融危机的窘困境地之时，也绝不裁退一名员工的厂家更是凤毛麟角。”

另一位员工则给我们举出这样两个例子：一个是当程飞获悉公司员工每天早晨的时间最紧张，又要买菜做饭，又要护送孩子上学，又担心上班迟到，便将早上的上班时间调整到8：30。另一个是，公司每年都组织全体员工出外旅游。更难能可贵的是，公司非常注重人性化的安排，每次都给出好几个旅游目的地，任员工自由选择。同时，对于愿意出门旅游的员工，公司还号召他们携带家人一起出游，并给予适当的补贴。对于那些不愿出门旅游的员工，公司也会给予一半的款项表示慰问。

“RSP 黄泵”与黄泵愿景

“RSP 黄泵”是黄泵推出的品牌标识。其中，“R”是“一流”的意思，“S”是“螺杆”的意思，“P”是“泵”的意思。合起来的品牌语言就是，“黄泵，一流的螺杆泵，一流的螺杆泵制造企业”。

现在，程飞的愿景，同时也是黄泵的美好愿景是什么？很明确，那就是努力把黄泵打造成“百年企业、现代企业”。程飞说，一方面，黄泵不仅要注重当下的发展，更要追求持久的存在，努力成为“百年老店”。百年愿景将使企业的行为立足于长远的目标，而非短期利益。另一方面，黄泵要符合时代的要求，这样的企业才能生生不息。特别是在当前，制造行业科技进步快，管理水平和模式改变快，企业要与之相适应。建成现代化的企业是企业基业长青的基本前提。

让我们记住吧，在国际旅游城市安徽省黄山市中，有一个“您信赖的螺杆泵专家”—— 黄泵；在黄山工业泵制造有限公司里，有一位“您信赖的螺杆泵专家”——程飞！

项志新：平凡的“盛京大工匠”

文 / 黄瑞　湘子

这是 2015 年夏天一个普普通通的早晨，但对项志新来说，这个早晨却不普通。太阳还没有出来，项志新就起床了。打开客厅的窗子，一股清新的空气涌进了房间。他深深地吸了几口，顿感神清气爽，疲惫一扫而光。在他的内心深处，暗藏着必胜的信念。

今天是项志新“大考”的日子，他将参加沈阳市总工会组织的“百千万技能大赛”，而他的目标是夺得总控工工种的冠军，获得“技术大王”的称号。参加这场考试的有全沈阳市近七百名总控工，最终能成为“技术大王”的只有一位。

这是一次艰难的航程。

考试分为理论考试和实际操作考试两项。理论考试在半个月前就结束了，近七百名考生只剩下两百多人能进入实际操作考试环节。要摘得“技术大王”的桂冠，其难度可见一斑。

好在项志新不但有目标，更有良好的心态。虽然他的目标是夺得冠军，但他内心却很平静。他把这次实际操作考试当作是在工段里为徒弟们进行实际操作的一次示范和讲解。他虽然只有大专学历，带的徒弟却大多有大学本科。低学历的人给高学历的人当师傅，师傅就要有一定的本事和过人之处。项志新的过人之处很多：他用手一攥，用鼻子一闻，就能判断出生产中的物料发酵是否正常；他在100多米长的管路上随意吐口唾沫，就能判断出管路的大概温度，符不符合生产要求；他对工段设备中的上千条管线了如指掌。

这次实际操作考试的内容涉及化工生产中常用的五种设备的工艺，如间歇反应釜工艺、离心泵工艺、抽真空系统、吸收解吸工艺、精馏塔工艺，都具有代表性。在考试过程中，要在规定的时间内，对这五种设备进行开、停车处理，对设备出现的异常情况进行处理，对设备进行随机处理，等等。

虽然是电脑模拟考试，但每一步、每一个环节都跟在实际设备上操作一样。要按正确的操作方法，按步骤走完全部的流程。有时候在一个画面上，会出现上百条行进的“路径”，如果没有扎实的理论功底，没有实际的操作经验，很难判断出下一步的正确走向。

项志新一边平静地操作着，一边细致地观察和分析。这次考试把两种物料放在反应釜里进行加工。平时，项志新会把蒸汽阀门开到40%，反应温度会稳定地控制在130℃左右，直到反应完成。可这次，当阀门调至20%时，他就发现了异样，反应温度上升的速度变快了。他心想：“不对，这么弄，釜里的料就废了！”他反应过来，考官一定是把后台的参数改变了。如果经验不足，是无法找到这个原因的。项志新改变了策略，把蒸汽阀门调到30%，之后减缓了阀门开启的速度，一边观察，一边分析，最后反应顺利结束，得到了他满意的结果。

项志新沉着冷静地应对五种设备的考试，一个个破解难题，一步步操作工艺流程，满意的结果一次次出现！

他一边认真考试，一边嘱咐自己不能犯上次考试的低级错误。两年前，也是同样的考试，为了追求细节上的完美，他把时间都浪费掉了。把小分数的题一道道做得很精细，可等做大分数的题时，却没了时间。那次是“捡了芝麻，丢了西瓜”，最后只得了个“技术能手”。

考试结束了，项志新感觉良好，但东北制药集团工会的领导们却很担心，因为这次考试高手云集，来自石蜡化、化工厂等大集团的总控工们一个个都实力强大。不过最终，项志新成了“杀出来的一匹黑马”，以总分第一的成绩摘取了沈阳市总控工种“技术大王”的桂冠，获得了2016年沈阳市“五一劳动奖章”的光荣称号。

项志新出生于一个普通的工人家庭，但由于特殊的家庭经历，他的出生地却是一个偏远的农村。

项志新的父亲原来是沈阳市耐火材料厂的模具工人，但在动乱的岁月里，在不知情的情况下，被下放到了新民县一个叫陶屯村的农村。后来听说，是因为工厂有下乡的指标，老实的父亲就被下放到乡下了。1975年，项志新出生时，家里已有一个哥哥和两个姐姐。

本该是城里孩子，项志新却成了农村的孩子。在他的记忆里，居住的村子附近有一条河，叫辽河。他经常与小伙伴们到辽河边上玩耍，河边或草地上，经常有蛇出现。那时，他不知道蛇是有毒的，所以心里没有惧怕。有时把蛇撵到一个小洞时，别的孩子不知道怎么办，他却拿着小棍把蛇捅出来，并用棍压住蛇的头部，然后抓起来。

直到项志新10岁的时候，他和家人才从农村返回沈阳城里。他中学毕业后，为了给家里减轻负担，没有考高中，直接考了中专，上了沈阳市医药学校。从此，项志新与“药”结下了不解之缘。

1995年，项志新带着美好的愿望，来到东北制药厂工作，开始了他人生新的旅程。

东北制药厂，成立于1946年9月，其前身是东北卫生技术厂，在佳木斯创建。当时全厂有职工200人，全部产品供参与解放战争的人员使用。东北制药厂以一白（葡萄糖）、一黑（活性炭）开创中国化学制药先河。1949年1月，石家庄冀东军区卫生材料厂并入东北制药厂。1949年3月，佳木斯东北制药厂迁至沈阳，开启了东北制药厂新的序幕。

在入厂前，项志新曾多次在脑海中想象在药厂工作的场面，那里应该是干净整洁、宽敞明亮的。但当他入厂时才发现，现实与想象天差地别。他所在的工段是制药厂发酵车间，车间里整日机器轰鸣，一年四季都是高温难耐。现实与理想的反差，让项志新的情绪一度跌落到冰点。慢慢地，他适应了环境，也适应了工作。

东北制药厂当时新上马的一个大项目就是VC项目。而项目的第一道工序便要在项志新所在的发酵车间进行，所以东北制药厂的人都管这个车间叫作“龙头车间”。

项志新被安排在“龙头车间”的连消岗位，直白地说，就是对产品进行连续消毒。刚开始，他认为这是一个很平常的岗位。时间长了，他才知道，在发酵车间，每一个工种、每一道工序都十分重要。就拿连消岗位来说，如果消毒没消好，染菌率就会上升，会直接影响产品的产量和质量，最终影响效益和药厂的发展。

项志新适应了环境和岗位后，开始脚踏实地地工作。当时，虽然他是一个少言寡语的年轻人，但在工作中却是一个细心的人。虽然他的本职工作是连消，但他开始有意识地去慢慢熟悉他所在的这条生产线上的每个环节。

发酵车间有两条生产线，几年下来，项志新把工段里各个岗位的操作流程和设备性能都熟记于心，甚至掌握了青年工人很少掌握的设备维修技术。那时，工厂正处于转型的关键时期，需要注入新鲜血液。所以，工厂里的新人数量在迅速增加，而老的技术工人数量却在不断减少。想上进的青年工人，主要得靠自己去努力。

项志新每天在自己的工作岗位上默默地努力着。每日从空消、打料至接种，他无数次地检查，一有疑点，他就想办法解决，连工友们遇到的问题他也帮助解决，被他破解的疑难问题已经多得数不清了。也正因为他的努力，他的技术水平得到了很大的提升，个人收率指标在车间里连续多个月排第一。2000 年 10 月，他已经把第二名远远地甩在了后面，收率指标高出其他人三到四个百分点。

也是在这一年，车间的生产装备进入了维修期，当时二步大罐生产连续出现染菌，给公司带来了重大损失，公司领导和车间领导都十分着急。

项志新看在眼里，急在心上。到底是什么原因致使染菌严重？他开始认真观察，研究设备的压力、温度、阀门的手感、设备运转的平稳性等。最后他发现，造成染菌严重的原因是水汽混合不均匀，应该是连消混合器的内部构件松动造成的。

项志新把想法跟车间领导说了，虽然大多数人直摇头，不相信一个刚刚工作四五年的小青年能解决这个问题。但车间领导相信了他，按他的思路，对设备进行了检查。结果，打开连消混合器一看，里面的部件果真脱落了。原因找到了，问题很快得到了解决，为公司挽回了百万元的损失。

项志新的名字一下子在车间里传开了！当时，他还在倒班，但没过多久，他就被调来上白班。2005 年，他开始负责工段生产线的维修工作。

2008 年夏末，东北制药厂购入了一台新型的 300 吨发酵罐体，当时已经开始负责工段设备维修的项志新配合进行罐体安装作业。

罐体安装后，因为采用的是新型的空气系统，染菌率过高，发酵生产形势十分严峻。如果找不出原因，染菌率居高不下，这个罐体就有被弃用的可能。

项志新十分着急，他一边查找资料进行分析，一边利用生产间隙钻进罐体内进行观察和研究。当时，“秋老虎”横行，天气十分燥热，罐体内更是闷热难挨。

功夫不负苦心人，项志新终于找到了原因，是空气系统设计的工艺不合理，本应上下平均流动的空气，却大部分偏上流动，没有达到液体物料翻腾的标准。于是，他在操作方法上进行调试，成功解决了这一难题，挽回了不可估量的经济损失。

2009年，东北制药厂为了提高产能，又上马一台近500吨的二步发酵罐体。项志新在安装大罐时发现，罐体的排水口设计有问题。经过计算，他认为排水口设计过高，如果按现在的图纸进行安装，实际生产时，排水将会有障碍，会导致严重的生产问题。

问题发现后，项志新及时把这一问题上报给车间领导和设计部门。是按原图纸进行安装，还是按项志新提出的意见进行改进，相关技术人员进行了认真的讨论。项志新反复研究，认为自己的观点是对的。如果按原图纸安装也能生产，但产品收率将会大打折扣。按一批料几十万来算，三五天一批料，一年下来，成本浪费严重。在项志新的坚持下，相关技术部门重新修改了图纸，按他的建议，把排水口下移了。

大罐的安装工作前前后后进行了40多天才结束。安装了40多天，项志新就陪同安装了40多天。

安装大罐时，项志新的女儿还不到一周岁。女儿需要他照顾，爱人需要他帮助，而此时，车间大罐安装更需要他。当时他想，女儿哭一两声是小事，爱人受累之后他可以弥补，但大罐的安装是一丝一毫也不能马虎的！

大罐安装工作结束后，项志新知道爱人还在生他的气，就使出浑身解数，让爱人高兴。他说："等车间产能上去了，发奖金了，一定给你买好衣服穿！"爱人看着他憨厚的样子，摇着头笑了起来。

2013年9月，因车间生产能力不够，项志新提出用"三级种子连消灭菌"的方法来提高生产能力。要实现这一目的，就要对相关设备进行改造。他的创新想法，得到了车间领导的支持。可是在施工中，没有图纸，外来的施工队伍对设备、技术更是不能完全吃透，完全靠项志新和他的同事们平时对设备和操作过程的理解来指导施工，使得施工难度加大。

项志新对施工的要求很高，因为这一改造稍有不慎，就将影响全局，不但提高不了生产能力，反而会使生产能力下降。

项志新对施工方提出要求，改造后的设备必须符合工艺操作要求，符合环保要求，符合员工操作方便的特性，安装后的设备还要美观。

要求高，就很难达到标准，所以施工项目经常被项志新叫停，施工周期也随之加长。施工方接受不了，经常找项志新理论，甚至威胁他说："这么为难我们，有你好果子吃！"

项志新的爱人听说后，很担心，对他说："别那么认真行不行？为了公家的事，你少为难人家。"

项志新说："我不是为难他们，他们必须达到标准，不然设备不但改造不成，车间的生产还会有巨大的损失。这个责任，谁能担得起？"

车间领导知道此事后，站出来为项志新撑腰，支持他坚持原则。

经过不懈的努力，施工任务圆满完成，试车一次性成功。这一方法解决了生产中种子不够的生产矛盾。安装完成后，生产中的蒸汽用量每批减少了3吨，节约了成本，降低了染菌率，还提高了1%的收率。

VC产品在市场上的竞争也十分激烈。为了站稳市场，东北制药厂多次提高生产能力，从最初的千吨，到中期的万吨，再到后来的三万吨，产量从小到大，不断扩大市场占有率。

要从万吨生产线变为三万吨生产线，一些配套的设备就要进行技术改造。压缩空气的设备够用，可输送空气的管线已经满足不了生产的需求。东北制药厂的技术人员提出要上一条独立管线，输送压缩空气。

按理说，项志新只是车间工段里的一名普通员工，技术上的项目和他并无太大关系。一条独立管线如何上，这是技术人员的事情。可是，熟悉和掌握车间上千条管线生产流程的他，面对技术人员设计的图纸，还是忍不住提出了自己的想法和建议。

上一条独立管线输送压缩空气并没有错，可项志新在实践中总结出，万一生产中出现异常情况，这条独立输送的管线就会失去作用。他建议采取并行的方式，把新上的管线与原来的管线合并，如果生产中出现异常，它们可互相补充。他的建议被采纳了，他也一同参与设计和施工。

这项管线项目于2014年8月初开工，到月末才结束，又是20多天，项志新像长在了车间一样。有朋友说："大项，你图个什么，也不多给你一分钱，有那个时间，打打扑克、逛逛公园多好。"质朴的他，从不与人争辩，只是对朋友笑一笑。

可项志新心里清楚，项目改造成功了，氧气量充分了，可大大缩短发酵周期。周期缩短了，生产能力上来了，效益就有了，东北制药厂就会发展，这是他和每一个东北制药人最希望看到的结果，所以，他付出得再多，也是值得的。

"东北制药的VC项目，在东北制药集团里占有很大的比重。最红火的时候，它曾占据东北制药的半壁江山，目前在东北制药集团里，仍是重要支柱。VC是人体不可缺少的维生素，在欧美市场需求更大。它在食品、药品、饲料领域里是必备的原料。随着生活水平的提升，食品保鲜都开始使用VC。但是，现在全国VC产品市场竞争仍然激烈，我们单位真需要大批的像项志新这样的人，还要不断拼搏，才能有广阔的前景。"陈宏权说道。

陈宏权是东北制药VC分公司的总经理，直接分管项志新所在的车间。陈宏权曾是项志新所在车间的老主任，他对项志新有着中肯的评价。他说："项志新有三个特点。一是干事脚踏实地，总是一步一个脚印地，不论被安排什么任务，都完成得又快又好。二是人品好。有的青年人，挣一千元的工资就干一千元的活儿，多一分钱都不会干，而项志新相反，你给他一千元的工资，他能干出两千元的活儿。三是爱学习。项志新没有闲着的时候，他总在琢磨事儿，一件事他不研究透了，是不会罢休的。就是凭着这种精神，他才把车间里的一些技术改造研究成功。"

项志新从参加工作到现在，一直从事VC发酵生产工作。他从一名普通的连消岗位操作工，成长为发酵工段的带班长。在工作的20年间，他参与了发酵工段的很多创新项目和技术改造项目的设计与实施，提高了发酵工段的生产能力、降低了能源成本和原料成本，实现了工段发酵稳定生产，各项指标居同行业领先水平。

天道酬勤。2016年，项志新被沈阳市总工会评选为沈阳市“盛京大工匠”。获得这一称号，项志新当之无愧。项志新是一位平凡的人，而我们的大千世界正是由这些平凡的人组成。正因为有了这些平凡人的默默付出，生活才会绚丽多姿，世界才会风景无限！

杨庆华：工人创新有力量

文 / 姜铁军

工人创新的力量到底有多大？国网工匠上海市电力公司检修公司输电运检中心专业工程师杨庆华以自己的实际行动给出了最有力的回答。

因为坚持创新，杨庆华获得了许多荣誉：全国技术能手、国家电网公司技术能手、全国劳动模范、全国五一劳动奖章、上海市十大工人发明家……他率领“全国示范性劳模创新工作室”的50位成员，共完成了22项科技项目，先后在中文核心期刊上发表论文近40篇，取得发明专利31项、实用新型专利63项，累计创造经济效益超10亿元。

杨庆华挥舞创新的大笔，在一组组数字背后描绘着一幅幅绚丽的画卷……

创新让抢修救灾任务提前完成

2008年1月，中国中南部数省遭遇百年一遇的冰雪灾害。国家电网公司一声令下，全国各地组建起数百支抢修队伍奔向灾区。

杨庆华被任命为抗冰抢险队领队，率领120余人的队伍紧急奔赴浙江金华的琅琊山区，负责 4 基 50 万千伏铁塔的抢修。然而，重新组立的 4 基铁塔，所用塔材都比原先的要粗，山顶面积狭小，不利于抱杆起立，如果操作不当，可能会发生塔倒人亡的安全事故。如何把抱杆立住、立稳是当务之急。琅琊山地质复杂，坚硬的岩石和松软的烂泥地混杂，平时采用的拉线方法显然不适用。很快，杨庆华提出采用悬浮抱杆组立铁塔，配合平原地区基本不采用的炮弹桩立桩的特殊施工方案。顾名思义，“炮弹桩”有着炮弹尖尖的形状及爆破威力，能钻到烂泥最深处，破开岩石最坚硬处，把四条拉线牢牢拉住。抱杆稳了，才能成功立桩。

上级领导要求 22 天完成 4 基 50 万千伏铁塔的抢修工作，很多人认为这是根本不可能完成的任务，但杨庆华率领的抢修队只用了 20 天就完成了。抢修队员们相互拥抱，流下激动的泪水。如此艰巨的抢险任务让年轻员工得到了锻炼，也让他们从杨庆华身上看到了一种精神、一种优秀品质。提前两天完成抢修任务在平时算不了什么，但在灾情面前则显得难能可贵。检修公司平日里对员工的敬业教育，企业文化对员工的熏陶，让他们经受住了考验……

创新让一个“神话”诞生

上海浦东，一块新开发的热土，到处生机勃勃。建设需要电力，生产、生活也需要电力。一条 220 千伏杨新 2143/2144 线的输送容量无法满足浦东地区日益增长的用电需求，亟须增容改造。按常规增加导线截面及载流量的方法，这条线路要推倒旧塔重建新塔。但方案被否决了，浦东用电负荷大，整条线路长时间停电重建影响范围太过广泛，政府有关部门只同意缩短停电时间进行改建。

不建新铁塔，只能在旧铁塔的线路输送容量上想办法。几经分析研究，公司决定使用美国 3M 公司最新型的铝基陶瓷芯 ACCR−795 导线。这种导线具有载流量大、截面小、重量轻的特点，可以满足旧铁塔的负载要求，不用重建新铁塔。但这种新型导线曲率半径大，陶瓷芯为脆性材质，在展放过程中，导线不能过 30 度转角塔滑轮。经初步测算，专家预计整条线路 7 个耐张段施工需要 50 天。

“50 天完成改造，你们疯了吗？”美国 3M 公司派来的工程督导汤姆坚决反对，“按你们的机械自动化程度，加上复杂的施工环境，至少要 90 天。”

担任输电线路生产管理组组长的杨庆华决定改进工艺，从改造工器具入手。汤姆还是摇头，眼神里透着不信任和轻视。

当时美方提供了 20 多个过线滑轮组，仅靠这些过线滑轮组根本无法满足工期需要，再进口滑轮组又要等两个月。可时间不等人！于是，杨庆华对美国进口的滑轮组进行仔细研究，一个新滑轮组草图初现雏形。他跑到工具仓库寻找可以使用的零件，把找到的零件装了拆，拆了再装，直到晚上才把自己的设计变成实物。

深更半夜，杨庆华敲开汤姆的门，把自己带来的滑轮组放到地上，诚心诚意地问：“你看这样设计行不行？”汤姆本来是反对杨庆华改造进口滑轮组的，但看到实物又不得不佩服这个中国工人丰富的想象力和创造力。

过线五滑轮组的成功，大大增强了杨庆华的创新信心。他又主持研发了施工要使用的新型牵张一体机。这种新型牵张一体机能大大节省占地，牵张并用，提高了换线的工作效率。当看到新型牵张一体机的作业高效率时，汤姆有点儿目瞪口呆。他由衷地感叹道：“中国工人的创新能力，是美国人无法想象的。”

最终，整个增容改造工程只用了 35 天就顺利完工。“简直是一个神话。”在工程竣工典礼庆祝会上，汤姆竖起大拇指，“我要把你们创造的‘神话’告诉全世界的同行！”

创新让不可能变成可能

迎接2010年上海世博会，保证电力供应是重头戏。

世博会指挥部定期召开协调会，把需要解决的输电线路问题在区域图上一一标出来，对上海市电力公司参加协调会的领导说："你们的压力很大啊！"压力有多大？400天要改造400基铁塔。很多人直接说：这是不可能的。

关键时刻，方显创新功力。杨庆华提出的"220千伏输电线路铁塔整体升高改造带电施工技术"在实践中得到应用。这种新技术能在原地将铁塔提升，大大加快了施工进度。该技术为城市电网的220千伏同塔双回路输电线路抢修及升高改造提供了新的解决方案与作业方法，填补了国内同类技术空白，获得全国职工优秀技术创新成果二等奖。他的创新，为加快工程进度作出了贡献。

与此同时，检修公司鼓励员工进行发明创新，多个工器具得到改造。大家只有一个目标：在规定时间完成铁塔改造任务，为上海世博会献礼。

众人拾柴火焰高。最终，他们创造了400天改造400基铁塔的施工奇迹。许多参加这项工程的员工都禁不住热泪盈眶。他们不是在烟花绽放时最绚丽、最耀眼的一朵，他们是为烟花绽放做准备的一粒火药、一段烟花引线，甚至是一小块烟花外包装纸屑……他们太不起眼了。谁能想到，在享誉世界的上海世博会背后，有这样一群电力工人在默默奉献。

只有他们自己知道，400天改造400基铁塔的施工奇迹是怎样创造出来的；只有他们自己知道，是谁为上海世博会电力配套工程作出了重大贡献；只有他们自己知道，上海世博会的圆满成功饱含了他们多少辛勤汗水。

在杨庆华创新工作室，摆放着许多他和他的团队这些年来创新发明的工器具。在杨庆华的眼里，这些都是宝贝，是他和伙伴们的心血结晶。为了高高的铁塔，为了长长的输电线路，他付出了自己的青春年华，也心甘情愿继续付出自己的余生。

对杨庆华来说，“国网工匠”不仅仅是一个荣誉称号，更是一种责任、一副担子。他正走在创新的路上，而前面还有很长的路……

海垦的品牌之路

文 / 林旭飞

印象中，海南农垦是为橡胶而生，为橡胶而立。当年，为大规模地培植橡胶树，海垦人艰苦卓绝，用付出和牺牲，创造了橡胶树在北纬 18 度以北大面积种植成功的神话。海垦人以橡胶为傲。

海南农垦原先不叫公司，是我国为冲破帝国主义和西方反华势力的封锁而设的一个“局”。20 世纪 50 年代，荒凉的海南岛上竖起了“华南垦殖局海南垦殖分局”的牌子，后来又先后改为“海南农垦局”“海南省农垦总局”“海南省农垦总公司”。规模庞大时，海南农垦有处级规格的企事业单位 157 个，占据了海南岛 1/4 的土地，职工人数也占了海南岛总人数的 1/8。2015 年 12 月 29 日，海南省农垦投资控股集团股份有限公司挂牌成立，成为海南省最大的国有控股集团公司。

新公司的名字有点长，海垦人自己说起来都有点儿吃力，所以大家还是习惯性地称它为“海垦”。

公司化了。站在十字路口的海垦理想比天高，口号震天响。如何在激烈的市场竞争中胜出呢？唯有靠品牌。

改革开放之初，我为开展业务，遇政客、商家无数。提及“海南农垦”

时，知者寥寥。过去因情况特殊，需保密不宣，但如今海垦已经走上市场，“皇帝女儿不愁嫁”“好酒不怕巷子深”的时代已经过去，打造品牌的任务迫在眉睫。

海垦人的品牌意识在觉醒，一个个新产品涌入市场：“神泉”芒果、“宝丹”红毛丹、“红明红”荔枝、“东妃”荔枝、“乌石”绿橙；“白马骏”茶、“金鼎红”茶、“白沙绿茶”；“昌农”“飘仙”等胡椒香料；南田温泉、南平温泉、蓝洋温泉、中南温泉等地热资源；八一石花水洞、保国“毛公山”、新盈湿地公园等旅游景区……

我认为，海垦的品牌不要走品种分类的线路，而要把产品品牌、企业品牌和组织品牌联结在一起，凝心聚力打造“海南农垦”大品牌。

海垦有8万多名职员，里头靠橡胶吃饭的还有6万多人。新海垦发展天然橡胶、热带水果、热带作物、草蓄养殖、南繁育种、旅游健康地产、商贸物流、金融服务八大产业，其中最大宗的产品依然是天然橡胶。“后橡胶”时代来临，八大产业会带来诸多个性化的产品品牌。如何将这些个性化的品牌与“海垦”的橡胶大品牌“互联”起来，对海垦来说，是一个挑战。

说历史，海垦已经65岁了；说实力，几十年来国家投入100多个亿；说团队，海垦有产业集团规模化、组织化的独特优势；说精神，海垦人有国家意识和集体主义奉献精神；说产业，海垦是中国橡胶业的“老大”。未来不管是发展八大产业、八大品牌，还是发展更多的产业和品牌，海垦只有橡胶品牌最有体量，任何挑战者都不能匹敌，打造海垦橡胶品牌才能底气十足。

回顾发展历程，海垦也曾在品牌之路上阔步前进：农垦海口橡胶厂生产的汽车轮胎，海云鞋厂生产的各类胶鞋、雨鞋，西联农场生产的胶球，众多厂家生产的乳胶手套，还有农垦三亚木材厂生产的胶木家具等，都曾享誉一方。南海农场“远洋”牌CTC红碎茶、新中浓缩天然柠檬汁，金鸡岭的菠萝罐头、东平“飘仙”牌白胡椒、西华矿泉水等农副产品，也是美名远扬。如今虽然有的品牌已经灰飞烟灭，但也留下了海垦走品牌之路的深浅足迹。

市场无情勇者胜。海垦要进行企业文化创新，就要重塑企业灵魂，建立海垦旗下品牌的新矩阵，形成海垦品牌的“大合唱”，形成多产品、多品牌模式，实施母子品牌组合策略。同时，引入企业识别系统工程，对外树立企业统一形象。海垦品牌是航母，是旗舰。在海垦品牌的引领下，旗下的各战队才能乘风破浪。

三叶胶树告诉我们，陶醉于一个个诱人的鲜果，莫如精心保护能季季开花结果的大树；保护好季季能开花结果的大树，莫如同心聚力守护好充满生机的那一片森林。

海垦大品牌，就是那一片森林。

一根头发丝也不能放过

文 / 苗向东

1985 年的“砸冰箱”事件，让海尔集团的员工深受触动。作为总工程师的杨绵绵，受总裁张瑞敏的启发，时刻紧绷着质量管理的那根神经。她认为，企业刚刚起步，抓质量仅仅靠思想意识是不够的，还必须做艰苦细致的基础工作。

当时冰箱、彩电、空调都非常抢手，市场物资供不应求，真正是“机器一响，黄金万两”。为此，杨绵绵几乎每天都在用眼睛巡视这个企业，巡视着一条条生产线，巡视着每一个岗位。一次，杨绵绵在冰箱某分厂检查质量工作，不经意间，在一台冰箱抽屉里发现了一根头发丝。

陪同人员随即想用手拿掉头发。杨绵绵马上说：“慢！”并且发问，“这是谁留下的头发？”

车间主任很茫然，说：“不知道！”

杨绵绵接着问道：“那是你们这道工序留下的，还是上道工序留下的，是品管员还是送货员留下的，都不知道？”

“对。”主任说。

“也就没办法查出责任人了？那么就要处罚所有的人员。”杨绵绵严厉地说。

这时，车间有人不服气了，小声嘀咕道："小题大做！"

"这不是我有意与大家过不去，既然不知道是哪道工序人员留下的，就说明管理上存在问题，说明我们责任没有到位，没有到人。"杨绵绵大声地解释道。

"那现在拿掉头发不就没事了。"一位班长问道。

"这事没那么简单，如果今天不是我来检查，这根头发没有被我发现，就很有可能'过五关，闯六将'到顾客手中去了。"杨绵绵还是不肯松口。

"一根头发又不会影响产品质量。"还有人想辩解。

"那你说，当初张瑞敏总裁砸的那76台冰箱，是不是也没有什么大问题，只是因为顾客发现冰箱外壳有划痕。这其实并不影响冰箱冷冻东西，可顾客就是要退货。所以今天这事儿，不能就这么简单地完了，要找到问题的根源，并且找到杜绝类似现象再次发生的办法。"她厉声说道。

杨绵绵要求马上召开现场会，让所有的车间主任、班组长全部出席。这让生产部的领导很为难，因为当时的生产任务很重，可以说时间就是金钱。但她斩钉截铁地告诉在场的干部、职工："抓质量就是要一根头发丝也不放过！如果大家都疏忽，那么迟早有一天会影响产品的质量，从而影响公司的口碑，就要砸大家的饭碗。"

就这样，海尔破例为一根头发丝召开了一个质量管理现场会，还安排各车间员工进行讨论，杨绵绵也参与其中。她听到有的职工说，一根头发丝没什么大不了的，没必要大惊小怪。杨绵绵再次强调说："任何有缺陷的产品都是废品。"她还给员工解释道，许多企业会把事情按大小来处理，而企业管理，尤其是质量管理，是没有大小事之分的。每个员工都应按最高的质量标准来工作，上道工序有问题绝不能放到下一道工序。只有把握好每个细节才能保证生产出一流的产品。通过这一根头发丝的热烈讨论，大家更深刻地领悟到了海尔的理念：精细化、零缺陷。

同时，杨绵绵还责成办公室和各分公司研究出质量标准、流程规则和奖罚措施，做到责任到人、责任到位。她的良苦用心，让员工心服口服，质量意识渐渐融入了每个人的心中。大家都积极行动起来，认真做好每一个细节，以保障生产出更高质量的产品。

就这样，历经了四年的艰苦创业，海尔获得了中国家电冰箱史上的第一块国优金牌，1991 年又获得了“全国首届十大驰名商标”。2001 年海尔品牌价值评估为 436 亿元，是中国家电行业的第一品牌。应该说，海尔后来能够蜚声国际，与杨绵绵当初的认真严谨是分不开的，与“一根头发丝也不放过”的精神也是分不开的。

牵住“牛鼻子” 突破企业发展瓶颈

文 / 徐景春

仅仅一年时间，员工就不得不承认，新上任的孙根福厂长简直就是一个“神人”，虽说他只上过小学，却爱讲企业文化。他从不搞墙报、宣传栏那些流于形式的花架子，却让员工记住了厂子的规章制度，更让员工对企业文化的真谛有了全新的认识。

孙根福到底是何方“神圣”，竟然将一个企业的烂摊子盘活了呢？

孙根福是济宁大野农用机械装配厂的厂长。这是一家改了制的老国企，厂子不大，但关系盘根错节，很多岗位人浮于事，制度形同虚设，且现状也难以改变。据说，厂里有个员工要威风，带人砸了厂子里的一台设备，后来经多方介入，那个员工竟安然无恙。此事一出，老厂长被气得辞职不干了。那个员工平时在办公室里不是喝茶、看报，就是闲聊天。但是，这种类型的员工还不算是最难缠的，有的女工更是蛮不讲理：“俺是女的，你敢把我怎么着？大不了说你欺负俺！”这样的事情太多了。孙根福上任的第一天，夜里忧心如焚，无法入眠，便起身在厂子里来来回回地转悠，转了一夜才想出一点儿治理厂子的头绪。

第二天，在全厂动员大会上，孙根福单刀直入地说：“我这个厂长本事不够大，希望干得住，全仰仗诸位同人赏脸！当然，我这个大老粗也会尽全力为大家谋福利。但‘新官上任三把火’，俺这个小‘官’的第一把火就是请大家坦诚地说一下今后咱们怎么干？今天咱们就‘约法三章’——这章程不是我厂长个人制定的，是大家共同制定的，一旦公之于众，我这个厂长要遵守，大家也要遵守。违反了要处罚，不要觉得这是跟你过不去，我和大家一个样，厂法大于厂长嘛！”

大会开得热火朝天，孙根福的嗓子都喊哑了，水也顾不上喝一口，每一位员工的建议他都认真地听，认真地记。在充分听取员工意见和建议的前提下，经过艰难的讨论、再讨论，反反复复地制定、推倒又重来，《企业文化纲要》终于出台了。这部纲要对厂子的生产经营、行政管理和市场营销等都做了详细的规范。

孙根福神情庄重地宣布："自即日起按照《企业文化纲要》治厂，我和诸位共同遵守，相互监督，我不合格也要走人。所有同人都是兄弟姐妹，一起拧成一股绳，好好地干吧！"说到此处，激情洋溢的孙根福眼睛里闪着智慧的光芒。他诚恳的态度、朴素的言辞以及那种务实和执着的精神，深深地打动了在场的所有人。"今后一定要好好干！""听了这个讲话真开心啊！"员工们你一言我一语地讨论着。

尽管没有搞形式主义的企业文化宣传，员工们都感受到孙根福不同一般人的底气和威严，纷纷自觉地遵守起来，按时上下班，扎扎实实地工作。《企业文化纲要》规定，薪水与各自的业务量挂钩，付出与收获是公开透明的，原来闲聊的人也没有了"市场"。

企业文化中的能动因素是什么？制度如何长期地执行下去，并保证不走样、不流于空谈呢？这是孙根福最忧心的事。为此，他注重对人才的选拔。他清楚，再好的企业文化也离不开人的执行，人是企业文化中的核心因素。孙根福喜欢在厂子里走动，更喜欢同员工交谈，和员工们打成一片，听取他们的心声。

一天傍晚下班后，天下起了大雨，孙根福还在办公室工作。他从窗口看到工人任方骑着自行车又返回了厂里，浑身都湿透了。原来天气预报说今晚有特大暴雨，任方担心厂子的下水道被堵，急着赶回来清理。孙根福的眼眶瞬间湿润了，“这样的工人少有啊！”于是，孙根福二话没话，放下手头的文件，抄起门外的大铁锨，和任方一起掀开石板，清理起下水道的淤泥来……尽管大雨浸透了孙根福的全身，但他的心里暖暖的，他似乎看到了厂子的新生与希望。不久，孙根福提拔任方为车间主任。爱厂如家的任方没也有辜负厂长的信赖，一心扑在工作上，把车间管理得井井有条，产量也上去了。

“办公区还缺少一位能人，找谁呢？”孙根福想出了一个有意考验员工的办法。一天，他早早来到办公区，把行政管理、市场营销和后勤保障等方面的人员召集起来，突击逐一询问他们对《企业文化大纲要》的掌握情况，有的员工对答如流，还有难得的分析与见解；而有的员工根本说不出只言片语；有的员工甚至曲解了企业文化的内容。孙根福把这些一一记在心里，什么也没说。

又过了几天，孙根福第一个来到厂里，故意将十多张白纸零乱地散铺在办公区的走道上，自己则藏在墙角处静静地观察。结果，有的人从白纸旁走过，仿佛什么都没看见；有的人还直接踩了过去，丝毫没有要捡的意思；还有的人埋怨清洁工的失职。只有员工张平走过时，弯下腰把白纸捡了起来，并认真收好。

经过这次小小的“考验”，孙根福认为，张平尽管年轻，但有能力把办公区的工作挑起来，因为他具有难能可贵的事业心和责任感，做事认真，对厂子的事不敷衍塞责。这次，孙根福又选对了人。自张平出任行政主管后，行政办公方面的工作焕然一新，效率很高，有力地促进了全厂工作的开展。

一年之后，厂子的业绩出来了，全市震惊。在全市企业文化创新观摩会上，市长带领相关部门负责人和部分企业代表一起走进孙根福的厂子参观、考察，向孙根福探询企业管理的良方秘诀。孙根福说：“我是一个没有文化的粗人，一直想学习文化，用好文化，所以在治理厂子方面，自然是注重加强企业文化建设。在我看来，这是企业发展的‘牛鼻子’，只有牵住了它，一切工作都好办！再说，搞企业文化不能流于形式，一定要让员工打心底对企业文化认同、信服，认识到企业文化与个人发展前景息息相关，并心甘情愿地执行它。简单地说，就是让所有员工树立起‘爱厂如家’的责任意识，将个人的命运与厂了的发展前景联结在一起，真正地激发全体员工的上进心和事业心。用企业文化解决好这个问题，企业发展的瓶颈就可以轻而易举地突破了！”

“孙根福厂长不简单，是一个善于‘牵牛’的好把式，我们所有人都应该向他学习，搞好企业文化，抓好企业发展中的主要矛盾，用文化教育人，用先进文化引领企业，这样，无论多大的企业，都会发展起来！因为这样做就是牵住了‘牛鼻子’，抓住了发展关键，企业哪有不壮大的道理呢？”市长感慨地说。

“市长啊，俺这里是小厂子，是个小‘牛’哩，要是搞大厂，牵大‘牛’，俺还没有那个本事哩！毕竟俺文化不高啊！这个抓企业文化的‘牛鼻子’，俺是一刻也不敢放松！一松，‘牛’就跑了！”50岁的孙根福满口接地气的鲁西南方言把在场的人都逗笑了。

“企业文化是个宝，搞活厂子离不了！企业文化是个宝，创新工作离不了！企业文化记心中，你行我行他也行！人人拥有好身手，牵住‘牛鼻子’往前走！金光大道任前行，我们厂子迎光明！”办公楼前，刚刚招聘来的大学生正在背诵孙根福新编的“企业文化歌”。那洪亮而清晰的声音让所有的参观者振奋起来。“孙厂长真不简单！”“今天来参观学习不虚此行啊！”人们的感慨声此起彼伏。

五星级酒店的五星级党支部

——北京金融街威斯汀大酒店基层党建创新记

文 / 桑海

北京金融街威斯汀大酒店党支部积极实践习近平总书记“把创新的重心放在基层第一线”的指示，不断以创新突破困境，在特殊的国际化市场经济环境中积累了宝贵的成功经验，为中共党建工作注入了新的生机和活力。

破解外方管理企业的党建难题

历史经验表明，中国共产党自诞生以来，就像一粒火种，在逆境中不断壮大，正所谓“星星之火，可以燎原”。金融街威斯汀大酒店党支部凭自己的努力，一步步在企业中站稳脚跟，以一系列创新思维实现突破，创造了令中外全体员工交口称赞的工作成绩，使党组织在企业中得到高度认同和尊重。

作为外方管理酒店里的党支部，金融街威斯汀大酒店党支部面临着诸多特有的困难和挑战。这主要体现在：企业管理层关注经济利益，与党的政治利益缺乏交集；党组织在企业中并不具有天然的领导权；党组织成立较晚，在企业内部容易遭到排斥；酒店高管多数为外国人，价值观有所不同，沟通起来也较为困难；党员人数占员工比例很低，员工流动性大，工作压力大，归属感不强。

面对这些先天不足，酒店党支部不但没有降低对自身的要求，反而在成立伊始就确定了建设“五星级党支部”的工作目标，即“在推动发展上有五星级的成果，在服务群众上有五星级的能力，在凝聚人心上有五星级的水平，在促进和谐上有五星级的作用”。

党支部与工会有机结合

金融街威斯汀大酒店的党建工作和工会工作有一种天然的水乳交融的关系。当初，外方管理层并不愿意酒店开展党建工作。后来，金融街集团党委与之反复沟通协商，外方管理层终于同意“先设工会，后建党组织”。金融街威斯汀大酒店工会和党支部先后成立，党建工作纳入酒店发展的统一规划。

由于金融街威斯汀大酒店党支部的党员数量占员工总数的比例非常小，如果关起门来，只强调党员内部活动，就注定会被边缘化。因此，除了少数只需党员参加的活动，多数活动都采取了党支部和工会共同举办的形式，最大限度地吸引中外员工参加。金融街威斯汀大酒店党支部实现了党支部与工会工作的有机结合，党支部书记徐韬也同时兼任工会主席。

金融街威斯汀大酒店工会有着很强的影响力和亲和力，不但成了酒店里中国员工的家，而且所有外籍员工也都主动加入工会，并积极参加活动，这也相当于参加了党支部的活动。

柔性管理：和谐而非对立

金融街威斯汀大酒店党支部为什么能成为管理层的伙伴，而不是对手呢？因为党支部和工会坚持和谐而非对立的思维方式。荷兰籍员工派鹏认为："西方的工会是找到问题，然后帮员工解决。中国的工会是把很多人聚在一起，团结起来为酒店作贡献。荷兰的工会强调的是规则，而中国的工会强调的是团队。"马来西亚籍水疗中心总监黄之吟也表达了类似的观点："在其他国家，工会意味着劳方和资方之间的对立，而在金融街威斯汀大酒店，工会做了很好的服务性工作，起到了一种平衡的作用。"

在企业中，有些事情尽管重要，管理层做起来却力不从心。比如说，一些人事和思想上的问题，生硬地照章办事效果不佳，而党支部的介入，却使员工更容易接受建议和做出改变。换句话说，外企也需要思想政治工作，需要一种柔性的管理。金融街威斯汀大酒店党支部从这些事情入手，为管理层分忧解难。因此，以外籍人士为主的酒店管理层对党支部的工作都非常认可和支持。

有为才能有位

作为外企酒店中的党支部，金融街威斯汀党支部并不是从成立之初就拥有领导权和各种资源，但他们并没有因此而退缩不前或消极等待，而是坚信"有为才能有位"，通过实实在在的作为，找到适合自己的职能定位，并获得更多话语权。

不同于事业单位和国企"党管干部"，外企中的党组织并没有人事权，但并不意味着在人事管理中无所作为。酒店党支部在尊重和配合企业人力资源部门工作的同时，也发挥了自身不可替代的作用，开创了党组织参与外企人事管理的独特模式。

从酒店的管理体制来看，如果员工有什么问题，往往需要找人事部门反映，但这样的管理效果不佳，照章处理起来也显得生硬。党支部的特殊位置，使得员工和人事部门之间出现了一个缓冲地带。

金融街威斯汀大酒店党支部是酒店员工队伍的稳定器。员工若有人事变动的意向，在正式向人事部门提出之前，党支部会进行主动干预，并对其长期职业发展进行分析。一位从民族饭店来的员工，在前台工作时闷闷不乐。支部书记发现问题后，把她换到了更能发挥其长处的行政楼层，如今她在这个岗位上做得很出色。还有一位水疗部门的员工，觉得压力大想要辞职。支部书记帮她分析“走”和“留”的利弊，最终她留了下来，并成长为骨干。

企业文化本应该由人力资源部门来做，但实际上人力资源部门日常管理工作已经非常繁重，党支部就主动承担起了这方面的工作，不但发挥了党支部意识形态工作上的优势，也为酒店文化建设和企业形象塑造作出了很大的贡献。

党支部的基层“智库”

正如英国维珍集团创始人理查德·布兰森的一部畅销书的名字所说的“一切行业都是创意业”，其实党建工作也是一种创意业，工作效果好不好，很大程度上取决于创意水平的高低。好的创意令人动心和着迷。

为什么大家都喜欢参加金融街威斯汀大酒店党支部的活动？是因为大家在辛苦紧张的工作之余，可以通过参加酒店党支部精心设计的活动，享受一段轻松快乐的时光。酒店党支部从员工的角度出发，设计能够使员工充分放松和交流的活动，并且在活动时间、奖品等细节上充分考虑员工的心理需求，赢得了上上下下的支持和热情参与。

为什么金融街威斯汀大酒店党支部能有这么多令人拍案叫绝的精彩创

意？党支部书记徐韬并不是一个创意天才，但他拥有一个基层“智库”，其中有取之不竭的“接地气”的好创意。公寓客房部经理陈红艳透露了创意来源的奥秘：“在党支部和工会干部会上，大家集思广益，凑出许多点子，再逐步完善。”洗衣房经理石宝春是一名在支部培养下入党的党员，她也强调支部活动是集思广益的结果，“开支部会的时候，很多好点子就涌现出来了”。就连人力资源部总监张瑾也开始主动给党支部的活动出点子。比如，让每个员工和每个部门自己拍摄微电影，就是她给党支部出的妙点子。这些好点子被支部采纳后，她也觉得很开心。

说到底，金融街威斯汀大酒店党支部的智慧还是源于走群众路线。与群众联系得有多紧密，党组织的力量就有多大。这也是金融街威斯汀大酒店创建五星级党支部最重要的依托。

拆除党与群众之间的“隔离带”

为什么大家愿意把自己的智慧贡献出来，那是因为支部书记兼工会主席徐韬早就拆除了党与群众之间的“隔离带”。一位外籍员工感叹道：“这里的工会和员工关系很近，工会主席主动走近员工，不像别的工会主席坐在办公室里。”意大利厨房的鞠剑，曾在另外一家著名的外资五星级酒店工作了13年。他在那里根本见不到工会主席的人影，因为工会主席的办公室在公寓的高层，与员工们离得很远。而与之形成鲜明对比的是，徐韬的办公室就在酒店地下一层的员工区，而且还处在一个“交通要道”上，每一个员工进出时都可以轻易看到，谁都可以在路过的时候走进去跟他说上几句。一位员工告诉我们：“我可以随时来找支书，他很亲切。我从他那里学到了很多知识，吸收了很多正能量。”

而对于徐韬而言，“隔离带”的拆除又有着不同的意义。他说：“大家的热情和信任促使我把工作做好，是我不断创新的动力。”

打破隔膜：沟通也是生产力

金融街威斯汀大酒店的党建实践还证明了一种说法：沟通也是生产力。

没有党支部和工会时，威斯汀大酒店的中国员工和外方管理层在交流上存在着一些障碍。作为桥梁和纽带，酒店党支部致力于搭建员工与管理层之间的对话平台，将普通员工和管理方紧密连接在一起，使全酒店拧成一股绳，力朝一处使，促进了酒店的可持续和谐发展。

在党支部的推动下，酒店职工代表大会、全体员工大会、员工工资协商机制、总经理对话会、员工膳食委员会等在金融街威斯汀酒店形成制度。通过这种良好的机制，上到企业管理的一些大事，下到员工餐厅饭菜质量等日常问题，都得到了很好的解决。

这些制度不但有效地打破了管理层和员工之间的隔膜，更给员带来了主人意识，激发了员工参与酒店经营的主动性和创造性，引导员工参与企业管理，促进决策科学化。近年来，酒店员工就加强企业执行力、增强多元化企业凝聚力、建设绿色客房等问题提出了诸多建议。

除了打破员工和管理层之间纵向的隔膜，金融街威斯汀大酒店党支部还致力于形成各部门之间的交流机制。“多米诺腹肌大比拼”“童年的回忆”等竞技性体育活动，为不同部门的员工之间建立交流提供了机会。负责体育活动实施的酒店健身中心经理赵松说：“我们的活动在北京的酒店里是最好的，员工们很认可，报名很火热。”这些健身活动在设计上很用心，比如，“童年的回忆”系列，包括蛙跳、单腿跳、滚铁环、拔河等带有浓郁怀旧色彩的项目，这些中国人儿时的游戏，对中外员工都有着特别的吸引力。

更重要的是，通过党支部组织的例行座谈会，酒店不同部门的负责人有机会坐在一起讨论。不少本来难于解决的问题，如困扰洗衣房的设备维修问题等，在座谈会上通过与工程部和采购部一番顺畅的交流之后，很快就得到了完美的解决。

多元文化融合共赢

在金融街威斯汀大酒店的国际化环境中，打破中外籍员工之间的文化隔膜也非常关键。在前厅工作的一位外籍员工，通过工会参加了端午节在什刹海举办的龙舟竞赛。这个对中国文化很感兴趣的小伙子感觉收获很多。他说："我加入过九个国家的工会，但这个工会是最包容的，并且帮我了解了这个国家的生活。"

金融街威斯汀大酒店党支部组织了丰富多彩的活动，以多元的形式激发中外员工对酒店所在的城市北京及中国文化的热爱。比如，党支部组织了专门的活动来宣传北京精神，还组织了"我与中国共同成长"主题摄影展、"歌唱祖国——红色歌曲卡拉OK大奖赛""同绣一面国旗"等活动。共同参加各种活动，促进了中外员工的交流与沟通，改善了酒店的人际关系和企业氛围，使得多元文化在这里水乳交融。

另外，党支部和工会组织的活动也非常注重将外方企业的优秀文化吸收进来。其中，最重要的就是融合喜达屋集团"四个关爱"和"六个好"的服务理念。比如，2013年5月下旬，礼宾部的技能大赛采用了"角色扮演"的方式，模拟客人入住的场景，评委按照喜达屋的标准进行评判。

在谈到对酒店党支部和工会的印象时，英国籍酒店总经理史蒂芬·福特深情地说："我在中国待了18年，我在中国的酒店行业也工作了18年。北京金融街威斯汀大酒店的工会是我合作过的最有效率、最成功，也是最配合的工会。酒店党支部和工会积极围绕服务和促进酒店各项管理开展工作，包括中西方文化沟通，加强员工的凝聚力，使酒店所具有的西方先进的管理文化融入了更多的中国元素，让酒店拥有更强的融入中国本土的能力。酒店党支部和工会开展的各项工作，增强了酒店在市场上的辨识度。我很荣幸能和工会主席徐韬还有他的团队一起工作，我们会一直为增强员工福利，培育服务社区而继续努力。”

书香威斯汀：建设学习型党支部

为了进一步筑牢员工队伍建设的根基，金融街威斯汀大酒店党支部和工会十分重视以学习为抓手促队伍建设。酒店党支部和工会为增强员工的学习氛围，特地在员工活动室建立职工书屋，为员工提供了专门的学习场所。

酒店的职工书屋还被北京市总工会授予“市级职工书屋示范点”称号，有力地促进了酒店员工思想政治素养、业务素质和学习能力的提升。客房部经理蔡楚飞对职工书屋的开设很有感触。她说：“职工书屋的开设，对员工来说是一种莫大的福利。我们酒店以年轻人居多，他们正需要这样一个地方来不断地充实自己。有一些外地员工下了班没有地方去，就会选择去职工书屋看会儿书，而不是跑去外面瞎逛。职工书屋的书也在不断地进行更新，确保员工们都能看到自己想看的书。”

员工们能够在休息过程中找到自己的精神食粮，不断地提升自己，丰富自己的知识和技能，正是金融街威斯汀大酒店党支部建设职工书屋的初衷。

金融街威斯汀大酒店党支部还组织党员积极参加金融街控股党委举办的“党员读书活动”，员工写的17篇读后感，全部被《书香人生——金融街控股党员读书活动成果展》收录。现在，酒店逐步形成了“爱读书、读好书”的良好学习氛围。

绿色理念：做新思维的引领者

金融街威斯汀大酒店党支部还吸收了绿色与环保的先进理念，努力为节能减排贡献力量。

在党支部的努力下，酒店顺利开展了绿色客房建设。为响应国家节能的号召，与社会上的绿色环保理念相呼应，酒店工程部在客房里采取了一系列绿色措施，如换用节能灯，采用节能淋浴设备、节能取电装置，还安装了用水、用电量监控设备，对每天耗电、耗水低于一定额度的客人进行积分奖励，积累到一定程度就可以享受入住优惠。党支部的绿色理念促使酒店工程部在 2013 年被全国总工会授予“工人先锋号”荣誉称号。

党支部组织酒店厨师参加全国饭店业职业技能大赛时，每道菜品都贯彻了绿色和健康的理念。2012 年，金融街威斯汀大酒店在第四届全国饭店业职业技能大赛上荣获“全国优质服务白金五星奖”“团体金奖”和三个个人项目比赛特金奖。其中一道斩获特金奖的“画里江南颐和园”，不但以雅致的创意造型展现了北京的人文之美，选材用料更是注重天然和健康，用的都是绿色的原材料。另一道特金奖菜品“桂花飘香贺中秋”，再现出一幅江南荷塘的美景，在剔透玲珑的玻璃托盘上，翠绿的荷叶和干冰的氤氲营造出一份诗情画意。大厨们的用料和烹饪手法，不用说，也都是绿色健康的。

党支部组织员工参加所在的民康社区的生态园建设，在社区里自己种植有机蔬菜，不但环保健康，也创造了酒店员工与邻近社区居民更好地沟通的机会。

“五星级酒店要有五星级党支部。”在这样一种素朴的理念的引导下，北京金融街威斯汀大酒店党支部巧妙地破解了如何在外方管理酒店开展党建这一难题，在全新的国际化环境中开拓了一种党建的新模式。他们的尝试，是关于执政党如何在特殊的小环境中开展党建的新探索，其成功经验不仅非常值得基层党建工作者借鉴，对于中国共产党如何适应不断变化的时空条件，提升社会整合能力和重新焕发生机，也具有重要的实践和理论意义。

平凡中的执着创造不凡人生

——记全国劳动模范、铁人工段长李强

文 / 刘义民　张济民　周浩

李强，德州恒丰集团陵县恒丰纺织细纱车间副主任。他身材消瘦，但浑身散发出干练与执着的气质，同时也总是带着一丝丝的羞涩。“我只是一名普普通通的纺织工人，在平凡的工作岗位上，能接受党和政府的表彰，对我来说是至高无上的荣誉，是咱们恒丰共同的荣誉！感谢各级领导对我的关心与厚爱！”李强非常激动而又坚定地对送他进京参加全国劳动模范表彰大会的恒丰集团党委书记马保东说。

1999 年，李强初中毕业后参加工作。在 18 年的时间里，他在 3 家纺织企业工作过。他的工作岗位虽然都很平凡，但善于学习、不甘平凡的李强总是要做到最好。他一直以来都严格要求自己，形成了创造性工作的习惯。在工作中，他用心学习，储备专业知识。从最基础的维修常识到细纱工序的运转流程，从 18 年前的传统机械设备到今天的数字化设备，从简单的维修到工具制作、技术改造和技术创新，都是他学习和研究的内容。进入德州恒丰

集团的理事单位陵县恒丰纺织细纱车间以后，他更是如鱼得水，几乎每周都会有新的小改小革投入使用。

李强在工作中不喜欢张扬，总是在踏踏实实地探索。无数个傍晚，大家都下班了，只有他还在车位上反复琢磨问题。深夜，家人休息以后，他还“啃”着《棉纺织工艺》《细纱维修》等书籍资料寻求答案。近几年，他的学习笔记竟写了厚厚的4大本、十几万字。在来到陵县恒丰纺织细纱车间的7年里，无论机器出现什么故障，无论故障发生在什么时间，李强从没说过一个“不”字，他总会以最快的速度解决问题。车间的兄弟姐妹们给他起了一个绰号——细纱机特级“保姆”。

2010年冬天的一个晚上，已经是夜里10点多了，李强刚刚入睡，电话突然响起。37号细纱机突发故障，当班维修工处理不了，已经停台，向李强求援。客户交货期紧，时间不等人，李强边接着电话，边从温暖的被窝爬出来，穿上厚厚的棉衣，顶着刺骨的寒风快速地赶到车间进行抢修。经过简单的询问后，他立即打开车头，发现车头内的齿轮已经打坏了许多，修理难度相当大。李强没有说话，小心翼翼地把相互咬合的20多个齿轮、轴套从车头内部一一拆卸下来，边拆边检查，更换后又一个一个地装好、调整好，进行试车。看着飞速旋转的纱锭和欢快流转的粗纱，李强长长地舒了一口气，轮班长和挡车工、维修工一再道谢，他羞涩地笑了。此时，天已经放亮，李强骑行在回家的路上，成功解决问题的喜悦吹走了他所有的疲惫，他的内心更加坚定了自己的选择。7年来，这样的事例不知道发生过多少次，李强不知道度过了多少个不眠之夜。每当有人提起这些，他总是说：“作为一名基层员工，我只要看到设备能够正常运转，货物进出运输繁忙，再苦再累也是踏实的。”

千人纱、万人布。为了给客户生产精品纱线，每一个环节都需要精心操作和精细管理。而设备维修工作是保证产品质量的基础环节和关键环节。为了提高全班组兄弟姐妹的工作质量，李强成了车间和班组的技术辅导培训员和质量攻关主力。2013 年，公司针对客户对一个紧密纺产品的新要求，成立了《降低紧密纺疵纱率》QC 攻关课题，李强是细纱工序的攻关主力。经过几天的数据跟踪、分析，李强最终确认了 10 项主要影响因素，并一一予以攻克，彻底解决了问题，疵纱率由攻关前的平均 1.17% 降至 0.30%，减少了 0.87 个百分点，大大提升了成纱质量和络筒工序的生产效率，赢得了客户的赞誉和企业的效益。《降低紧密纺疵纱率》QC 攻关成果荣获了“2011 年山东省纺织行业优秀质量管理小组”称号；2014 年，李强所在细纱车间丙班二期四组还荣获了“全国郝建秀式小组先进班组”荣誉称号。

李强不仅善于学习、攻关，还非常注重总结。每个攻关课题结束后，他都会把行之有效的措施纳入车间相应的管理制度和流程中，从根本上优化车间的各项基础管理工作，从而杜绝类似问题的发生。

科技是第一生产力。2012 年，公司实施高效牵伸技术改造项目，所有的试验都放在了保全工段。在有关专家的指导下，李强带着队员边试验、边改进，经过两年多几百次的试验，终于获得成功。目前，此项成熟的技术已经在恒丰集团推广，100 万纱锭已有近一半进行了高效牵伸改造。按照 5 万锭改造节省设备配置资金 100 万元计算，此项改造为集团节约资金 1000 万元。

2014 年，在各级工会的指导下，公司为李强建立了以他的名字命名的“李强劳模创新工作室”。一年来，“李强劳模创新工作室”已经取得创新成果 100 余项，获得国家实用新型技术专利 4 项，新产品研发成果荣获国家和省纺织协会表彰。前纺滤尘节电设备经过改造实现节电 15% 以上，年可节约电费 37 万元。

在工作中，李强毫无保留地把平时积累的经验传授给队员，团队人员关系融洽，凝聚力进一步加强，形成了一个人人积极向上，个个超越自我、挑战自我的工作氛围。整个团队的积极性被激发出来，人人争做学习型、知识型、技能型和创新型人员。在企业“人人都是人才，人人都可成才”的人才培养理念下，李强帮助公司培养出 3 名公司级劳动模范，其中 2 人连续两年被评为公司劳动模范。

2015 年 4 月 28 日，李强出席德州市的庆“五一”劳动节表彰大会，并做事迹报告。他激动地说：“我只是一名基层的一线员工，在平凡的岗位上没有做出什么傲人的成绩，但组织却给了我一项又一项的荣誉，从市劳模、省劳模，到全国‘五一’奖章获得者，这次又被授予全国劳动模范。面对这些光环与荣耀，作为一名普通劳动者，怎样才能报答党和政府的信任？怎样才能报答组织的培养？位卑未敢忘忧国。我只有放下所有的光环，脚踏实地，在最平凡的岗位上，洒尽平生的汗水，为振兴纺织产业，为早日实现中国梦，加油、加油再加油！”这些铿锵有力的话语，震撼了在场的每一个人。

2017 年，李强已经成长为陵县恒丰纺织细纱车间的副主任，肩上的责任越来越重，他的人生路也越走越宽。他从一名普通的保全工人成长为敢于担当、技术全面、学习力强的行家里手，在平凡中执着前进，创造出了不平凡的人生。

一个老知青的中国梦

文 / 周逸敏

什么是幸福？也许一百个人就有一百种回答，而毛卫成的回答是：我能够探索出一条新路，为繁荣常州文化做点儿力所能及的事，我就是幸福的。

1969 年，和所有插队到农村、接受贫下中农再教育的年轻人一样，在宜兴的田野里，毛卫成懵懵懂懂地度过了人生中最艰难的一段日子。他的两只脚陷在水田里，腿上爬满了蚂蟥，背上是毒辣辣的太阳，田里是烫脚的水。他抬头看着蓝天白云，心中却不知前途在哪里，一如路遥笔下的“高加林”。因为有着文艺基础，公社里让他当文化站站长。他组织了 14 支宣传队，参加地区文艺会演，还把赛诗和黑板报比赛搞得红红火火。

说起那时的“事业”，毛卫成的眼里依然闪烁着一种理想的光芒。看不到回城的希望，毛卫成倒并不觉得日子难挨，他觉得在广阔天地里也有奔头。他的心里装着温软湿润的江南人和江南事。他带着宣传队在村口田头演出。看着憨厚的老农咧开掉了牙的嘴巴，抽着烟斗，脸笑得像绽开的花，他十分感慨，群众太需要接地气的文化艺术了，以后有机会、有能力，一定要为最基层的大众文化事业做点儿事。

毛卫成回城后，在常州一家无线电厂从普通工人做起，一路干到了副厂长。那时，常州的电子产品闻名遐迩，电子局乘势成立驻京专门机构，准备将产品铺到全国去。毛卫成走马上任驻京办主任，干得风生水起，为常州赴京企业打出了一片天地。回到常州后，他又自己成立了常州华音电子公司。

在 55 岁那年，毛卫成忽然反思，人生的意义到底在哪里？自己有车有房有事业，儿子已经接班，钱也够花了，但物质上的满足并没有解开他的困惑。“过去，骑着自行车，儿子在前，老婆在后，到丈母娘家去就觉得幸福；一家人住在五六十平方米的房子里就觉得幸福；夫妻两人存钱买了空调就觉得幸福。后来有了好车好房，想买什么可买什么，可幸福却找不到了。”

幸福在哪里？“世界那么大，我想去看看。”于是，毛卫成 5 次到美国，还到法国、德国、意大利、瑞士、澳大利亚、新西兰等发达国家游历、考察。这番“放眼看世界”，让他看出很多门道。发达国家有许多民间慈善和公益基金会，穷人没有食物，会有慈善基金会买好送到教堂，穷人缺衣少药也有地方领……他吃惊地发现，2013 年美国一个基金的资金量等于国内所有基金的总和。他还发现，文化公益基金与核心价值观紧密相连，核心价值观的基础就是文化，做好文化就能提升一个国家的软实力。回国后，感触颇深的毛卫成明确地对儿子说：“我要拿出 1000 万做公益文化基金。”那个沉睡已久的梦又在毛卫成心中复苏了。

基金完全是舶来品，在过去很长时间里，人们都把它和资本主义社会联系起来，唯恐避之不及。改革开放以来，基金的触角也伸进了中国，渐渐地在社会生活和经济生活中发挥着越来越大的作用。国外的基金中有很大一部分是慈善基金，它在文化、医卫、教育等方面发挥着极大的作用，而且许多富翁都把资助这种基金作为自己的一种社会责任。微软公司创始人比尔·盖茨连续 13 年名列《福布斯》全球富豪榜首富，多年前他就宣布将 580 亿美元个人财产捐给慈善基金会。而现在国内基金大部分只与经济有关，公益基金很少，而公益文化基金更是凤毛麟角。毋庸讳言，目前国内不少企业家还没有认识到它的意义，而且在企业家与真正的文化人之间缺少了一个桥梁，公益文化基金就能起到牵线搭桥的作用。从2010年起，毛卫成拿出1000万元人民币，成立了常州市华音公益文化基金会（筹），开始了公益文化基金的探索。对于具体选择什么项目，毛卫成也有着成熟的考量：没人投资赚不到钱的项目、老百姓喜欢的项目、社会文化必不可少的项目等。

毛卫成的得意之作是他的“三个创新”。每每向人说起，他都眉飞色舞。

一是基金捐出不得收回，每年必须捐出10%，属于非公募公益基金，不接受单位捐款，只为个人设立。钱是自己的，自己运作，亏了自己贴，保证10%的投入，基金的门槛设定为100万元。

二是基金主席可指定传承或合法继承。有两种运作方式：一种是自己不参与具体运作，由毛卫成的基金会来运作，出了问题由他负责赔偿；另一种是拿出资金来，由某个基金主席自己运作，但10%必须拿出来，用基金主席的名头担保，如运作不下去基金主席可以改换。

三是每年拿出的10%基金有专人负责，报销时要捐款人签字，这样他们有兴趣，开心并且踏实。

他时常说：“这三条条条都与国外先进经验接轨。”

毛卫成的基金有三个特色。

一是不做文化，只推动文化。一个具体基金支持一个文化团队，打造一项文化事业。

二是不管用钱，只管管钱。每个基金都有一个委员会，秘书长由退下来的局处级领导担任，保证用好钱。同时要有委员会三个人签字、秘书长签字、捐款人签字才能用钱。

三是只管投入，不管回收。不进行任何商业运作，绝不刊登支杂志和刊物广告。

还有“三个不涉及”。

一是文化产业不涉及，只支持赚不了钱、没人投资而社会、百姓又需要的文化。

二是政府大力推动的不涉及，只做政府想到而没有精力去做的，或政府没想到但百姓需要的。

三是政府反对的不涉及，与党和政府保持高度一致。而且支持的都是由市文联、市社科联等相关部门管理的文化团队。

这几年，凭着一股热情，毛卫成的华音公益文化基金会（筹）做了不少文化事：给社区发放了1000套广场健身音响设备，每套1000元，一套音响设备配备3个义工，可以给100个人带来快乐。发放1000套室内音响设备，里面有300首歌曲、300首伴奏曲，其中有市委宣传部推荐的20首精神文明歌曲、100首地方戏曲、100首伴奏和100首舞曲。这是毛卫成专门“量身定做”的，还把这些歌曲印成歌本、制成U盘配套发放。毛卫成还在常州大剧院等搞了25场群众文艺会演，又搞了支持群众进剧院演出100场，让老百姓登上了常州的艺术殿堂。

毛卫成情动众人，许多企业家纷纷加入，这个公益文化基金的雪球也越滚越大。一天，一位饭店老板问毛卫成最近在干什么，毛卫成说在干公益文化的事。那位老板高兴地说：“那也帮我搞一个，我也有这个愿望。”毛卫成立即为他联系由一批老知青组成的“长青艺术团”。正为经费发愁的“长青艺术团”团长喜出望外。没有办公室，饭店老板马上找了3间房子，承诺当年办8场演出。

一位叫周锷的企业家出资100万元，接受“吴地文化基金”，支持《吴地文化》杂志和吟诵协会；加拿大籍常州人Alan · Qi出资300万元，成立民俗文化研究基金，支持常州民俗文化研究会出版常州民俗文化丛书，现在已经出到第四辑，共28本；一位姚姓企业家出资100万元，成立了谱牒文化基金……越来越多的企业家加入这个行列。

经过几年的努力，现在基金总额达2200万元，设立了17个专项文化基金，如谱牒文化基金、名人博览基金、民俗文化基金、博客文化基金、吴地文化基金、交响乐基金、民族乐基金、合唱基金、长青艺术基金、群众广场基金、群众公演基金等，文学基金也在紧锣密鼓的筹备之中。基金每年拿出10%定向支持17个公益文化组织，打造了17项具有常州一流水平的公益文化。

看着日益壮大的华音公益文化基金，毛卫成欣喜异常，他的愿望是让文化人出力、企业家等爱心人士出钱，在这个平台上共同创造文化成果，共同奉献文化成果，让全市人民共享文化成果。这已经成为常州一道美丽的风景。

工 具

文 / 王恩令

贾亦笑静静地靠在地下表池的水泥墙上，静静地看着离自己最远的那块水表吧嗒、吧嗒滴着水。应该是表棍儿漏水吧，只要用扳手紧几下就好了。可是漏水的位置太别扭了，上下前后都有障碍物，扳手用起来也不得劲。最主要的是，工具被老万拿到七楼去维修了。小贾仰头看了看外面，接近正午的太阳被表池井口挡得残缺不全，但仍刺得他睁不开眼。外面像下了火一样，想到还要爬七楼去找老万，小贾顿时没了动力。唉！算了吧，还是等用户找的时候再说吧！

贾亦笑往旁边挪了挪，避开了头顶的太阳和那块被自己脊背靠热了的水泥墙。当水泥墙的冰凉再度侵袭他的脊背时，他的心情似乎也好了起来，甚至和着吧嗒、吧嗒的滴水声轻轻哼起歌来。

小贾是今年刚分配到水务建设公司的大学生，在学校学的是市场营销，本以为自己好歹是个本科生，公司怎么不得给张桌子、给把椅子，找个科室安排一下，自己也好学有所为、大展宏图。没想到公司的政策是新分配来的大学生至少要到基层锻炼一年，才能根据表现安排岗位。

小贾至今还清楚地记得自己报到时的情景。那是一个多月前的上午，天气也是这样闷热，人事部门的老师把小贾送到维修班。“万师傅呢？”“出去干活了。”一位师傅说道。这时门口却突然有人应道：“来了来了，谁找我？”说着，走进来一位50多岁的人，个子不高，瘦瘦的，黝黑的脸上戴着一副老式黑框近视镜，一笑露出被烟熏得发黄的牙齿。

“哟，回来了，我这给您送学生来了。”老师一边笑着迎了两步，一边回头对小贵说，“来介绍一下，这是万学锋万师傅，咱们维修班班长，多年的劳模，服务明星。”“万师傅，这是刚分来的大学生，小贾，贾亦笑，以后就由您来带他吧！”“呀！这怎么敢，我这初中生，哪能教得了大学生。”万师傅放下手上的工具，摘下满是油渍的手套，又在自己肥大的工作服上来回蹭了两下手，上前握着小贾的手笑着说：“我们互相学习吧！”贾亦笑瞥了一眼案子上那副油手套和几把冷冰冰的铁家伙，心想自己今后就要和它们打交道了，不免皱了皱眉，什么话也没说。

以后的日子，贾亦笑每天和万师傅走街串巷去维修。好在所有的脏活累活万师傅从不让他插手，只让他在旁边观摩，还说：“你们大学生聪明，这活儿又简单，看两眼就会了。”小贾也乐得清闲，只打打下手，递个扳手、管钳，下表池子关关阀门。

十多天过去了，贾亦笑感觉自己在学校学的东西都快忘光了。正在这时，水务集团推出了“用心惠民、情满水务、创造感动”服务活动，并要求一线服务人员牢记服务标准、理念。贾亦笑拿出了自己背书的独门绝技，不到半个小时就背得滚瓜烂熟。而他那位初中毕业的师傅背了一上午，仍是颠三倒四，只记得“岗位微笑服务”，还跟小贾开玩笑说：“小贾，你的名字是微笑的‘笑’吗？我看你的姓不好，‘假意笑’怎么能服好务，你得用心笑。”小贾笑说：“那你的名字怎么讲？”“这还用问，学锋，就是学习雷锋，我是1963年3月5日生的，那天正是毛主席题词‘向雷锋同志学习’，所以我就叫了这个名字。对了，小贾以后别总‘师傅、师傅’地叫，我都没什么可教的，你还是叫我老万吧。”

正在这时，维修热线响了，老万跑过去接了起来，只听老万叫了几声姨，就放下电话带着小贾出发了。

这是一座老式的楼房，老万的姨就住在七楼。活儿是小活儿，厨房的水龙头坏了，换一个新的就好了。可是大热天，楼上楼下跑了几趟，又是关阀门，又是买水龙头的，小贾就有些心烦了。不过姨倒是很热情，又是切西瓜，又是劝烟的。小贾忙说："大娘，我们有纪律，不能吃、拿用户的任何东西。"老万却点上一支烟，深吸了一口说："吃吧，在自己家呢，不碍事，这是云姨，你也跟着我叫姨吧，以后还得常来呢。"小贾心说：水龙头坏了，不在我们的保修范围内，要不是亲戚，能这么热心？工作时间干私活儿，还劳模呢。

老万换上水龙头，又和云姨唠了一会儿家常就和小贾走了。此后，果然在20多天里，云姨又打了三次维修电话，每次都是一些举手之劳的小活儿，有一次竟是修门上的插销。小贾有时甚至想云姨可能只是为了见老万一面，才打的维修电话。老万呢，总是逢叫必到，有时在附近维修完了还会买点东西绕道过去看一看。小贾也就跟着爬上爬下，大热天的难免心烦气躁。

有一天，云姨又打来电话，说是有一个管件锈透了，水漏得厉害。小贾懒得爬楼，就主动要求在楼下开关阀门。可这鬼天气就像把人放在炉子上烤一样，楼下连一片阴凉地儿都没有，倒是表池子里凉快。

水还在漏着，吧嗒、吧嗒的响声勾得小贾的肚子也跟着咕咕叫，小贾看了看手机，已经快12点了，楼上还是没有动静，别是在他姨家吃上饭了吧？就算没吃饭，抽烟喝茶吃点水果总是免不了的，他姨还能饿着他？想到吃的，小贾的肚子叫得更厉害了，吧嗒、吧嗒的漏水声也越发刺耳、越发让他烦躁。

"你是我的小呀小苹果儿，怎么爱你都不嫌多……"手机响起，电话那头老万说："小贾啊，把阀门打开吧，然后再……"贾亦笑不耐烦地说："把阀门打开？我这信号不好，听不太清，先挂了啊。"

贾亦笑挂断电话放进口袋，打开阀门，迅速地爬出表池，又迅速地盖上表池盖，心想可别节外生枝让老万看见漏水的地方，否则这大热天的，不仅吃不上饭，还把午休时间给搭上了。

老万终于下楼了，一手拎着工具包，一手拿着一包饼干，笑着说："云姨让上去吃饭，你这电话听不清，害得我也只能陪你吃饼干了，先垫垫吧。"小贾强忍着饿，赌气说"不吃"。老万笑了笑，没再说什么。

刚走到大院门口，迎面碰上一个老太太，老万笑着打招呼。老太太说："咋了？又来看你云姨？昨天还听她叨念你呢，她都快把你当成儿子了。也多亏有你，要不她一个孤老太婆可怎么办。一提到你，看她美得，说你比亲儿子还亲呢！对了，你上礼拜天给我修的风扇好用着哩，你大爷让我谢谢你呢。"老万还是呵呵地笑，连说"应该的、应该的"。

送走老太太，贾亦笑问老万道："万师傅，云姨不是你亲姨吗？"老万说："不是，是我前年干一户一表认识的。她老伴走得早，又没孩子，一个人怪可怜的。刚开始帮她干点儿小活儿，时间长了倒处出感情来了，好像是自家的老人，隔三岔五不来看看总觉得不放心。"老万顿了顿好像想起了什么，笑了笑接着说："亲情化服务嘛！"小贾也笑了："呦，万师傅，您也不光知道微笑服务啊。""呵呵，背书我是做不来的，但好歹也干服务工作20多年了，咋做好我还是知道的，将心比心、拿心换心总不会错的。"

贾亦笑站住脚，从万师傅手中抢过工具包转头就跑，生怕让老万看到自己逐渐发烫的脸。"上哪儿去？""您先走着，我的手机落到表池里了……"

“淘宝”达人衷水平

文 / 赖旭林　张柳莲

他，师从中国工程院院士、我国著名冶金专家刘业翔教授。他，是2009年的湖南省优秀毕业生、中南大学优秀毕业生（博士），是中国科学院、紫金矿业集团股份有限公司联合培养的博士后。他，是国务院特殊津贴专家、福建省“百人计划”人选、福建省“百千万人才工程”人选、福建省青年科技奖获得者。他就是紫金矿冶设计研究院副院长、紫金铜业有限公司总工程师、低品位难处理黄金资源综合利用国家重点实验室学术委员会秘书衷水平。

衷水平1977年出生于江西赣州市赣县农村。高中毕业后，他报读了中南冶金学院冶金专业，从此“一发不可收拾”，从学习到研究，在有色金属这条路上一走就是20年。

阳极泥是铜冶炼剩下的残渣，富含金、银、硒、碲、铂、钯等贵金属和稀有有价金属，可以说是价值不菲的“泥宝”。仅2014年，紫金铜业有限公司就产阳极泥2000吨左右。把这么好的残渣当作副产品销售，非常可惜。

衷水平在得知紫金铜业有限公司未做到资源综合回收利用的时候，惋惜之余，竟在脑子里闪现了开展“泥中淘宝”项目的念头。这样可以提高有价元素的直收率，提高资源回收利用水平，从而提高企业效益。

说干就干。2014 年 10 月，衷水平带着自己的“技术小弟”们成立了项目研究组，在实验室里查文献、做交流，了解到国内外阳极泥处理工艺有火法、选冶联合、湿法、热压浸出、“INER”法 5 种，其中热压浸出最为先进，但是由于原料成分差异、设备适用性、国外技术封锁等原因，国内的卡尔多炉工艺同样存在铜、碲选择性浸出效果差、有价金属直收率低等问题，项目一度遇到瓶颈。

衷水平天生有股“蛮劲儿”，不服输的他索性主动请缨，于 2016 年直接下沉到紫金铜业，来到稀有贵金属厂“玩泥巴”。他把理论充分运用于实践，吸收和优化了国际先进的铜阳极泥“酸浸预处理—卡尔多炉熔炼吹炼—金银精炼”处理工艺，把泥巴工艺玩出了新花样。在通过优化卡尔多炉渣型提高金银直收率的同时，他还开发了独特的铂钯回收技术，提高铂钯回收率，将铂钯精矿中的铂、钯进行提取和提纯，最终形成从铜阳极泥中高效回收铂钯稀贵金属的新技术。2016 年，公司便实现了铂粉和钯粉的稳定生产，达到年产 150 斤钯、20 公斤铂规模，纯度达 99%，铂钯回收率由 25% 提高至 90%，“泥中淘宝”项目新增销售收入达 3000 万余元。

2016 年下半年，以衷水平总工程师为首的院士工作站带着这群闲不住的技术人员抓住铼稀有金属的市场需求，又深入一线与生产厂家苦心钻研，以烟气洗涤污酸为突破点，开始了铼的工业化回收技术研究。当年就完成了污酸靶向提取铼的工艺研究和中试试验，完成了项目设计、设备选型申报工作。2017 年 3 月开工建设。目前已完成了设备基础及围堰施工、60% 钢结构安装，富铼渣制取铼酸氨试验及工艺研究正在进行中，预计每年可新增销售收入 1000 万元以上。据悉，铼是一种银白色的稀有高熔点金属，具有坚硬、耐磨、耐腐蚀的特点，广泛运用于航空航天、电子、石油化工领域，需求逐年增加。作为一种重要的战略物资，全球产量 50 吨，我国目前产量仅 5 吨，价格昂贵。

“衷总工现在不但是我们公司‘高水平’的代名词，还是我们公司的‘淘宝’达人！”稀贵厂张焕然笑嘻嘻地说道。

“在全球范围内，发展循环经济都是大势所趋，谁先干出来谁就受益。”衷水平深谙这一道理，也总跟研发人员强调“资源综合回收率是企业的核心竞争力，必须提升资源综合回收利用水平，为企业抢占制高点，创造新的利润点”。下一步，衷水平和他的团队将加快推进生产末端物料综合回收扩建项目建设和投产后的工艺调试优化，利用新增2m3卡尔多炉开展熔炼渣回收铅铋合金的工艺研发，后续陆续开展卡尔多炉烟气脱硝工艺优化、工业废水和末端水处理工艺优化及铜冶炼二次资源综合利用和无害化处置项目建设等，深度开发企业资源梯级利用模式，挖掘企业发展潜力，争取走在行业领先位置。

从技校生到研究生

——记全国青年岗位能手、“全国劳动模范”陈奇福

文 / 黄冰

工作14年，换了8个岗位，一个岗位最短的只干了3天，这是怎样“不安分”的一名员工？从技校生到中南大学工程硕士研究生，再到全国青年岗位能手、全国劳动模范，前进路上有多少艰辛与快乐？

1997年，技校毕业生陈奇福被分配到湖南省涟钢热电厂开皮带。这是一个简单劳动岗位，上班坐在那里，看住皮带，按按开关，挺轻松的。但一个班下来，陈奇福的脑子却有点儿发蒙，他想：“就这么耗下去吗？”进厂第一天，陈奇福就琢磨开了。三天后，他再也沉不住气了。他找领导说好话，要求和挫煤工对调一下岗位。挫煤是一个又累又脏、许多人都不愿干的活儿。在他的坚持下，领导松了口。陈奇福成了挫煤工。

陈奇福做事特别勤快，分内分外的事儿都抢着干：漏斗堵了他第一个冲上去，没事就待在主控室里，帮着师傅们做事、跑腿、打下手，殷勤地问这问那，师傅们也喜欢他、乐意教他。同事们还发现，陈奇福对控制室里的那

台电脑特别感兴趣。有人操作电脑，他眼都不眨地死盯着看。他觉得电脑特别神奇，几个手指敲敲键盘，鼠标动一动，系统就做出一系列相应的反应，太神了！陈奇福对操作电脑的司炉师傅和仪表师傅们羡慕得不得了。

为了掌握操作技术，陈奇福虚心地求教师傅，随身带着一个本子，详细记下工艺要点和操作步骤等。在众多同龄人沉迷武侠、言情小说时，他在图书馆里借阅了第一本书：《司炉读本》。几个月后，在车间锅炉工操作比赛中，他获得了第一名。那年年底，他正式当上了司炉工。第一次正式操作“自己的”的工作电脑时，他的那份高兴劲儿简直无法形容。

那时候，一名新工人走上锅炉司炉岗位，按惯例需要5年左右的时间，陈奇福打破了这一惯例。进厂第一年，他完成了职业生涯的“三级跳”，从一名皮带工成长为司炉工，人们开始对身边这位憨头憨脑的小伙子刮目相看。

不断奋斗，不断创新

在司炉工的岗位上，陈奇福对工作的痴迷、对电脑的痴迷，有时候甚至到了茶饭不思的程度。他购买了许多计算机方面的书，闯入了一个神奇的未知世界。很快，他就掌握了一些简单的计算机编程技术和系统故障处理知识。

陈奇福就像一台不知疲劳的机器，浑身有使不完的劲儿。哪里需要，他就在哪里忙乎。下班后，他常帮着车间做些表格，打打杂。他还同时兼职车间团支部书记，并两次获得公司“十佳团支部书记”称号。

2000年3月，由于陈奇福的出色表现，车间调他任核算员。他运用编程知识，在电脑上开发了一套内部经济核算实时分析与控制程序，推进了核算工作的科学化、网络化。这一年，热电厂在他所在的车间召开了经济核算经验交流会，推广车间核算工作取得的成果。

陈奇福的工作在更大范围内得到认可。2001 年 3 月，一个晋升的机会摆在他面前。然而，这一次他又做出“不安分”之举，他主动申请对调，当上了一名仪表工，他的职业生涯再次从零起步。

2003 年 10 月，陈奇福通过考试调入原计控厂，成为一名计算机控制技术员。在接下来不到两年的时间里，他先后参加了 3#、4# 高炉控制系统大修和 180 烧结机成品仓改造等多个项目。2005 年 7 月，陈奇福更是挑起测控一体化的试点重任，担任新组建的风机仪表与控制责任区主管。

弹指一挥间，又过去了几年，陈奇福升为技术主管，在公司铁前控制系统，已称得上是一位解决系统技术问题的行家里手、技术精英。他说：“我所接触和掌握的还很有限，有机会，我想争取到炼钢和轧钢那一块去学习和锻炼，积累一些经验。”他不断学习，不断创新，成了涟钢首席技师和内聘专家。

工作 14 年，8 次转换岗位。解读陈奇福的从业轨迹，我们看到了一颗不安分的心。他是这么说的：“我总想做点儿对我来说有难度的事，特别喜欢技术。”显然，他是挑战型的性格，就像攀岩者、冲浪者一样，不愿意安坐在草地、沙滩上惬意地享受阳光。他的躯体内汹涌着某种激情和力量，他的目光永远眺望地平线外未知的前方。

“笨鸟先飞”的动力学原理

2011 年 10 月底，辽宁沈阳，第七届“振兴杯”全国青年职业技能大赛决赛落下帷幕，代表湖南省参赛的涟钢职工陈奇福获得全国第 2 名，并被团中央、人力资源和社会保障部联合授予“全国青年岗位能手”称号。2015 年 4 月，陈奇福被评为全国劳动模范。

有人喝彩，说：“陈奇福，好样的！”

有人不解，说：“看不出来呀，那么厉害？”

陈奇福自己则依然是一脸憨憨的笑容。他说："勤能补拙，我只是笨鸟先飞。"

我们并不相信他是一只"笨鸟"。因为我们置身于一个科学技术突飞猛进的时代，谁掌握的科学手段更先进，谁的技术更精湛，谁才能立于不败之地，保持领先的优势，一直飞下去。

陈奇福当然不是一只"笨鸟"。他聪颖、内敛，学习欲望非常强。他似乎从一懂事就知道学习和知识的重要性。在技校，他以全班第一名的成绩毕业。走出校门，他就踏上了另外一条更加艰辛的自学之路，至今仍在这条崎岖小路上攀登。

1997 年，陈奇福开始参加成人高考。2007 年，他报考中南工大工程硕士专业。2010 年，他通过中南工大软件专业研究生答辩，成为一名硕士研究生。

从技校生到研究生，一言难尽求学路上的辛酸。陈奇福告诉我们："因为能力和精力都有限，他放弃了很多东西。"他谦逊地说："成功始于失败，得到始于放弃。"

歌厅、网吧、花前月下的甜蜜亲昵、相对安逸的机关工作、心爱的相机……陈奇福放弃了很多。

在计控厂，陈奇福担负的工作任务异常繁重，常常需要加班。为方便他休息，厂领导为家住娄底的他争取到一间宿舍。但他除了上班，就是待在实验室里学习和进行实验操作。所以，他干脆在班里安了个铺。

2009 年，为了读研，陈奇福又在长沙和别人合租了一套房子。原来，中南工大的课程安排在两个双休日。每周五晚上，陈奇福忙完工作上的事，搭上夜班火车奔往长沙，上两天课，周日晚上返厂。第二天，他又精神抖擞地出现在自己的岗位上……回顾那段求学的经历，我们仿佛看到了在省会长沙和涟钢之间，在公交车站、列车上，那个瘦小、孤独的背影。

人们常说：刀不磨生锈。工作是陈奇福学习知识的磨刀石，处理各类复杂问题的压力激发了他的潜力。涟钢改造发展的大舞台造就了他学习进取的品性，也成就了他的事业。

一只鸟，也许在荆棘丛中，它起飞的环境很差；也许在低凹的盆地里，它的起点很低。但只要心有蓝天，并且始终保持飞翔的冲动，勇于奋力往后一挣，拍翅荡开沉寂的空气，它最终必定可以跃入飞翔的行列。按照空气动力学原理，飞行器的速度与气流阻力呈正比关系，速度越快，阻力越大。所以飞行不但需要时时校正方向，还需要增进动力，善于驾驭气流，借助翅翼获得气流的举力，才能越飞越高、越飞越快、越飞越远。

从陈奇福的成长轨迹和“笨鸟先飞”的动力学原理，我们领悟了自强不息的人生哲学内涵。

一顿饭“吃”出幸福企业样本

文 / 奚元良

听说过吃饭吃出过订单，吃出过友情或者爱情，但你一定没有听说过吃出一个幸福企业。这个故事就真实地发生在“上有天堂，下有苏杭”的杭州市桐庐县。

走进被誉为幸福企业样本的杭州霍普曼电梯有限公司，仿佛进入了花园，瀑布花影，碧水环绕，十大景点错落其间。在这里可以领略工业制造的魅力，触摸电梯行业的历史人文，感受中国共产党的光辉历程，还可以欣赏遍布厂区的月季，于湖边垂钓野鱼，走进开心农场品果蔬之鲜，甚至还可以在职工文化中心看书、健身、打球、跳舞。可谁会想到，这里曾经连招工都成问题。

说到这，就不得不提到掌门人——总经理宓荣根。故事还得从 13 年前说起。2004 年，从事电梯行业 20 年、在杭州下沙办电梯公司办得风生水起的宓荣根遇到了烦心事——全国各地来拉货的卡车把不大的厂区停得严严实实，尽管所有人员都投入一线加班加点地生产，依然满足不了客户的需求。一时间，抱怨声四起。再不扩大厂区、扩大生产规模，就意味着丢失客户。然而，当时的电梯公司所在区域的用地指标短缺，无奈之下，他辗转来到了风景秀丽的瑶琳镇琴溪村。当时，镇里负责工业的一位领导一个热情的拥抱让他下定了决心，次年将企业整体搬迁到这里，开始了新的创业。

可现实并不像宓荣根想得那么乐观，新公司虽然地处省道旁边，交通还算便利，但地理位置偏僻，离县城25公里，就连到镇上也有7公里的路程，可谓“前不着村，后不着店”，附近连个像样的小卖部也没有，更别说有什么可以娱乐的场所了。当时，公司一边搞基建，一边抓生产，连宿舍也没来得及建造，员工租住在附近村子的民房里，下班一回家，没地方可去，只能抱着电视入睡。有员工形象地编了个顺口溜：“白天看焊花，晚上看‘雪花’，要买个盐花，走得眼昏花。”

就这样，不到半年时间，从杭州追随而来的十几名老员工相继炒了他的“鱿鱼”，辞职而去。一时公司陷入了“用工荒”，这给信心满满的宓荣根当头浇了一盆冷水。他马上让人事在本地“招兵买马”，但由于企业初来乍到，一无知名度，二无好的工作环境，很多前来应聘的人刚到公司门口，还没迈进厂区就转身“打道回府”了。一年时间，公司仅仅招到了5名本地员工，眼看着新上马的设备无人操作，宓荣根心急如焚，本已戒烟的他又一天一包地抽起了香烟。

一天晚上，有位员工请宓荣根到出租房里吃饭。不巧天下起了大雨，他撑着伞一路泥泞好不容易找到了员工的家，推开门，昏暗的灯光下，十来平方米的老瓦房里，一张床、一张桌子、一个灶台、三口人，把房间挤得满满当当，连个落脚的地方都没有，几个塑料盆散落在房间接着房顶漏下来的雨滴。看到这里，他眉头一皱，员工以为他嫌弃，忙不好意思地说道：“宓总，我这条件差，您将就下。”他连忙摆摆手说“没事，挺好”，眼角却不由得一热。那顿饭，尽管菜很丰盛，但他吃得很不是滋味。在回去的路上，他竟忘了打伞，任凭雨水淋了个透，满脑子都是那间狭小简陋的房间。他暗暗下定决心，一定要让员工们过上好日子。

一年多后，108套带电梯的员工公寓落成了。在入住仪式上，宓荣根亲手将第一把房间钥匙递给了那位请他吃饭的员工，那位员工的眼泪夺眶而出。紧接着，他又联系客运公司，把中巴车开进了公司，接送员工上下班，并定期包车送员工购物休闲。

慢慢地，本地员工多了起来，宓荣根又在第二期规划上动起了心思，开挖人工湖，修建人工瀑布，玻璃长廊，种植各种树木花卉，美化厂区环境。

2007年的一天，一个好消息从北京传来，公司在激烈的竞标中，一举中标北京奥运会篮球、举重场馆电梯配套项目，成功跨入奥运会品牌供应商行列。那一年公司销售收入首次突破亿元大关。

可好景不长，一些刚被引进的年轻人才纷纷递交辞呈，另择高枝，几个新上马的研发项目不得不中途停了下来，给企业正常生产经营造成很大影响。究其原因，是文化生活匮乏，员工的精神需求得不到满足，说到底就是缺少企业文化。一个没有文化的企业，员工就没有幸福感。想到此，宓荣根没有犹豫，开始着手构建企业文化。他把“以文化的力量推动企业和谐发展，努力打造受人尊敬的电梯品牌”作为公司使命，率先搭建企业福利体系，先后建立起涵盖吃住行、生日关怀、工龄津贴、职称奖励、医疗补助、子女教育补助、敬老津贴等8项员工福利制度，企业每年用于员工福利的资金达数百万元之多。

这时，正当全国房地产市场火爆之年，有不少开发商找上门来，想拉他入伙开发房地产，并许以高额回报，都被他婉言谢绝。也有朋友“好言相劝”：你每年花这么多钱在福利上，这是作茧自缚，一旦企业经营困难，就难以为继了，还不如去投资。甚至还有人嘲讽他“捉鱼的捞虾——不务正业”。可他一概笑而不语，反而又投入数百万元为员工修建了面积达3000平方米，拥有一厅（多功能厅），一校（企业党校），两馆（电梯科普馆、党史廉建馆），两房（瑜伽舞蹈房、健身房），三室（球类活动室、图书室、心理咨询室），集学习、休闲、娱乐、科普于一体的大型文化场馆，为全体员工建立了精神乐园。

在创新薪酬体系、完善文化设施、推行每月一次常态化文体活动的同时，宓荣根又总结提炼了“我工作，我快乐；我学习，我快乐；我享受，我快乐；我运动，我快乐；我参与，我快乐；我敬业，我快乐”的“6乐文化”，进一步丰富了企业文化的内涵。良好的物质根基和优厚的福利制度，极大提升了员工的归属感和认同感，员工的幸福感油然而生。

2015年，受经济大环境和房地产市场疲软影响，电梯行业也遭遇了“严冬”。适逢国家放开“二孩”政策，一天，宓荣根找来公司办负责人，说是想新增一项关于女职工孕期补助的福利制度。谁知话音刚落地，就遭到了对方反对，因为公司女职工多，“二孩”政策放开后，会有更多的女职工怀孕，带来更多的经营成本，综合现在的形势，不宜新增福利制度。之后，又陆续有多名中高层管理人员反对，但他力排众议，说：“不能因为市场有一点儿困难就停止福利制度的增加，我就是要让员工们享受到企业发展的成果，感受到企业发展带来的幸福。”宓荣根说到做到，当月底，“孕期关爱、写真留念”制度开始施行，对怀孕女职工给予1300元用于拍摄孕期写真和购置孕妇装的补助。

至此，以“6乐文化”和“9大福利”为内核的企业文化体系正式形成。

事实证明，宓荣根的决策是正确的，企业文化建设结出了硕果。如今，“子女和父母都能拿钱，工作在花园里”成了霍普曼电梯在当地口口相传的免费广告，企业再也没有招工之忧，连续5年员工流失率低于3%。由于员工队伍稳定性好，产品质量得到了保证，生产差错率也逐年降低。更重要的是，员工对企业产生了强烈的认同感，自我管理意识强，企业发展呈现崭新态势。

与此同时，员工的幸福指数不断攀升，也彰显了企业的品牌形象，使得企业的品牌理念为更多的客户所熟知，赢得了市场的认可与尊重，文化真实地成了企业发展的软实力。2015年，霍普曼电梯荣获“电梯行业用户优选十大最具成长潜力整梯品牌”，2016年中标入围中央国家机关电梯定点采购供应商。

每当有人问起是什么让他花这么大的精力和财力来做企业文化和福利时，宓荣根都认真地回答："是因为一顿饭。"如今，当年质疑他的人，都成了他忠实的合作伙伴，用他们的话来说，"和一个重视员工需求，把员工当主人的企业主和企业合作，我放心"。

多年来，霍普曼电梯有限公司富有特色的企业文化之名不胫而走，蜚声行业内外，俨然已成为"霍普曼"现象，受到越来越多的关注。霍普曼电梯的员工是幸福的，在连续多年的第三方员工满意度调查中，员工的满意度高达 95% 以上，而更多关于霍普曼的幸福故事却刚刚开始。这不，宓荣根又开始了"打造中国工业观光快乐工厂样本"的新征程，带领着霍普曼电梯全体员工在幸福的道路上继续阔步前行。

“质量工匠”二三事

文 / 王晓红

他是山东省建筑材料行业技术革新能手、山东省民营企业优秀化验员、山东省“金蓝领”获得者、首届“莒州之星”候选人，连续多年获得企业劳模等殊荣。他 24 年如一日地执着于水泥化验质量管理工作，24 年始终坚守同一个岗位，从未感到厌倦。他说，他特别喜欢化验这个工作岗位，从工作的第一天起就喜欢上了这些瓶瓶罐罐。经过一系列的物理和化学反应，得出的一个个精准数据就好比他的亲人，让他格外珍惜和疼爱。他是名副其实的“质量工匠”。他就是山东莒州水泥公司化验室主任——严军德。

创新“大拿”

当严军德还是化验员的时候，在熟练掌握了师傅教导的操作方法后，他就有意识进行创新。经过多次实验，他自创了铂坩埚融样法，不但缩短了融样的时间，而且大大提高了工艺配料的精确性，直接淘汰了落后的石墨坩埚融样法，使得分析结果的准确度提升了 30% 以上。这在当时县域的水泥企业是不多见的。消息传出后，附近区域的多家水泥企业纷纷慕名来学习。

提升为班长后，严军德除了认真完成日常的检验项目，还积极开动脑筋发现问题，带领班组内的同事，不断创新检验方法。近年来，因为原材料紧缺，公司为了保障产量和质量，提出让化验室尽快研究替代的新材料。任务下达后，为了找到新材料工艺配比的最佳比例，他带领小组成员采集了多种新的原材料，积极设计实验方案，几乎24小时都待在化验室里。饿了就让同事们带点饭，累了就趴在操作台前休息一小会儿。每一个试验结果出来后，他都要亲自检查才放心。最终，通过大量分析和生料易烧性试验，他们找到了最佳配比，不但保证了公司的正常生产，还大大降低了生产成本。

绰号“铁面”

严军德常说：“人品决定产品，百年大计，质量为本。”有一次，一客户所送的石灰石表面看起来很好，收料人员正要将它们入厂卸货，严军德正好在巡检原材料，通过多点取样发现这车石灰石存在以次充好的情况。他让化验室人员做出实验结果，然后拿着化验单，有理有据地拒收这车石灰石。

该客户倚仗着有些关系，随即气焰嚣张地对严军德进行威胁和谩骂：“这石灰石原来合格，为什么到你这里就不合格了？”他没有被对方的气势吓倒，不让分毫地说：“原来合格是原来的，现在不合格就是不合格。”其实，他不是没有考虑拒收的后果，但质量来不得半点儿马虎，眼睁睁地看着不合格的石灰石进厂不是他的风格。不合格的石灰石怎能生产出高质量的水泥？如果水泥质量不合格，会出现楼房倒塌、桥梁断裂的后果，这岂不是在拿别人的生命开玩笑？还有人跟他说“同乡同村的你给照顾照顾呗”“这点儿礼物你别嫌少”“你说，我给你返多少回扣”之类的话，都被他严肃拒绝了。由此，私下里一些客户给他起了“铁面”的绰号。“铁面”并非冰冷和无情，而是质量把关不含糊，对待不合格的原料，没有任何商量的余地。每每“铁面”来了，那些弄虚作假的客户就会胆战心惊，灰溜溜地逃走。

打破“纪录”

2015年，公司承担了国家重点工程项目高铁建设中低碱水泥的供应。项目所用低碱水泥各项指标要求非常严格，而北方地区雨水少，导致生产低碱水泥的原材料中含钾、钠都严重超标，很难生产出符合要求的产品。

在领导的支持下，严军德又主动承担了这一重任。那些日子，他来回穿梭于生产现场、中控操作室和化验室，针对各种原料成分组成、性质和低碱熟料各项操作指标要求，进行了反复取样化验。

严军德带领化验室人员加班加点，吃住在企业里，连续两个月没有回家。他从同一品种、同一产地的物料着手进行试验，并结合多频次的小磨试验进行总结，然后再进行试验。这些试验数据成功后，再运用到大磨高铁专用水泥的工艺粉磨中去。经过成品水泥多点取样检测与化学指标分析，最终确认包括水泥的碱含量、氧化镁、游离钙在内的各项质量指标均符合相关质量要求。由此，高铁专用水泥研制成功。莒州水泥公司成功打破北方不能生产低碱水泥的历史。

近年来，由严军德编写的《矿物复合法利用低品质石灰石制备低能耗水泥》论文荣获了“宏宇杯”全国建材行业技术革新奖二等奖，他也被评为“2015年全国建材企业管理现代化突出贡献人物”。在荣誉面前，严军德不骄不躁，默默地把所学知识和经验毫无保留地传授给新员工，使他们尽快掌握本领适应工作。他牢记“艰苦奋斗，苦干实干”的企业文化，恪守“以厂为家，不计得失”的准则，积极带动和帮助身边的人爱岗敬业、任劳任怨、无私奉献。

藏北高原上的录井铁汉

——记中石化胜利石油工程地质录井公司 SL216 录井队队长杨鹏

文 / 袁滨

平均海拔 4700 米的藏北高原伦坡拉盆地，是名副其实的“人类生命禁区”。那里的施工环境异常艰苦：含氧量只有内地的 40%，紫外线的强度却是内地的 7 倍，最低气温达 −30℃。每年有近 100 天刮 5 级以上大风，从春天刮到冬天。上井道路崎岖艰险，上有滚石林立，下有悬崖峭壁……

然而，中石化胜利石油工程地质录井公司 SL216 录井队队长杨鹏以“缺氧不缺斗志，艰苦不怕吃苦”的顽强精神，3 次主动请缨带领队伍鏖战高原，高原施工天数超过 200 天，在藏北无人区挑战生命极限，创造了“人定胜天”的奇迹。

同事称他是“拼命三郎”

2014 年 7 月，SL216 录井队接到中石化勘探分公司部署在西藏那曲地区一字号工程旺1井的施工任务。听说那里环境条件艰苦，很多同事担心身体无法适应高原反应，组建第一支队伍时，出现了没人报名、单位领导犯难的窘境。

杨鹏认为，作为一名党员，就应该在关键时刻挺身而出，越是艰难越要向前，他带头向组织报名请战。在他的号召下，40名员工陆续报名参加施工。在北京海军总医院高原体检后，有一半员工不符合去高原的身体条件。而优选的8名员工在赴井场途中，又有两名员工因高原反应严重，中途撤回。

到达井场后，杨鹏和同事们无一例外地出现了嘴唇干裂、口腔溃烂、头晕、头痛、胸闷等症状，平时轻而易举的事情在这里做起来无比吃力。大家彻底领教了高海拔的威力，有的人打起了“退堂鼓”。

面对严酷的环境考验，面对从未遇到的复杂局面，杨鹏反而被激起了血性。他一边给大家鼓劲，“坚持扛过最初的20天反应期就好了”，一边以身作则，带头苦干，传感器安装、线路架设等体力活能多干就多干。在两天安装时间里，10米多高的钻台爬上爬下30多趟，他感觉就像是在平原上跑了个马拉松，身体不适骤然加重。为了抑制高原反应，他背着大伙加服了药量。

旺1井钻井取芯期间，杨鹏经常是值完12个小时的白班，睡上3—5个小时，凌晨又爬起来组织录井队进行岩芯出筒和整理描述。没几天，他双脚磨出了血泡，脸上、手上脱了一层皮，看上去斑斑点点，一个月时间内体重减了20斤，同事都称他是“拼命三郎”。

冰雹夹雪下的“取芯战斗”

有人说，能在高原上待得住就是贡献。而杨鹏认为，干得好才是贡献。高原施工有太多的未知因素，什么样的困难都可能出现。而杨鹏在施工中践行着“严、细、实”的企业作风，带领队伍啃下了一块块的“硬骨头”。

2014年8月27日，凌晨两点，气温降至零下5摄氏度，高原上寒风凛冽，滴水成冰。但在旺1井井场，灯火通明，钻井、录井、监督30多人都盯在井口，因为岩芯就要出筒了。

突如其来的冰雹又来凑热闹，黄豆粒大的冰雹砸在脸上生疼。井场上的人都盯着杨鹏，他像个沉着应战的指挥官，有条不紊地安排着：“我和李玉杰负责清洗岩芯。王海雨和王斐负责接芯。郭辉和王清涛负责装芯。”出筒的岩芯带着泥浆飞溅到大家的脸上、身上，大家瞬间就成了花脸。由于岩芯含油，杨鹏和李玉杰用刺骨的冷水小心翼翼地擦拭，并逐块做含气试验。刚擦完的岩芯，裸露面马上就结出一层薄冰。杨鹏不时叮嘱大家：“千万要注意出芯的摆放顺序，不能有丝毫差错。”

冰雹停了，雪越下越大，渐渐没过了脚面、脚踝，深的地方已经没过小腿。岩芯整理完后，杨鹏带领同事深一脚浅一脚地将岩芯盒抬到地质房中。短短30米的距离，却走了近10分钟。之后，他们在20天内连续取芯11筒，取芯进尺83.28米、芯长81.84米，收获率高达98.3%，创下了西藏地区录井取芯次数最多、取芯进尺最长的新纪录。旺1井完井资料被评为优秀，中石化勘探分公司专门给胜利录井发来表扬信。

两个月捞取1500包岩屑

杨鹏经常和大伙说：“尽管海拔高给工作带来许多意想不到的困难，但海拔高工作标准更要高，‘精益求精、卓越创新’的录井精神要永记在心中。”

旺2井由于造斜钻进、地质情况复杂，自1480米至井底多次发生井漏。为了赶施工进度，工程方一边堵漏，一边钻进。可是由于漏失严重，返出岩屑中的真实岩屑的含量甚至不足3%，这给发现油气显示和建立地质剖面带来了很大困扰。

为做到精准分析每一米、精确评价每一层，杨鹏主动提出加密捞取岩屑，由设计规定的1米取1包改为1米取3包。在高原上捞取1包岩屑至少要花费15分钟，时间是平原上的3倍，体力消耗更大。

2015年6月5日，旺2井正在快速钻进，最快时每米钻时只需6分钟。天公不作美，一片乌云来袭，下起了冰雹，紧接着又是一场急雨。录井工王卫东那几天咳嗽，身体不适。杨鹏看到天气恶劣，对他说："王师傅，你身体不舒服，外面天气又不好，就不要出去捞砂样了，我来干。"

说完杨鹏就带领其他队员穿起雨衣，戴上安全帽，一趟一趟往返于地质房和钻台振动筛之间。由于泥浆中含有大量的堵漏剂，捞取的每一包岩屑中90%都是堵漏材料，每包岩屑都要反复清洗五六遍，捞取满满一脸盆的砂样，清洗出来只有少量甚至只有几颗真岩屑。钻井队的值班干部看到录井队雨中忙碌的身影，感慨地说："胜利录井干工作真是精细。"

两个月时间，杨鹏带领队员们累计捞取了1500包岩屑，比地质设计要求的多捞取300包，摸清了地下地层岩性。旺2井岩屑剖面符合率高达91%，超过甲方规定的质量标准3个百分点，累计发现各类油气显示23层88.5米厚，创下了高海拔地区2719米的完井井深新纪录。

"寒冬期"不是"无为期"

近几年，国际油价持续低迷，市场竞争白热化，这给石油工程企业带来很大冲击。杨鹏经常给大伙讲一个观点："寒冬期"不是"无为期"，我们一定要打赢创效节支攻坚战。

2015年8月，接到回撤设备的命令时，杨鹏的妻子正在"坐月子"，不想让他离开，同事们也劝他在家好好照顾妻子。杨鹏辗转难眠了一晚，毅然决定回队。他对妻子说："回撤的路线我最熟悉，路太难走，我不放心大伙儿。”两年间，杨鹏带队三赴高原，征战禁区，最长的一次是在旺 2 井中连续驻井超 110 天。

在藏北高原录井，不像内地有畅通快捷的技术支持和后备保障。为此，杨鹏重点强化各岗位执行力，时刻想着创效，处处做到保效，提高队伍独立作战能力和创效保效能力。

结合高原昼夜温差大、阳光直射强烈等环境特点，杨鹏改进完善了设备维护保养、巡回检查等 8 项工作制度，先后排除总线模拟模块损坏、实时监控机频繁死机等大小故障 7 次，杜绝了设备“带病”运转，并节约了后方仪修人员上井维修费用。

旺 1 井安装调试时，色谱仪因氧气不足不能正常点火，杨鹏心急如焚，因为那时距离开钻只剩下不到 3 天的时间。他直接吃住在仪器房，三天两夜连轴转，反复试验空气与氢气流量的最佳配比，摸索改进点火流程，最终解决了 ALS2.2 录井仪色谱在高原缺氧环境下的点火调试问题，顺利通过开钻验收。

针对施工中真假油气显示辨识难题，杨鹏多次向甲方介绍岩石热解、定量荧光分析等技术，做好技术营销，加深甲方对胜利录井雄厚技术实力的认知度。在旺 1、旺 2 井施工中，为精准落实岩性、建立剖面，累计磨制薄片、镜下鉴定 598 块，数量较钻井地质设计多一倍。旺 1 井获得中石化勘探分公司额外工程款奖励 5 万元。

一方面开源，一方面节流。杨鹏针对人工成本、材料、通信等 10 余项费用，专门建立了“月度成本明细表、材料消耗记录”，处处精打细算，一点一滴抠起，每月做到“三算清”：材料消耗、人工成本、生活费用支出算清楚；完成产值、利润进度指标算清楚；挖潜增效指标算清楚。他带头修旧利废，先后修复电动脱气器等设备 5 台套，节约成本 1.5 万元。

梁宽命的三次创业故事

文 / 李在上

有一位模范共产党员，现年 55 岁，20 多年来专注发展电力杆塔事业，他就是山西省优秀青年企业家、阳城县华泰电力杆塔有限公司董事长梁宽命。

1993 年，阳城县凤城镇水村村办铸件厂正处于生产经营低谷期。当时，在厂里当采购兼推销员的梁宽命非常着急，处处留意工厂转型发展的事。一次出差坐火车，他遇见一位国家科委干部，他们两人相谈甚欢。说到村办企业目前遇到的困境，那位科委干部从手提包里掏出一张照片说："你们敢不敢干这个？"梁宽命接过照片一看，是一件高耸入云的钢铁构架。他不解地问："这是啥东西，干什么用的？"对方笑笑说："电力杆塔。"虽然是第一次听说，但梁宽命毫不犹豫地将照片收好带回了家。

当这张珍贵的照片放在厂部办公室桌上时，全厂上下轰动起来。有看热闹的，有摇头讥笑的，也有表示怀疑的。梁宽命没有被这些情绪左右，他经过认真思考，把企业转产发展电力杆塔的想法向厂领导如实做了汇报。在厂领导的大力支持下，成立了五人杆塔科研小组，梁宽命亲自担任小组长。

面对这个全新的生产领域，梁宽命和同事们找资料、寻专家、求技术、搞设计、出图纸，大胆试验，经过三个多月的努力，终于加工出一件全手工焊接电力杆塔。当这一个颇有技术含量的产品展现在有关单位及专家面前时，大家不得不对这个小小的村办企业刮目相看。但受技术、资金、人才等方面的限制，产品的做工还是比较粗糙，工艺水平还很低，不过能走出这一步实属不易。

到场的专家诚恳地对企业的转型发展给予了充分肯定，对产品存在的问题和改进方法，以及规范化生产提出了建设性、指导性意见。初战告捷，进一步激发了梁宽命研发的信心和决心。梁宽命建议厂里一边购买杆塔制作设备，一边改进生产工艺技术组织杆塔生产，他和同事也到当时全国为数不多的杆塔生产厂家学习取经。

又经过半年努力，第二件杆塔产品加工完成，经过省、市、县科研部门检验，完全合格，村办小企业顿时欢腾起来。新产品不仅给梁宽命带来成功的喜悦，也增加了他做好杆塔的使命感。从此，他马不停蹄地跑资金、立项目、找订单、磨技术、出产品，踏上了艰难的创业之路。

一晃 23 年过去了，梁宽命不仅把企业从村办企业改制为民办企业，而且实现了从采购员到董事长的身份转换，把一个名不见经传的阳城县华泰电力杆塔有限公司经营得风生水起，成为全国该行业的标杆企业。如今，企业集设计、制造、安装、售后服务于一体，有 13 条生产线，年均产量达 3 万吨，成为华北地区电力设备最大杆塔生产基地。公司研发的电力杆塔产品遍布祖国大江南北，甚至走出国门，远销到东南亚、南美国家。2015 年，公司被山西省委、省政府授予“五一劳动奖章”。

阳城县华泰电力杆塔有限公司离城较近，厂房规模扩大受限。2008 年，梁宽命把公司搬迁到了投资环境优越的本县演礼乡境内。从家乡来到异地创办企业的困难可想而知。北方汉子梁宽命经过多年的闯荡和市场磨炼，对社会、对事业、对人生也有了新的思考。他朝着自己设定的企业发展目标一步步地努力奋斗，利用搬迁的机遇，开始了他人生的第二次创业。

公司在全面提升内在素质的基础上，逐步完善和提升企业社会形象，勇于担当社会责任，为当地的社会经济发展、新农村建设添砖加瓦。

一是创建外部环境，实现企业协调发展。在公司征地、拆迁、安置的过程中，积极主动与当地乡村干部和群众融洽合作关系，绝不伤害群众利益。率先在全县成立第一个民营企业党支部，充分发挥党支部的政治优势，围绕企业发展重心，为公司的三个文明建设奠定了强有力的思想、组织基础，为公司的发展注入了强大的精神活力。

二是创造就业岗位，勇于承担社会责任。随着生产规模的不断扩大，产品的改造升级，用工问题被提上了议事日程。公司的招工宗旨是，承担社会责任，先解决贫困户和当地农村剩余劳动力，着眼于长远发展，多吸纳大、中专毕业生，原则是先本乡后全县。招工广告贴出去后，人们奔走相告，大家都知道华泰电力杆塔有限公司在全县是一家实力雄厚、讲信誉、有潜力的企业，短短一礼拜时间，招工总数达到 300 余人，其中贫困户劳动力达到 50% 以上，大、中专毕业生达到 10% 以上。

三是创新企业文化，扶贫济困回报社会。农民出身的梁宽命深知农村的苦、农民的不易。他抽出时间深入当地村庄调研，看到了乡下百姓生活、生产真实的一面。他认为，企业文化是企业之魂，自己有责任扶贫济困、乐于助人，为国家和政府尽一些微薄之力，实现“以人为本、共享发展红利”的人文关怀。从 2008 年搬迁到演礼至今，他赞助考上大专以上的贫困学生多达 50 余人；他为演礼乡 70 岁以上的 100 多名老人购买过节日慰问品和纪念品；他为 60 户贫困户送去温暖的春节慰问金；他为村里铺设村庄道路出过力；他还承担了董封乡龙泉村的扶贫包村任务，供信息、供种子，花费精力和时间来关注该村的脱贫工作；8 年来，他累计捐助资金上百万元、受助群众达 300 余人次。他的企业和他的人一样，受到了当地广大干部群众的好评，2010 年被晋城市授予“光彩事业奖章”荣誉称号。

经过多年的发展，华泰电力杆塔有限公司已经发展成一个注册资金5380万元的实力企业，主要生产500kV输电线铁塔、钢管柱、变电构架、四柱式钢管塔，并自主研发设计生产钢结构厂房、大楼、桥梁等钢结构产品，年上缴国税、地税900余万元。

在谈到企业的愿景发展时，梁宽命告诉我们，发展无止境。为了适应新经济、新常态，公司要按照“中国制造2025”工业发展规划，制订了企业第三次崛起的创业计划。这项计划目前已经在实施。未来公司的10万吨铁塔项目，投资额将达到2亿元，其中第一期工程投资5000万元，建成9000平方米厂房，年产量达1.5万吨。第二期工程占地70亩，投资额1.5亿元，建设厂房、科研中心、培训中心、仓储中心、杆塔集散地及附属设施等共计56000平方米。第三期工程占地170亩，建成8000平方米的铁塔生产园区。在做好主业的同时，公司还要在高铁、交通、通信、市政等方面扩宽发展领域，实现安排就业劳动力1200名，铁塔加工能力达10万吨，产值达8亿元，上缴国税、地税3000万元。目前，第一、二期工程已完工，正在调试之中。工程全部完成后，企业的核心竞争力和市场占有率将进一步提高。

梁宽命虽然没有豪情壮语，却散发着爱党、爱国、爱人民的工匠精气神。这就是一个真实的、有血有肉的梁宽命。

“破格”的尴尬

——记湖北鄂钢扬子重机公司“土专家”吴军奎

文 / 江欣

湖北鄂钢扬子重机公司在吴军奎是否可以“破格”评聘职称的问题上出现了分歧。赞成吴军奎破格评为工程师的同志认为，吴军奎虽然没有本科文凭，但他这个“土专家”确实为生产解决了不少实际问题，他的能耐比某些徒有虚名的工程师强百倍。就凭他这几年的创新创效成果，凭他为改制后的扬子重机公司打开金属结构件市场所做的努力，破格一回谁还能有意见？但反对的声音也不少，因为吴军奎根本不满足评聘工程师的硬性条件。

而作为当事人的吴军奎倒好，这些年来一直把职称之事置之身外。“不就是一张纸，难道评不上工程师就不做事了？”其实，工作了20个年头的吴军奎并不是不看重这张证书。他比谁都清楚，自己一无科班学历，二不会“ABC”，与其费这个神去折磨自己，不如把时间用来多消化些图纸。

作为湖北鄂钢扬子重机公司钢构件制作的主要工艺员，这些年，吴军奎没少操心，用他自己的话说，“忙得值”。2014年，公司铆焊件产量达到

6000吨，比改制前的2006年翻了6倍，外部市场（不算鄂钢内部备件）合同量实现了零突破，达到年产量的80%。吴军奎围绕2012年“台湾烨联钢铁冷床项目”、2013年“泰钢项目”“宜昌江峡钢包车项目”和2015年“新冶钢273改造项目”等，在工艺优化、技术交底、质量控制及技术创新方面倾其心智，在提升自己业务能力的同时，也为公司开拓和巩固外部市场并取得良好的业绩积攒了底气。

用“忙得不可开交”来形容吴军奎的2016年比较贴切——1月的“武桥KTY5000型动力头钻机项目”，3月的“中冶连铸辊道项目”，4月的“冶钢转鼓项目”，6月的“中冶南方日照钢铁项目”，10月的“长动蜗壳项目”。围绕这些项目，吴军奎全年都扑在3万余张图纸上，一年下来，瘦了20斤，原本1.5的视力下降了0.6度，由于长时间熬夜加班，落下了难以根治的咽喉炎。

“你不急市场急，遇谁谁急！”吴军奎坦言。能不急吗？每次工程图纸下发，他首先考虑的是为生产制作腾出更多的时间，尽量缩短编制工艺时间。对于每张图纸，他力求工艺编制细致合理，让操作者能一目了然，不走弯路。2016年6月，公司承接“中冶南方日照钢铁项目”，需要编制29套部件共计1600多张图纸。为了赢得生产制作的时间，他一连三天加班加点，睡觉的时间加起来不超过6个小时。每张图纸工艺编制是否合理，直接影响材料的损耗及生产效率的高低。对此，他总是想得比别人多一些、细一点。中冶连铸出坯辊道有14根辊子，图纸设计要求用$\phi 356 \times 27$无缝钢管，共重27.623吨。考虑到公司2008年采购的$\phi 356 \times 33$无缝钢管还剩余一批短料，吴军奎在工艺设计上进行了对接，使得那批钢管达到使用要求，节约了采购资金约12万元。

对于复杂程度高的图纸，吴军奎每次编制工艺时都要写出详细技术方案，与生产一线操作者面对面进行技术交底，让操作者明白制作顺序、重点尺寸控制点，确保产品保质保量完成。公司承接的“武桥KTY5000型动力头钻机项目”，共计7个部件，质量要求高，连接部位要求全熔透，焊缝100%超声波探伤合格。为了控制产品质量，吴军奎针对7个部件编写了7份技术方案，一一对制作班组进行技术交底。他们按工艺制作，严守尺寸控制要点，最终产品得到客户好评。

质量赢市场。随着公司承接的外部产品越来越多，对外部产品的质量要求也越来越严格，过去粗大件制作的外观质量已经不能满足外部客户的要求了。为了适应市场需求，吴军奎结合这些年来现场工作经验，编制了《焊接件质量检验规范》，明确了产品检验执行标准和文件，明确了检验内容和检验流程；制定了《焊缝外观质量检验作业指导书》，统一焊缝外观质量标准。

职工赞誉吴军奎是“土专家”可谓恰如其分，他连续5年获得扬子重机公司技术管理创新一等奖，为公司创造效益达500万元以上。职工说，吴军奎点子多，搞不懂、弄不透的找他保准没错。鄂钢炼钢厂的水冷轴承座，每次承接的生产任务批量大、工序多、加工周期长，尤其是水槽部分的加工，既困难又费时。针对这种情况，吴军奎对水冷轴承座的结构进行工艺改进。改进后水冷轴承座下料尺寸变小，每件节约钢板4.3kg。改进前水槽需铣床加工，加工一件需3.5小时，按24元/小时计算，加工一件水槽的费用是84元。按批量300件计算，需加工1050小时，加工费用25200元。通过对水冷轴承座进行工艺改进，不用再加工水槽了，既节约了材料成本，又降低了人工成本，而且缩短了制作周期，提高了生产效率。

中冶连铸的中间罐由很多公司制作，但产品质量不是很好，有的甚至直接报废。中冶连铸寻求扬子重机公司帮助进行重新制作。吴军奎经过反复研究和计算，更改原有的工艺方案，制作完工后，整体中间罐上拱，满足了用户需要。现在，中冶连铸只要有中间罐的需求，直接要扬子重机公司制作。还有更多的公司慕名而来要求扬子公司承接他们的中间罐生产订单。

吴军奎说：“对企业而言，创新是发展动力；对个人而言，创新是一种本能。”对于自己该不该有个“工程师”身份，吴军奎除了淡然，不免还有些尴尬。部领导告诉他：“今天下班后公司班子开会，最后敲定今年的职称评聘名单，要不找领导探探底？”本来话就不多的吴军奎听部领导这么一说，先是一愣，迟疑了足足有半分钟才从牙缝里挤出五个字：“明天再说吧。”

沟通为“王”

文 / 马灿灿

无论时代如何变化，沟通都是人类最需要的一种情感交流方式。中信银行长沙经开区支行行长马灿灿可能比谁都更懂得“沟通”的含义。

马灿灿 2007 年 7 月加入中信银行长沙分行，历任柜员、公司银行部员工、供应链金融中心经理、供应链金融中心总经理、产业链金融中心总经理，2013 年 8 月担任行长至今。湖南师范大学通信工程专业毕业的他对于沟通有着旁人不及的敏感，并且将沟通的作用发挥得淋漓尽致。

沟通赢得客户。以客户为尊，是中信银行的一贯传统。那么如何开拓客户，如何更好地展开营销、服务客户呢？和客户的有效沟通就是最有效的手段。对此，马灿灿坚持“拜访”，一定要和客户面对面交流，达到最佳的沟通效果。在业务拓展中，经开区支行立足区域机构业务这一发展思路，进一步加强对区域内机构客户的立体营销，开拓创新，利用全景融资模式，找准“最佳综合融资服务银行”的定位，利用表外、非表等业务解决了以往营销过程中难以突破的问题，落地了一批大项目，包括长沙经济技术开发集团公司两笔融资租赁业务，合计融资金额 6 亿元；长沙县城建投信托融资业务 6 亿元；经开区城市发展基金项目 5 亿元；湖南省湘维公司融资租赁业务 4 亿元；三一集团理财及票据贴现等大项目、大单产品。在项目落地的同时，还有力加强了支行与客户之间的业务关系，提升了中信银行品牌价值。

沟通成就团队。马灿灿作为一线的团队负责人，以沟通带团队是他一直坚持的风格。尊重与沟通，是他带队伍的宗旨。尊重是一切的前提，不懂得尊重人，一切都无从谈起。在马灿灿看来，最大、最可贵、最有效的尊重是信任，这体现为对团队成员合理、有效地授权和委任。对于沟通，马灿灿有一个形象的比喻。他说："好的沟通就像一个灵敏有效的神经系统，又像是机件运行的润滑剂。沟通的手段多种多样，但目的只有一个，那就是拉近距离、融洽气氛、了解情况、施加影响。"他来经开区支行带团队前，支行负责人多次变更，造成了团队成员消极怠工、信心丧失的困难局面。在到任的第一个月里，马灿灿分别找各条线的同事谈话，了解他们的所思所想，由此制定各项激励措施。很快，员工的自信心增强，工作积极性极大提高，各条线业务的发展方向也明确起来，整个团队在最短的时间里恢复到应有的工作状态。当员工在开展业务的过程中遇到困难时，他总是冲锋在前，带领员工一起去解决，让大家都获得真正的成长。

沟通产生效益。马灿灿在经开区支行任职的短短两年半时间里，经开区支行的存款规模从马灿灿接手时的8.9亿元增长到2015年年底的29亿元，增幅225.84%；营业净收入从他接手时的2835万元增长到2015年年底的7598万元，增幅168.02%；对当地企事业单位的信贷支持额度也从5亿元增加到10亿元，为长沙分行十佳行，为跻身A类行贡献出了重要力量。与此同时，马灿灿还带领团队成功拿下了星沙海关关税保证金等6个账户，使中信银行成为其唯一合作银行，区域影响力大大增强。更重要的是，在这个过程中，支行整个团队的专业素质与业务能力均发生了变化，团队的协同作战意识得到了提高，同时每个员工的单兵作战能力也有了质的飞跃，荣誉随之而来。2014年9月，支行被总行评为"区域机构业务主办支行"，2014年与2015年均被评为"先进集体"，2016年被总行评为"优秀营销单位"。马灿灿个人也于2016年被湖南省银行业协会评为“湖南省银行金融服务竞赛百佳优秀个人”，被总行评为“最有价值员工”。

小沟通，大技巧；小沟通，大效益。立足沟通，善于沟通，才能收获更多。

责任在肩，冲锋在前

——记全国劳模邱峰二三事

文 / 刘伟鹏

在山东临工工程机械有限公司，有这样一名共产党员，在普通的维修电工岗位上，他一干就是 30 年。从只会维修普通设备，到安装、调试和维修数控机床；从简单的更换零部件，到为高精尖设备的“大脑”——电路板做“手术”；从维修到创新，从跟随到引领，从山东省职工技术创新成果一等奖第一名到全国技术能手……他就是全国劳动模范、全国“五一劳动奖章”获得者，山东临工工程机械有限公司设备动力部维修电工邱峰。

邱峰学历并不高，只是高中毕业。刚进入临工的时候，他还是个血气方刚的小伙子。已经有 4 年电气设备维修工作经验的他，对于当时普通机床设备的维修还是很有信心的。他第一次在技术上遇到挑战，是在 20 世纪 90 年代中后期。当时，临工进入发展的快车道，原有的部分老旧设备已经无法满足生产需要。为此，临工从英国、日本、奥地利等国引进了一批自动化程度很高的设备，包括焊接机器人、数控机床等。这些机器设计复杂，精密度高，从安装、调试到后期的维修全部由外国专家完成。那时，外国专家的工资高得离谱，一小时就得1000多元人民币，而且他们也看不起临工的员工。邱峰至今还清楚地记得，有一次，外国专家来安装调试设备的时候，邱峰想学习一下，对方却一个劲儿地摆手，脸上显出不耐烦的样子，虽然没说话，但意思很明显，就是让他走开，不能看，看了也学不会。

外国专家的手势和表情，深深地刺痛了当时已经成为中共预备党员的邱峰。他逐渐意识到，自己不能仅仅满足于会修普通的设备，未来高精尖设备将越来越普遍，如果自己不赶快学习新知识，掌握新技能，不适应企业加快发展的需要，就不能算是一名称职的员工。作为一名党员，自己有责任带好头。

在强烈的危机感和责任意识的驱使下，邱峰决心要掌握进口设备的维修技术。“一开始，看设备说明书，全部是英文的，就像天书一样，根本看不懂。”邱峰借了一本《英汉词典》，“对着词典一个单词一个单词地查，再不明白的，就去找人请教。”

因为缺乏必要的专业知识储备，即使借助字典，要想弄懂书中的原理，邱峰仍然感觉非常吃力。为了尽快补上相关专业基础知识，邱峰购买了大量的图书资料。当时的临沂，这方面的资料很少，他就到邮局去订，利用去外地出差的机会购买，买图书、订报刊的钱占去了他工资收入的很大一部分。

从那时候开始，邱峰学习知识、钻研技能，几乎到了“痴迷”的程度。他的办公室和家里都堆满了《无线电》《电子技术》《集成电路手册》等书刊。工作间隙，同事们聊天休息的时候，他在拆装设备，练技术；下班回家，别人在打牌、看电视放松的时候，他又在看书读报，学知识。学习成了他唯一的“业余爱好”。

后来，邱峰获得了去奥地利IGM公司培训的宝贵机会，他就像久旱的土地一样，如饥似渴地吸收着知识的甘霖。三个星期学下来，笔记做了几大本，密密麻麻地记录着各种电气符号、线路图、运算公式、数据和心得体会。

在不断地学习实践中，邱峰关注到了数控设备的“大脑”——电路板。

一个小小的电路板上集成了上百个元器件，每个元器件都有自己独特的功能，所有指令的发出和执行都是通过电路板实现的。

电路板如此关键，而设备说明书上关于它的内容却寥寥无几。这是外国企业一种技术封锁的手段。一旦电路板出了问题，哪怕只是其中一个元器件坏了，按照当时外国专家维修的“潜规则”，也得直接更换电路板，费用少则几万元，多则十几万元。而邱峰通过试验发现，在多数情况下，只需更换损坏的元器件就能修复，成本可能只有几百元、几十元，甚至几元。

为了搞清楚这些元器件的功能以及它们之间的联系，邱峰除了认真学习书本知识外，还用了最笨的方法——手工绘制电路图。在绘制过程中，邱峰对自己要求非常严格，出一点儿错误就重新画。有些大型设备的电路图非常复杂，看得人眼花缭乱，得画几个月才能完成，急性子的人做不来，得有坐冷板凳的精神，耐得下心，沉得住气，才能让每种设备电路板的脉络烂熟于心。

功夫不负有心人，经过几年的刻苦学习，邱峰的维修技术终于打破了外国设备维修的“潜规则”，达到了行业领先水平。用他的话说：“对数控设备的认识有了很大提升，机器人、加工中心出了问题，不需要再花冤枉钱，也不用再请外国专家来，我们自己就能搞定了！”仅此一项，十几年间就为临工节约了上千万元的维修费。

2005 年，临工集团整体搬迁到经济开发区，20 多台高精尖设备需要重新安装、调试。如果请外国专家，初步估算需要费用 500 万元。“交给我们，保证完成任务！”邱峰毅然立下了“军令状”。半年后，邱峰和同事们圆满完成设备搬迁任务。公司董事长王志中闻讯高兴地说：“他们这帮小伙子，还真行！”赞扬之情溢于言表。回忆起当时的情景，邱峰谦虚而郑重地说：“董事长这短短的一句话，就是对我们工作最大的肯定。”

近年来，中国经济进入新常态，山东临工也踏上了转型升级、二次创业的新征程。邱峰清醒地认识到，作为一名在党组织的关怀指导和领导同事的帮助支持下取得了一些成绩的党员，更要在企业创新发展中发挥模范带头作用。

在传统的工程机械生产过程中，笨重的零部件需要借助燃油叉车搬运配送，既需要人工成本，叉车尾气又容易污染环境。为了解决这一问题，邱峰率领以他名字命名的劳模创新工作室团队成员，向全自动、低成本、无污染的磁导航自动搬运车（AGV）展开了攻关。

AGV 第一次试车那天，4 辆 AGV 小车沿着导航磁条跑了一圈，有一辆脱离了线路。同事们都认为是由于小车空载，附着力不够造成的，后续装上托盘和货物，跑起来肯定没问题。试车结束时已经是晚上 7 点多，大家都有些疲惫，打算第二天再试验。可邱峰不这么想，他说："公司领导和同事对咱们寄予厚望。AGV 小车要早日研制成功，必须高度可靠，不能凭想当然。别等明天了，继续试验，今天一定要找到问题的根源！"他的话仿佛一下子赶走了同事们的劳累，大家又分头忙活起来。经过多次试验，他们最终在磁力传感器上找到了真正的"病根"。

2015 年，首批载重量 1 吨的 AGV 小车研制成功后，邱峰团队没有满足，又马不停蹄地成功研发了载重量 3 吨、可以跨车间运行的室外重载 AGV，这一成果还荣获了 2016 年度山东省职工技术创新竞赛一等奖。

邱峰团队取得的技改创新成果还有很多，《AGV 研发与应用》只是其中的杰出代表。发生在邱峰身上的故事还有很多，这些故事的时间地点、前因后果也许各不相同，但其中贯穿和蕴含的精神是一样的。

正如邱峰 2015 年获得全国劳模称号后，在公司举行的报告会上所说的："作为一名共产党员，我只是做了一些应该做的工作，党和国家却给了我这么高的荣誉。下一步，我将更加努力，积极影响和带动更多的同事，牢固树立工人阶级主人翁意识，勤奋学习，拼搏进取，成为有理想守信念、懂技术会创新、敢担当讲奉献的高素质产业工人，为公司转型升级、创新发展作出更大贡献，无愧于共产党员这一光荣的称号。"

茶卡盐湖的蜕变之路

文 / 李青云

这是一组关于茶卡盐湖景区 2016 年 132 天旅游季的数据：接待境内外游客 190 余万人次，较 2014 年增长 256%；8 月 8 日，创造单日接待游客 4.2 万人次的历史纪录；十一“黄金周”接待游客 10.942 万人次。茶卡盐湖凭借什么实现各项指标的赶超跨越，成为青海旅游新翘楚？

一幅供给侧结构性改革的壮美画卷

作为传统有色金属矿业企业，西部矿业集团可谓荣誉加身，但诸多挑战也随之而来。面对经济下行压力和有色金属行业连续亏损的大环境，西部矿业集团按照“创新、协调、绿色、开放、共享”的发展理念，以供给侧结构性改革为契机，以改革创新为动力，积极调整产业布局，打造新的利润增长点。2016 年，投资 3 亿元对茶卡盐湖进行提档升级，对旅游开发大胆“尝鲜”。

在茶卡盐湖景区开发建设伊始，西部矿业集团就形成了高度共识：坚持保护自然景观，挖掘盐业文化，丰富旅游内涵；以人为本，提升功能品质，改善旅游环境；新建改造结合，兼顾远期发展，促进景城联动的总体思路，全面实施完善景区功能、改善旅游交通、提升环境品质、丰富旅游产品、保护资源环境的五大发展战略，打造茶卡盐湖“天空之镜”品牌，实现“十三五”末达到5A级旅游景区标准的目标。

通过一期建设，景区环境和基础配套设施得到大幅改善，成功打造了主轴观光路线和核心景观区。用时不到两年，从年接待十几万人次的小景区，成长为年接待游客超百万人次的省内王牌景区，成为青海旅游业发展的高速引擎。2016年，景区实现旅游综合收入近亿元。2017年7月28日中午12点50分，景区迎来本年度第100万名游客，成为青海游客接待量率先突破百万人次的景区，景区发展的宏伟蓝图已经展开。

一曲作风建设的妙音绝唱

2016年9月，茶卡遭遇50年不遇的强降雨天气，盐湖水位急速上涨，观光铁路栈道两旁路基塌陷，大量枕木漂到湖中，不时有游客在枕木上游玩，存在较大安全隐患。为不影响游客正常观光游览，打捞工作只能在晚上进行。面对9月冰凉刺骨的湖水和因水位上涨随时可能掉进去的溶洞，景区干部职工没有丝毫犹豫，挽起裤腿纷纷下湖，经过5个多小时的艰苦奋战，将上百条枕木打捞上岸。

这样平凡而伟大的故事天天上演，检票员、售票员、卫生监督员等全体员工放弃正常节假日，每天坚守岗位12个小时以上。由于海拔高、紫外线异常强烈，就算做足充分的防晒保护也抵挡不住紫外线的格外“关照”，无论男女都已被晒得黝黑。职工们总是淡淡一笑打趣地说：“黑了显得健康，比起游客的开心与安全，我们这都不算啥。”

一句朴实的话语、一份执着的坚守。正是因为干部职工身体力行地践行着“信念、忍耐、严实、创新”的企业精神和“严、细、实”的工作作风，才实现了景区全年无安全事故，并被国家旅游局评为“全国综合秩序最佳景区”“全国旅游系统先进集体”，于2016年10月31日成功晋升国家4A级旅游景区。诸多殊荣，离不开坚守岗位、默默奉献的一线职工，全体员工犹如五线谱上跳动的音符，谱写着一曲铿锵有力的西矿之音。

一条西行追踪古丝绸的壮志路

茶卡镇，古丝绸之路的重要站点，东距西宁298公里，西距州府德令哈200公里，被誉为柴达木东大门，历史上是商贾、游客进疆入藏的必经之地。随着“天空之镜”品牌影响力的不断提升，茶卡盐湖也成了青海旅游人数增长最快的景区。如今，“一带一路”倡议为茶卡盐湖带来了众多发展机遇。得天独厚的区域旅游交通区位，使茶卡成为西部两大自驾环线交会中心，西宁入疆、进藏大通道上的枢纽节点，环西宁夏都旅游圈中唯一的盐湖资源以及昆仑文化溯源旅游线的旅游门户，成功开启了海西旅游的东大门。

同时，景区在青海省精心打造的“西宁—青海湖—茶卡盐湖—格尔木—敦煌”南丝绸之路旅游环线中扮演着重要角色，推动全区域旅游发展，成为青海旅游转型发展的中坚力量。

一份不辱使命的国企责任担当

“兴一业带百业”，这是对旅游产业最形象的描述。西部矿业集团在发展旅游产业的同时，不忘初心、勇于担当，积极履行国企社会责任，在地方经济发展和人员就业方面作出了积极贡献。按照规划，“十三五”期间，西部矿业集团将在茶卡盐湖投资10亿元进行项目建设，每年可拉动周边地区经济近4亿元增长，景区每年季节性用工100余人。同时，茶卡镇依托茶卡盐湖旅游品牌影响力，新建成了集“茶卡羊”养殖、农畜产品加工、餐饮住宿服务、电子商务于一体的综合性旅游扶贫产业示范园，每年可提供300余个就业岗位。茶卡镇交通、住宿、餐饮、零售等行业蓬勃发展，于2016年荣获中国首批“特色小镇”称号。

诚如所言，小镇现已形成“三横四纵”的道路布局，并新建休闲广场2座；加油站由1座增加到6座；宾馆由3家增加到13家，另有11家在建；农家乐、牧家乐超过100家；餐饮由最初的6家增加到30家；新增盐雕制作车间10家。此外，“天空之镜”品牌辐射同样带动了海西州各旅游景点发展，实现了海西州游客数量首次突破千万人次。

与此同时，在精准扶贫工作中，西部矿业集团始终坚持“精准到户、精准到策、精准到责”的原则，将“扶贫帮困工作”制度化、规范化。2016年5月，集团为海西蒙古族藏族自治州乌兰县柯柯镇东村小学捐赠了4万余元的学习和生活用品；与乌兰县铜普镇都兰河村30户贫困户“双帮结对”，并将帮扶户基本情况登记入册，记录各户致贫原因和就业意向等，从源头助其脱贫。2016年至今，集团共向社会捐助资金100余万元。

一种建设绿色生态文明景区的不灭信念

“水映天，天接地，人在湖中走，宛如画中游。”这是对茶卡盐湖环境的最高赞誉。然而，随着近年来“天空之镜”“最美星空”品牌影响力的不断提升和享誉全国的“人一生要去的55个地方之一”，景区游客数量逐年呈现爆棚式增长，如何保护好自然生态资源，扎扎实实推进生态环境保护，实现人与自然的和谐统一，显得尤为重要。

为此，景区始终以尊重自然、顺应自然、保护自然为宗旨，将保护生态环境提升为集团发展战略。新茶卡盐湖景区开发面积约5平方公里，不足盐湖总面积的十分之一，游览区和开采生产区明确划分。同时，景区派驻近百名环境卫生监督检查员在主要出入口开展可视范围及内部环境的整治，确保无乱丢、乱刻、乱画、乱吐等现象。徜徉在盐湖深处——云，触手可及；水，共天一色，人与自然和谐共处，美不胜收！

今后，景区将在原有湿地基础上建设大型湿地公园，保护湿地生态系统完整性，维持湿地生态服务功能。在此基础上，充分发挥湿地的多种功能效益，合理利用湿地，打造芦苇湿地、碱蓬红滩等独特景观，使游客体会到亲临大自然的奇妙感受。

如今，茶卡盐湖是一个有故事、有历史、有文化，特色鲜明的王牌景区，成为广大游客在青海旅游的首选目的地。未来，随着景区近远期规划目标的实现，茶卡盐湖必将成为“有风景，丰文化；有产品，重精品；有管理，优服务；有游客，高效益；强企业，多产业”的青海旅游标杆示范景区。

中篇

At The Middle

热爱与担当

坚守每一天的安全承诺

文 / 赖海江

我是北京市燃气集团有限责任公司高压管网分公司的赖海江。对于大多数人来说，每一天都是短暂和平凡的。但是，如果这一天承载了对千万人安全与便捷的承诺时，它就变得无比厚重和非凡。我作为北京燃气集团有限责任公司的一名普通职工，想给大家讲讲我们的一天。

我们班有 10 名职工，负责北京京通路以南、中轴路以东及小红门博大路沿线等高压管线的安全保障工作。由于压力级制高、过气量大，这些管线是名副其实的燃气“大动脉”。

早上 7 点 40 分，开完短暂的班前会，我们整装待发。规定 8 点上班，但由于是冬季供暖期间，我们得提前 20 分钟出发。一辆电动车和一个便携式检测仪是我们的主要装备。32 公里高压管线、7 座次高压 A 调压站、17 座次高压 A 闸井，这不是写在纸上的数字，而是我们每天都要用车轮和双脚一遍又一遍去巡检的地方。每天巡检一趟得走四五十公里，高压管线主要分布在市郊，很多地方还是泥土路，一刮风就尘土飞扬。要是赶上雨天，车子没法走，步行也很困难。

我们每天巡检的项目包括：管道沿线是否被占压，地面是否下沉，是否有开挖，工程施工，泄漏和井盖被盗、被破坏等现象。工作看似简单，但不能有半点儿马虎。比如说检查闸井，光用仪器在外面测一下还不放心，需要下到井里面。在直径六七十厘米的井盖下面，是面积只有一平方米的狭小空间，上下很不方便，特别是夏天，每爬一次，浑身衣服就湿透。

每年的10月至次年2月，是冬季用气高峰时段，也是我们一年中最忙的时候。但其他时间，我们也都没闲着。比如，3—5月，设备维检修，加上天气变暖，地基容易下沉，是管线拉裂、拉断的多发期；5—10月，各种工程项目开工，一些施工方为了赶工期，用机械在管线周围野蛮开挖，管线被挖断的事故时有发生。另外，加上每年“两会”等各类保障任务，我们基本上从年头忙到年尾。

上午8点10分，我到达第一个闸井位置。这个闸井本来是由同事高永刚负责巡检的，但昨晚为了配合方庄桥东燃气泄漏抢修，他在工地守到凌晨4点多。方庄桥东泄漏点是一天前发现的，由于现场地处交通要道，地下市政设施复杂，不具备断路维修条件，抢修作业只能在晚上进行。夜间，室外温度达到零下十七八摄氏度，高永刚穿着厚厚的工装，依然抵挡不住寒气。他不得不绕着管道坑一圈一圈小跑，一边随时注意有没有吸烟的行人，一边用这种原始的方法取暖。而此时，在作业坑里抢修的人员却大汗淋漓，因为焊接使坑里温度达30多摄氏度，如果是在夏季能达到50多摄氏度。凌晨4点多，抢修工作完成，高永刚没有回家，直接去单位宿舍睡上几个小时，因为下午还得继续巡检。

上午11点40分，我巡检到黑庄户乡小鲁店村，发现几名工人正在挖坑建塔基。我初步判断开挖位置距离燃气管线仅0.5米，便上前说明情况。对方却不同意停工，说：“你找他们公司吧，我们只负责施工！”他们和我踢起了“皮球”。

我只好让他们先停下手中的活儿，打通了那个公司负责人的电话。听完情况后，对方振振有词：“工程项目已经得到相关部门审批，既然通过了审批，那就是合法的，你们没有权力要求我们停工！你找审批部门吧，他们不让建，我们就不建！”“皮球”又踢到了另外一方。

施工人员见没有结果，准备继续开工，并称他们的工期是有限的，耽误一天，就有几万元的损失，这个损失他们承担不起。我进一步和他们说理，如果继续施工，一旦发生燃气泄漏，后果极其严重，损失就不止几万元了。经过一番“软磨硬泡”，对方暂时答应给我一个小时时间解决问题，如果解决不了，一个小时后继续施工。

我一边守在工地，一边辗转给相关人员挨个打电话，最终在公司和相关部门的帮助下，对方终于同意将塔基迁移到安全距离外。

下午 2 点 15 分，处理完违章施工问题，我赶紧找地方吃午饭。因工作在野外，我午饭基本也在外面吃，但常常方圆几公里都找不到能填饱肚子的地方。

下午 4 点 50 分，我巡检到东四环时，发现直埋闸有泄漏，便赶紧向公司上报，并做好现场安全保护措施，等待抢修人员赶到。10 分钟后，我接到抢修队电话，抢修车辆被堵在路上了，预计 30 分钟后才能赶到。由于泄漏点地处闹市区，稍有闪失，后果不堪设想。30 分钟太长，对于抢险工作来说，一秒钟都是宝贵的。早一秒确定漏点位置，就能将事故发生的概率降低一点儿。于是，在等维修人员赶到的时间里，我开始寻找漏点。由于现场没有挖土工具，只能用手和饭勺，寒风中，土冻成了冰块，又硬又冷，勺子断了，手指也破了，但我终于找到了漏点，为抢修争取了宝贵时间。

下午 6 点 40 分，漏点修复完毕。巡检完最后一个闸井，我回到单位。当填完所有的工作日志以后，已经是晚上 7 点多了。这时候，我接到同事金晓鑫的电话，他因为发烧正在医院打吊瓶。金晓鑫 10 月刚结婚，结婚时正赶上国庆保障任务，他就结婚当天请了一天假。接着就是冬供保障任务，他婚假一直也没休。随手翻了翻他国庆期间的一段工作日志：“周五，维稳防汛工作夜班值守；周六、周日国庆花车路线周围的 5 米线闸井检测；周日下班回到家后接到紧急抢修命令，随即赶到南五环配合漏气抢修，半夜回到单位；周一照常进行管网巡检，下午接到调度令，因南五环抢修急需紧急启动王四营高B站，并且需要24小时现场值守，直到周二傍晚结束工作……”作为班长，我给他下了“死命令”：休息一天！

安排好第二天的工作，我回到家中，已经是夜里9点了。

这就是我在冬供保障期间上班的一天。对于我们来说，这样的一天再普通不过了，却浓缩了我们日复一日巡检工作的主要内容。燃气管网的安全事关首都千家万户，所以，每一天，我们都在全力以赴！

人生，因测放而美丽

文 / 徐宝茹

我是北京建工集团公司的测量放线工徐宝茹。在一项工程建设中，测量放线是第一道工序，由测量放线工来确定建筑物的大小、位置，通过测量放线来实现建筑师的理念。因此，测量放线工总是第一个走进施工现场的人。

测量放线工作是野外作业，是脑力劳动与体力劳动并存的综合性劳动，工作环境比较艰苦，劳动强度也很大，工作时间难以固定。大家都说，测量放线是建筑工程领域最苦、最累的一项工作。

2005 年 8 月，首都机场 3 号航站楼开工，这是 2008 年奥运会的重要配套项目，意味着只能用两年的时间来完成规模庞大的现代化国际机场建设。工期异常紧张，在中标后的第一时间，我和同事们就奔赴现场。

我们进场时，那里还是一片荒地，地上到处都是石头，高高低低尽是水坑，草长得比人还高，苍蝇、蚊子四处乱飞。我们每天都在工地上进行测量，从东到西 800 米，从南到北 1000 多米，一天下来不知道要走多少个来回。每天走上数十里其实不算什么，最艰苦的是，要在太阳底下连站十几个小时不动窝儿地进行点观测。那段时间，我每天早上 5 点半就从家出发，7 点前就开始现场测量操作，直到晚上天黑。测量工作结束后，我又马上组织人家召开当天的总结会，解决当天的难题，讨论第二天的工作安排。

2008 年 5・12 地震发生后，全国建筑企业紧急支援灾区建设过渡板房。得知消息后，我在公司第一个报名参加。为了让灾民早日住进板房，工程的进度以小时计算。为了加快测量的进度，不让测量拖援建的后腿，选择制高点是最有效的办法。在江油，我们的工地旁有一栋五层高的楼房，这栋楼在地震时遭到了比较严重的破坏，我说服了看管人员爬上了楼顶。正当我支好设备进行测量的时候，突然发生了剧烈的晃动，我立刻意识到，余震来了。当时，我离楼顶的边缘不到半米，关键时刻容不得多想，我的第一反应是牢牢地抱着全站仪，后退到楼顶中心的位置，等余震过后再继续工作。事后我才知道，那次余震是 5・12 之后最大的一次余震，6.4 级。回想起来，还有点儿后怕，我在鬼门关走了一趟，却为过渡板房的提前完工争取了两天的时间。

干测量放线工作，光有把子力气、光能吃苦是不够的，它不只是个力气活儿，更是一项技术活儿。刚入这行的时候，我接触的建筑大都是方方正正的多层建筑，那时候靠积累的经验就能应付自如。但是随着社会的发展，各种规模庞大、造型奇特的建筑大量涌现，对从业人员的技术要求也越来越高。

20 世纪 80 年代末，我们公司承建了中日青年交流中心工程，这使我们有机会接触到与世界同步的先进建筑理念和施工技术。该工程采用了大量的平面和空间曲线，应该采用什么样的测量方法最符合施工的要求？采用哪种计算方法最简便？对此，我深感自己的专业基础知识差得太远。于是，我几乎把所有的业余时间都用在了学习上，利用两年时间，自学了工程测量大专课程。已有的工作经验加上理论基础的支撑，让我对测量放线技术的理解有了“质”的变化。在中日青年交流中心工程上，我总结出了一套适合建筑施工的“曲线测量工法”。在此之前，我对施工测量精度的概念非常模糊、肤浅，都是简单的先测后平。通过自学大专课程和在该工程的实践，我从理论上重新认识了传统测量方法，做到既知其然，也知其所以然。

中日青年交流中心工程的钢结构球网杆是从日本运来的。有一天，施工中遇到了问题，有38根球网杆差3厘米装不上，日方的态度有些傲慢，坚持说是我们测量的问题。我听说后，认为这不大可能，因为这个工程的每一项测量我们都是经过反复计算、反复论证的，我对自己的技术有自信。矛盾面前，争执解决不了任何问题，只能拿数据和事实说话。我们和日方约定到现场再进行一次实测。结果表明，问题就出在钢构件的尺寸上，差一个槽宽的距离。在数据面前，日方承认了他们的错误，38根球网杆又被运回日本重新加工。从那以后，日方对我们的态度更加尊敬。

完成中日青年交流中心工程后，身边的人都说：徐宝茹的那股子“钻”劲儿更足了。我觉得，干技术，就得有这股子“钻”劲儿。钻得越久，越能探索出其中的奥妙；钻得越投入，越能体会到技术带给自己的快乐。

工作30年来，我习惯走到哪里，就学到哪里；看见什么，就琢磨什么，对测量放线工作的热爱到了一发不可收拾的痴迷地步。国家大剧院是椭圆形球体，虽然是由兄弟单位负责施工，可当时我对这个新型的建筑物非常感兴趣，工作之余就动起脑筋来了，仔细琢磨，认真钻研，还真摸出了一点门道。在北京市测绘协会学术交流时，我谈了我想的方案，当时在场的专家们就说：“徐宝茹编的方案比施工单位想得还周全。”

2009年11月底，我们公司中标了天津西站工程。我带领测量组人员每天干十几个小时。其间正值百年不遇的大暴雪，寒风凛冽刺骨，最低温度降至零下17摄氏度。为保证测量精度，在操作仪器时，我带头不穿长大衣，不戴手套，在两米高的测量平台上，一站就是三四个小时，手脚都僵直麻木了，身体却一动也不敢动，生怕脚步的振动会扰动仪器，影响测量精度。尽管苦点累点，但我心里热乎乎的，因为在天津西站工程上，面对110万平方米的测区面积，面对比以往工程多出五六倍的测量路线长度，面对高速铁路领域比其他普通工程高出近10倍的精度要求，我和同事们攻克了一系列技术难题，在高精度施工控制测量方面打破了专业公司的垄断，又一次实现了团队和自我的超越。

多年来，我先后主持了数十项重点工程的测量放线工作，累积施测建筑面积1000余万平方米，差错率为零。我还完成了27篇学术论文，创新23项测量放线技术、工艺及方法。2009年，我获得国务院颁发的政府特殊津贴。作为一名普通的蓝领工人，能够得到如此高的荣誉，是一种莫大的荣耀。

30年的朝夕相处，我已经离不开工地，离不开我心爱的测量仪，离不开我深爱的测量放线事业。是测量放线给了我一个美丽的人生，没有测量放线，就没有我胸前的这一枚枚奖章。我也深深地知道，胸前的奖章只能说明过去，并不能代表未来，我依然要兢兢业业地做好本职工作，在自我进步的同时力所能及地帮助、带动他人，把我的技术传给更多的人，把劳模精神不断传承下去，为企业、为行业、为社会作出新的贡献！

生命的高度

文 / 王斌

一段200多米的水泥路，是进出集团路桥公司机关大院的必经之路。唐武斌说，他每次经过此处都会想起同一个问题：这段时间我为公司做了什么？有没有员工和家属在后面戳自己的脊梁骨？

现在，对于这个问题，唐武斌再也不用去想了。2013年10月11日，因患肝癌医治无效，无情的病魔夺走他年仅43岁的生命。至于他想要的答案，如泣如诉的小雨在回答，殡仪馆外长长的队伍在回答。

2013年10月13日清晨，300多人自发地从四面八方赶来为他送行，有他生前敬重的领导、并肩作战的同事和友好协作过的施工队伍等。遗憾！痛惜！难以言喻的感伤遍布每个角落。在一声声恸哭的讲述中，在一个个催人泪下的故事里，一名优秀的共产党员领导干部、一位忠诚企业的赤子形象深深地印入人们的脑海，走进人们的心中。

一个看重责任的人

时光追溯到2013年7月22日晚，唐武斌突然接到公司执行董事、总经理董梁的电话，说承赤高速公路项目部跨公路架梁施工受阻，叫他马上过去处理。当时，刚从东北出差回来的他身体还发着低烧，妻子王晓燕想让他先去医院检查下再走，他却坚持说："放心吧，不就是个感冒嘛，带点儿药就行了。"第二天一早，他便瞒着妻子去了承德，并在第一时间和劳务队及业主进行沟通交流，取得了资金支持，以最快的速度使工程得以顺利进行。7月24—26日这段时间，唐武斌的身体已经倍感虚弱，在同事的极力劝说下，他才去了附近的医院。当时医生建议他去大医院做进一步详细检查，但固执的他一直说自己的身体没那么娇贵，等忙完了这段时间再说。于是，他每天上午输液，下午去现场了解施工准备情况，而晚上11点至凌晨6点坚持在架梁一线进行指挥。

唐武斌是个工作狂，长年东奔西跑，每次回家都待不上一两天，导致一对龙凤胎儿女曾经把他当成"客人"。对此，妻子王晓燕早已习惯，也不想过多地去责备他，因为她明白丈夫对企业和他所分管的在建项目的那份厚重情感。唐武斌总是"有求必应，随叫随到"。这不，刚处理完承赤项目的架梁问题，他便又马不停蹄地赶去江西高安东环项目部了。

在南昌期间，唐武斌除协调处理施工问题，还参加了项目组织的新员工和老兵座谈会。在跟老兵谈话时，他痛得脸色蜡黄、头冒虚汗，但他双手放在背后，用力支撑着座椅坚持把话讲完，在场的每一个人无不为之动容。8月2日，在高安市中医院，医生对陪同检查的项目工会主席卢昌学说："你们领导是肝癌晚期，建议你们赶快回北京复检。"卢昌学惊呆了，马上向党工委书记杜全景汇报，项目部不敢拖延，立即为其订了返京机票。可唐武斌却硬叫人给退了，他说："董总交代给我的任务还没完成呢，明天我还要去南昌小微工业园项目看看。"第二天，他坚持去看了南昌市政项目，并说下一步准备再去湖南的工地。项目经理马良再也忍不住了，只好向当时正在南昌的集团公司副总经理杨哲峰汇报、求助。8月3日，唐武斌被杨哲峰强行拉上了返京的飞机。

唐武斌就是这样，把责任看得比生命还重要，对工作的痴狂简直到了忘我的境界。就在逝世前的6个小时，他还强忍病痛，用微弱的气息和前去探望的党委书记成和鹏说：“有些事我放心不下，下一步一定要安排一个强有力的人抓在建项目。”

一个堪当重任的人

唐武斌，1994年大学毕业来到中铁十六局，经过十几年的风雨、十几年的拼搏，从一名普通的技术员成长为出色的企业领导干部。他先后担任洛湛、内昆、渝怀铁路、武广客专、京沪高铁、鹤大高速公路、哈尔滨市政项目经理（副经理），公司副总经理，党委副书记，纪委书记。他敬畏每一个岗位，干一行爱一行、干一行专一行，取得了诸多骄人业绩，并先后获得北京市“优秀青年突击队”、总公司“六好党员”、黑龙江省“鹤大高速公路建设指挥部优秀项目经理”、哈尔滨市建委“重大工程建设立功个人”、全国“优秀项目经理”和集团公司“劳动模范”“优秀科技工作者”“优秀党员”等殊荣。

渝怀铁路鱼泉2号特大桥是全线重点控制工程之一，结构复杂、施工难度大，不但鱼泉车站的主体建在桥上，而且是跨峡谷施工，大多数桥墩都位于水中，地下溶洞、暗河纵横交错。唐武斌带领工程技术人员经过反复探索，攻克多项技术难题，创造性地提出了多导管联合灌注法。建成的鱼泉2号特大桥质量优异，桥墩照得现人影，堪称工艺品，被喻为“渝怀线上一枝花”，更是被铁道部渝怀总指挥部评为优质样板工程、精品工程。

2006年5月8日，唐武斌南下湖南株洲，担任路桥公司武广客运专线项目部副经理，承担起167孔现浇箱梁的艰巨任务，这对他和路桥公司来说都是全新的挑战。特别是900吨的箱梁现浇施工以前听都没听说过，移动模架现浇箱梁施工在全国也尚属首次，压力可想而知。唐武斌走马上任后，整夜整夜地睡不着觉，头发大把大把地掉。为了找到一个安全、经济、实用的施工方案，他与周升柱、张吉柱、陆仁宗等几位工程师一起，对钢管支撑技术进行了深入的研究探讨，对世界先进的桥梁施工技术“移动模架法”展开了科技攻关。

2007年2月13日，阴雨连绵的天空渐渐云开雾散，洒下一缕缕金子般的阳光。在一阵热烈的欢呼声中，武广线上第一片支架现浇箱梁正式宣告诞生。唐武斌久久地抚摸着散发着水泥芳香的箱梁，犹如抚摸着自己刚刚出生的孩子。唐武斌与同事们相拥而笑、相拥而泣。2007年4月9日，株洲市石峰区的大屋垅特大桥工地上，武广客运专线第一片移动模架现浇箱梁宣布诞生。这天，前来参加开工典礼的有湖南省株洲市政府人员、武广公司长沙项目部人员以及咨询单位领导，他们对十六局集团率先在全线实现支架和移动模架现浇梁施工、连续两创“第一”表示祝贺，对这支铁建劲旅勇于开拓、敢为人先的精神给予了高度赞扬。

2009年2月，唐武斌肩负着拓展黑龙江市场的重大使命，参加了鹤大高速公路建设，担任鹤大高速公路佳牡段B2标项目经理。面对这来之不易的机会，唐武斌决心干出一番成绩，在东北站稳脚跟。项目管段全长37公里，在工期短、任务重、管理跨度大的情况下，他带领项目部职工第一个完成全线征地拆迁和下部结构及箱梁预制、架设全线的任务，其所设计的项目部驻地及预制梁场在全线6个标段内标准最高，同时他们还是全线第一家顺利完成495片箱梁生产、架设任务的单位，最终创造了当年开工、当年交工的奇迹。

随着鹤大高速项目的一炮打响，唐武斌一下成了黑龙江建设领域的红人。于是，当哈尔滨友谊路延伸工程蓝图绘就的时候，业主放心地把这个艰巨的任务交给了他。他比谁都清楚，要赶在“十一”前通车，实际上留给他的只有短短四个多月的时间。四个月时间要完成全部1.4公里的预制箱梁桥梁施工，大家都为他捏了一把汗。当工程赶在“十一”之前顺利竣工的时候，所有的人都大吃了一惊，这简直就是一个奇迹！ 140 天完成了原定 9 个月的工程量。随后，业主又毫不犹豫地把哈尔滨发生渠两个桥梁工程交到唐武斌手里。短短三年间，唐武斌在这片热情的冰雪世界里摸爬滚打，滚动发展了四个项目，为公司开辟出一片崭新天地，也因此被喻为能征善战的“东北王”。

2012 年，根据组织安排，唐武斌任职公司党委副书记、纪委书记。因为是半路出家，他总担心工作干不好，所以在学习上不断给自己加码。据集团公司纪委副书记王国栋回忆，唐武斌很谦卑，每次打电话总是虚心地请教业务工作方法。在唐武斌任职的一年来，纪委工作有了新起色。为搞好项目效能监察，他亲自带队到一线调研，利用自己的能力帮助解决现场实际问题，并在案件处理上敢于碰硬，深受员工敬重。

一个宽人律己的人

沪昆客专计划部的康晓红谈到唐武斌几度哽咽。她说：“唐总之所以有那么多的人追随，不是因为他给的工资高，而是因为从他身上能看到强烈的正义感。”她说自己毕业到武广后感觉落差很大，总有离职的念头，工作也静不下心来。在思想稳定后，她真心想在单位好好干了，又因之前给大家留下了不好印象，怕不被人接受。忐忑中，她壮着胆子给唐武斌打了电话，没想到他没有任何偏见：“你是正规大学毕业的，只要你真心想做事，我会给你机会的。”就这样，康晓红来到京沪高铁工地，并在他的鼓励和支持下成长为一名出色的计统干部。

唐武斌非常重视青年技术干部的培养，每到一处都要和他们座谈，了解他们的思想工作动态，听听他们的所思所想、所忧所盼，尽可能帮助他们经风雨、见世面、增胆识、长才干，加快成长步伐。有一次，一名技术员跟施工队因其钢筋加工和绑扎不规范起了冲突，唐武斌知道后第一时间赶到现场，查明事情真相，坚决保护员工不受施工队伍的威胁和伤害。现在，当年那个青涩的技术员已经成长为优秀的项目总工程师，但提起此事时他仍感慨万千。他说："唐总能主持公道，为我们技术干部撑腰，我打心眼里敬重他！"

如果说唐武斌对待同事和部属是宽容的，那么他对家人就显得格外苛刻。他的亲弟弟曾经找过他，想让他在单位给找点活儿干，但被他无情拒绝了。根据公司政策，他的妻子是大学生，完全可以进机关安置就业，但他坚决反对，两次推辞了组织的安排，并提出把名额让给更困难的职工，坚决不与职工争岗位。直到唐武斌去世，与他一样大学毕业的妻子都没有被安排工作，在家待业看孩子。提起此事，不知多少人感动得流下了热泪。他高风亮节、胸怀坦荡、刚正不阿的操守在路桥公司也传为佳话，成为人们的精神丰碑和企业的宝贵财富。

空间能拉开距离，却难以隔断思念。预感到生命即将走到尽头的唐武斌，留下了最后一封信，"如果有一天我走了，请不要难过，我只是困了，去一个安静的地方长长地睡去，睡梦中我会重温我生命里有你的每一时刻。如果有一天我走了，请不要忧伤，我只是累了，找一个悠闲的地方好好地休息，在宁静的清闲中休会不朽的轮回。有一天我真的走了，那就走吧，我没有忧伤，稍有些遗憾。如果有来生，我还愿做你的亲人、你的同学、你的朋友、你的同事。感谢你们曾在我的生命里出现，并留下如此深刻的记忆，让我短暂的生命表现得那么精彩！期待着下一次的轮回！"

时间能标注生命的长度，却难以丈量精神的高度。唐武斌匆匆忙忙地走了，虽然生命短若烛火，却默默燃烧自己，尽情温暖企业，执着地照亮着路桥人爱岗敬业、强企富工之路。

诚信“德”天下

文 / 曾欣

1864 年，全聚德创始人杨全仁盘下前门外肉市胡同一家名叫“德聚全”的干鲜果铺，立“全聚德”为新字号，又重金聘请当年皇宫御膳房的师傅专营“挂炉烤鸭”，把“鸭要好、人要能、话要甜”作为一切行为的基本准则和修德兴业、传承永续的经营理念。经过几代人努力，全聚德一步步成为“天下第一楼”。

中华人民共和国成立后，率先实行公私合营的全聚德在党和政府的大力关怀和扶持下逐步繁荣起来，成为国宴之选。毛主席指示“全聚德要永远保存下去”。“烤鸭外交”被称为历史佳话，周总理生前 27 次光临全聚德宴请外宾，并对“全聚德”三字进行了精辟诠释——“全而无缺、聚而不散、仁德至上”，这也成为全聚德的核心价值观。

改革开放后，全聚德抓住发展机遇，于 1993 年组建集团，以品牌战略为导向，走出了一条规模化、规范化、标准化、连锁化经营的发展道路，为全聚德插上了腾飞的翅膀。全聚德由一家传统老字号企业成长为现代餐饮集团，全国首家餐饮业上市公司；从过去的烤鸭单店品牌扩展到餐饮行业品牌，形成汇聚“全聚德”“仿膳”“丰泽园”“四川饭店”四个京城老字号品牌，拥有百家成员企业的餐饮联合舰队；从餐饮行业延伸到食品工业，实现前方连锁化、后方产业化的连锁大发展格局。

在全聚德150多年的发展历史中，“德”字的精髓融汇在传承永续的创新发展中，外化于卓越品质的质量承诺中，升华为“聚人、聚力、聚心”的企业文化，铸就了百年老店不衰的品牌根基。

首先，诚信经营、以客为尊是全聚德的兴业之德。当年，杨全仁的全聚德参照宫廷烧烤的技法，首创挂炉烤鸭，名噪古都。今天的全聚德不仅以烤鸭而饮誉海内外，而且以全鸭席、特色菜、创新菜、名人宴为代表的系列精品菜肴形成了全聚德海纳百川的菜品文化。“全聚德挂炉烤鸭技艺”被列入国家级非物质文化遗产项目；全鸭席被列入西城区非物质文化遗产。

为了保证全聚德菜品质量和风味的统一，全聚德积极探索中餐标准化和规模化，对40余个全聚德传统特色菜品进行量化定标工作，这一举措在中餐发展史上具有首创意义。还在传承“全鸭席”的基础上融入了时尚元素，突出了营养健康、绿色环保的全聚德特色，受到消费者的青睐。

在产品创新的同时，注重科技创新，确保质量和食品安全，积极引进工业化生产方式，完成了我国第一条鸭坯生产线；研制出四代微电脑鸭炉，把全聚德百余年来形成的专有烤鸭技术数字化，对确保烤鸭质量起到了重要作用；开发和推广餐饮管理计算机内控系统，实现从前台收银到后厨烹制的数字化管理；以特色食品产品研发为突破口，推动食品工业化发展。

由传统技术工艺向现代科学技术转化，由前店后厂向产业化转化，全聚德已拥有11项国家专利，获得中国烹饪协会中餐科技进步特等奖、中国商联会科学技术进步二等奖4项、北京市经济技术创新奖7项。

2008年，以承担北京奥运餐饮服务的中餐企业代表为契机，经过科研攻关，成功地为鸭坯编制识别身份的电子码标签，实现从小鸭破壳到烤鸭上餐桌的全程追溯，并特别制作了烤鸭身份证，宾客食用的每只烤鸭都带有“身份证”，既有全聚德历史的展示，又有烤鸭可追溯的信息，将文化与科学完美地融合，给消费者一份珍贵的纪念。

其次，和谐共赢、以人为本是全聚德的处世道德。从品牌初创的刻苦经营时期开始，全聚德就积聚一股内在的力量。在全聚德内部经营管理风格上，有着员工吃苦耐劳、勤恳敬业，经营者体谅员工、讲究义气的特点。全聚德集团成立后，这种传统升华为以人为本、全心全意依靠员工办企业的理念。

企业注重员工队伍建设，以提高员工素质能力为核心，打造员工素质工程，建立集团、企业、内训师和社会培训四级教育培训体系，制定培训管理制度，健全教育培训机制，提高职工的专业知识和职业素养；建立激励机制，坚持不懈开展以“全聚德之最”为载体的全员劳动竞赛活动，弘扬劳模精神，宣传先进，积蓄正能量，造就了一支文化素质高、敬业精神强、具有先进理念、拥有较强操作技能的员工队伍；积极开展自上而下的“师带徒”技艺传承工作，现已拥有一支以 27 名中国烹饪大师、22 名中国烹饪名师、6 名中国服务大师和 17 名餐饮服务名师领衔的专业技术队伍，在国际、国内餐饮业界竞赛活动中屡获殊荣，凸显全聚德集团雄厚的技术实力。

注重解决员工实际困难，关心员工工作生活，打造员工关爱工程，采取多种方式全方位拓展对于职工的保障范围。全聚德于 2013 年在餐饮行业率先建立了“全聚德爱心基金”，向因重病和意外事件造成特殊困难的员工提供及时的帮扶和救助，此举得到企业员工的热烈响应。首次募集就汇集善款 57.1 万元，已救助了三位员工及其家庭，解决了他们的燃眉之急。同时，保障员工福利待遇，创建员工发展平台，开展丰富多彩的企业文化活动，使员工共享发展成果。随着企业规模效益的不断提升，在全面落实《劳动法》、保障合法权益的基础上，连续五次进行人事、用工和薪酬三项制度改革，为员工打造了公开、公平、公正的职业发展平台，使员工的薪酬待遇伴随企业发展稳步提升，营造出了员工之间相互尊重、公平竞争的良好工作氛围，使职工在温馨、舒适、充满活力的氛围中发展、进步。

全聚德对内待员工以德，也以自己的优良业绩回报社会和投资人。全聚德2007年股票上市以来，业绩不断提升，大力度向股民分红。上市6年来已经累计分红4.09亿元，被深交所评为资本市场“最具投资价值50强”。截止到2013年年底，全聚德股票市值53.45亿元。全聚德品牌无形资产价值由1994年的2.69亿元增长到2011年的118.72亿元，增长了44倍。尤其是近期利用定向增发引进战略投资者，更是表现出全聚德人做大品牌的决心。“全聚德引入香港IDG”被评选为“2013年度北京十大商业新闻事件”。

最后，服务大众、善负责任是全聚德的社会公德。多年来，全聚德集团以国有老字号企业的责任感和使命感，承担起服务大众、奉献社会的责任。为国家的大事、喜事服务，是历史赋予全聚德的使命。全聚德先后为200多个国家和地区的元首与政要服务，同时也伴随着社会大众生活中的每一个重要时刻。不管是政要明星还是寻常百姓，全聚德都报之以精美的菜肴、幽雅的环境和热情的服务，赢得社会各界的赞誉，成为家庭宴请、朋友宴请、商务宴请的首选之地。

2008年北京奥运会，全聚德举全集团之力，从接待国际奥委会官员审核考察到北京申奥成功，直到圆满完成奥运服务供应和接待工作，倾尽全力，共襄盛举，在奥运服务期间做到了工作无差错、安全无事故、服务零投诉，高标准地完成了奥运服务供应任务。全聚德烤鸭也因此被誉为中国获得的第52枚“奥运金牌”。之后，全聚德又连续为上海世博会和北京园博会服务，进一步提升了全聚德品牌影响力和美誉度，树立起了质量上乘、品位卓越、文化内涵深厚、驰名中外的民族品牌形象。全聚德还投身公益事业，连续两年荣获由北京市人民政府颁发的“首都慈善奖——企业社会责任奖”，为构建和谐社会作出了应有的贡献。

作为古老和新生的京城餐饮文化的重要代表，全聚德已化身为首都北京的一张“城市名片”。全聚德集团置身于全面深化改革的新时代，引进战略投资者，聚焦全聚德品牌定位战略，启动了全聚德集团创新发展、寻求创新变革的重大实践，承担起历史赋予国有老字号上市公司的殷切期望和重托。

当代全聚德人将进一步增强责任感和使命感，坚定不移地走“品牌＋资本”发展道路，立足“中华第一烤鸭店”定位，开拓“宴请，就到全聚德”的消费市场，努力打造市场化、专业化运营体系，在实现中华老字号企业向现代商业品牌公司的转变的征程中，为早日实现“中国第一餐饮，世界一流美食，国际知名品牌”的宏伟愿景而努力奋斗！

女工阿秀打官司

文 / 丁运时

武汉冰川集团股份有限公司是一家国有纺织企业，女职工占大多数，如何保障企业职工的合法权益，是企业文化建设的重中之重。作为公司法律事务部负责人，我经历过很多帮助职工维权的大事小情。有职工发生车祸，企业帮助职工恢复健康，并向肇事者及保险公司成功索赔；有职工在外发生纠纷，被错误地给予了行政处罚，企业帮助职工依法提起行政诉讼，免除了不当的处罚；甚至有的女职工被丈夫殴打虐待，企业作为“娘家人”出面支持女职工讨回公道……类似的案例太多了，但有一件事令我格外难忘。

2014 年年底的一个冬夜，武汉市汉阳南街的一条小巷中，下班的纺织工们正三三两两地走出工厂，寂静的小巷热闹了起来。女工阿秀也骑上自行车急匆匆地往家赶，本来就暗淡的路灯不知怎么完全熄灭了。谁也没有注意到，道路中间一个没有井盖的下水道，正张开黑黑的洞口。

突然，随着一声尖叫，阿秀的自行车前轮陷进了下水道，她腾空而起，摔了个嘴啃泥，牙齿脱落，满嘴是血。工友听到她的惊叫，赶紧扶她起来，才发现她的下巴已经骨折，不能说话，于是立即把她送到了医院。有的女工打了报警电话，不一会儿，警车呼啸而至，嘶哑的警笛声划破了宁静的黑夜。

两天后，阿秀在丈夫阿光的搀扶下，走进了公司的法律事务部。阿秀下巴缠着绑带，已经不能说话，只能发出唔唔的声音。两人战战兢兢，半晌不敢开口。毕竟他们都是外地来的农民工，很少与其他部门打交道，因此有些害怕。

阿光颤颤巍巍地说道："阿秀伤势很严重，医生说，下巴骨折需要做手术矫正，光医疗费就得两三万元。可我们没钱，只开了一点儿消炎药，不敢到口腔医院去诊治。可如果不及时动手术的话，下颌骨折脱落将导致不能说话甚至进食。"说着说着，两人都哭起来了，"我们不知道找谁赔偿，走投无路，听说法律事务部是为职工们维权的，就来找你们帮忙了，求求你们帮帮我们吧！"

我同情地问道："你们准备怎么办？"阿光说："姐妹们凑钱捐了一点儿款，厂里也出了慰问金，但这只是杯水车薪，巨额的医疗费就像一座山，我们负担不起啊！"我眉头紧锁，慎重地点头，答应帮忙调查一下。阿秀夫妇感激涕零，差一点儿要跪下，我赶紧拦住。

过了几天，我带领阿秀夫妻来到事发地所属的区水务局，水务局办公室刘主任接待了我们。我说明情况，希望水务局能负起责任。但刘主任却说："阿秀的遭遇是很可怜，但这跟我们水务局有什么关系呢？又不是我们搞丢了井盖，我们也有损失嘛。我建议你们报警，找到偷井盖的小偷，一切责任都该由小偷承担！"刘主任又说他们已经补上了新的井盖，其余的事管不了，他甚至质疑阿秀是来"碰瓷"的。"现在好多人就是这样，自己摔伤了，还要找个下家，我们这是政府部门，可不会轻易就被讹上了！我看，你们找法院吧，法院说该谁赔就谁赔！"

阿秀夫妻听了这一番推诿，愤怒得说不出话来，泪水在眼眶里打转。我说："现在只能通过民事诉讼维权，你们看呢？"夫妻二人面面相觑，一脸难色。顿时，一种义愤在我心底升腾，"我也是有律师资格的，我来帮你们免费代理打这桩官司，一定要得到满意的结果！”

随即，我说服公司垫交了诉讼费，阿秀正式向区水务局提起了民事诉讼。在区法院的民事审判庭，阿秀诉区水务局的意外伤害人身损害赔偿案件正式开庭。

法官敲响了法锤，庭审正式开始。

我说：“我是本案原告阿秀的诉讼代理人，本案发生后，我紧急走访了现场，拍摄了无盖窨井的照片，并向与阿秀同行的两位目击女工采集了证人证言。根据现有证据，足以认定窨井的管理人，即区水务部门未及时补上丢失的井盖而导致行人受伤，负有民事责任，应该予以赔偿。”

轮到被告答辩：“我们水务局只管城区主干道的下水道井盖，背街小巷不归我们管，再说，原告是不是在这个地方受的伤，说不清楚，我们怀疑这是一种讹诈！”被告律师补充道：“据我们调查，当时当地也没有监控录像。会不会是原告自己摔倒，然后把责任推到没有井盖的下水道上面呀！”

我回应道：“被告的说法完全没有法律依据，而且恶意揣测原告是欺诈，也没有任何证据。当地确实没有监控录像，但本案有当事人陈述、医院的证明和伤情鉴定、派出所出警的笔录、原告同事也是意外伤害事件的目击者的证言，这些应该足以认定。据我们调查，这个下水道也不是其他哪个产权单位的，就是归区水务局管，而且事后他们也确实补上了缺失的井盖。”

双方你来我往、唇枪舌剑，激烈地辩论着。接下来，两名女工证人分别出庭做证，但被告律师频频试图找到证言中的“语病”和“漏洞”。证人都是单纯的女工，面对刁难和诬蔑性的盘问，只知道气得浑身发抖，涨红着脸发誓赌咒说这是真的，却无力用事实反驳。阿秀夫妻俩哭丧着脸听着庭审，欲言又止，阿秀终于委屈得号啕大哭起来。

这样一宗并不复杂的案件，就因为一方是女农民工，一方是政府部门，力量对比悬殊，法庭有所顾忌，居然由独任审判改为合议庭，由简易程序转为普通程序，历时半年多，总共开了六次庭，搞得当事人疲惫不堪。好在事实终究是事实，法律是公正的，法官认定区水务局应该承担相应的责任，但同时也认定阿秀自己也不小心才导致事故发生，故应承担小部分责任，双方按三七开各自担责。

我对这个判决并不满意，认为水务局应该负全责，所以建议上诉。可阿秀急等着钱做手术，不想再纠缠。然而意想不到的是，区水务局居然上诉到了市中级人民法院，一场旷日持久的官司还得持续下去。

老实说，为这种小案子耗神费力对我毫无益处，但一想到女农民工阿秀的不幸遭遇和不公正对待，我就义愤填膺，决心一定要负责到底，为女职工合法权益讨个说法。

市中级人民法院又开了三次庭，由于法官对水务局关于井盖归属责任的辩解表示质疑，水务局总算答应调解结案。

在公司法律事务部办公室，我将调解书、赔偿金和公司员工的捐款如数交到阿秀手上，夫妻俩含着眼泪跪了下来，我连忙搀扶。“同志，你真是好人啊！不但免费帮我们代理官司，还给我们捐款，我们无以为报，只能送你一面锦旗！谢谢了！”我激动地接过锦旗，与阿秀和阿光的手紧紧地握在一起！

后来，在企业的一次工作会议上，我介绍了自己帮助阿秀维权的经过，并深有感触地讲出一番肺腑之言，至今，这一席话仍然激荡在我心中：“同志们，阿秀这位女工的维权官司赢了，可是我的心情并未释然，反而异常沉重。农民工，特别是女工真正融入城市被认同是何等艰辛，他们真正能成为城市的主人的过程又是何其漫长？假如本案的原告是一位女市民，恐怕就不会有那么多‘傲慢与偏见’，审理要顺利得多，结果也要圆满得多。”

然而，值得欣慰的是，在诉讼过程中，女农民工也得到了不少同情与支持，法律最终也站在了她们这一边。而随着女工自身素质的提高以及法律意识、权利意识的觉醒，随着保护妇女的法律法规逐步完善，相信女工的状况会得到极大的改善。

平安卫士的故事

文 / 马文学

是谁在浓烟烈火中选择逆行而上？是谁在危险灾害面前冲锋陷阵？是谁在群众有难时挺身而出？又是谁在练兵场上挥汗如雨？是你！战斗在一线的消防战士们。是你们用火热的青春和汗水忠于职守，保一方平安。

今天，我要讲述的故事是发生在我们消防战斗班的真人真事。那年我刚来到消防队，被分到了战斗八班，当我整理床铺的时候，床边坐着一个30岁左右、留着黑胡茬儿、说着不标准汉语的维吾尔族老兵。他叫乌马尔，热心地帮我整理床铺，使我瞬间感受到了一种温暖。有一天检查器材，充装空气呼吸器。我在卸气瓶时没有憋压力，气瓶很快就卸了下来。可是乌马尔提前打开气瓶开关测试了压力，便直接开始拧螺母卸气瓶，导致气瓶无法拧动。我告诉他，卸气瓶时不能憋压，必须放空才能卸掉。他瞬间不好意思地脸红了，开始骂我："你个小兔崽子！才来几天，就开始给我上课了啊，你以为我不知道吗？"当时我就蒙了，赶紧道歉解释，心想这个老同志真滑稽，是个死要面子的人。

可是后来的一件事让我改变了对乌马尔的看法。2012年奎屯新捷棉纺厂着火，我们班赶到事发现场时，现场浓烟滚滚，火势蔓延得很快。我们迅速展操，进入战斗状态，一台移动水炮和一杆水枪开始迅速打水、灭火。战友乌马尔负责供水，我负责抱枪。当时的情况万分紧急，因为东边的几个棉花堆火势燃烧得正旺，并且有往西蔓延的趋势，西面还有很多棉花堆。控制火势、阻止火势蔓延迫在眉睫，万事俱备只欠东风，这一切灭火的基础就剩水源了，如果供不上水，灭火就是纸上谈兵啊！只见乌马尔迅速地寻找消火栓，发现附近只有一个地下消火栓，里面是一坑浑浊的水。这类消火栓的接口和开关离地面一米左右，乌马尔观察了一下，拿着水带接口，直接下到水井里，弯下腰整个身体一头扎了进去，开始摸索着接消火栓。过了一会儿，他猛地探出头来大口大口地吸了几口气，又一头扎了下去。而此时，车里的水也即将打完，压力供不上了。很快，水带开始膨胀了，乌马尔也爬出水井，贪婪地吸着气。班长一看，水开始往车里供了，顿时松了口气。再看乌马尔，他的战斗服满身污浊，还散发着异味，可这丝毫没有影响他的斗志。我们瞬间被他的士气鼓舞了，那一刻我觉得他就是一名英雄，我们在他忘我精神的感召下士气大增，一鼓作气地投入灭火战斗中。

战友们有打水的；有拿着耙子把棉花翻了好几遍，以防止复燃的；还有搬运、转移棉花的……两个半小时后，大火熄灭了。在归途中，我们都累得虚脱了，以致下车时腿都迈不下来，可大家心里却有一种打完胜仗的自豪感。

回来之后，我问乌马尔："那么一潭脏水，你怎么一头扎进去了？"他说："我们是消防战士，我们的使命就是保卫人民生命财产安全，保一方平安，情况危急，我们做点儿牺牲那都是必需的。"顿时我心里热血沸腾，更为自己是一名消防兵而感到自豪。

蹈火岁月写风流，感人故事说不尽。这里有太多故事让人温暖、感激、骄傲。我自豪，因为我是消防战士，我们的使命重于泰山；我们战友情深，深似海。最后，我借助诗人阿紫写给天津塘沽火灾现场的消防兵的诗歌《中国消防兵》结束我今天的故事。

《中国消防兵》

当祖国需要时
祖国利益高于一切
当人民需要时
人民利益高于一切
这就是
我们中国的青年
这就是
我们中国的普通一兵
这就是
我们新时代的英雄
这就是
我们无私无畏
忠于职守
不怕牺牲的中国消防兵

首钢一家人

文 / 程国庆

我叫程国庆，是首钢的一名工人。一听这名字，您就准知道我是国庆节那天生的，没错，我是 1959 年 10 月 1 日出生的，名字是我父亲程德贵起的。我们一家人都是首钢人，用我父亲的话说，“我们这个家算是和首钢结了缘了”。要想了解我们这家人的“首钢情缘”，还要从我父亲那一代说起。

1939 年 2 月，我的父亲和两位叔叔先后来到首钢的前身——石景山钢铁厂。那时正是日伪统治时期，首钢有一本书叫《钢人铁马》，书里所讲的《程氏三兄弟》就是我们家的故事。我们从小就听父亲讲首钢的历史。首钢 1919 年建厂，是中国冶金工业的发祥地之一。在日伪统治时期，中国人就是亡国奴，出入厂门还得给日本人鞠躬，还要被搜身，吃的是混合面，住的是苇席窝棚，整天挨打受骂，吃不饱、穿不暖，过着牛马不如的生活。那时炼铁的设备不仅简陋，还经常出事故，工伤死亡的人特别多，工人们有了病根本就没钱医治。1942 年，传染病横行，一下就死了好几百人。有的工人还没有断气就被日本人拉到今天的北辛安东边的万人坑活埋掉了。那时，老父亲就盼着翻身得解放，打倒日本反动派，堂堂正正地做一名“炼铁人”。

1948年12月16日，这一天终于到来了，解放军的红旗插到了石景山山顶，石景山钢铁厂解放了。解放军给工人送来了小米，还给每名工人做了一身崭新的灰色制服，父亲还和其他几位工友穿着这身崭新的制服合了一张影。当父亲双手接过解放军军代表接管委员会主任陈蕾颁发的工作证时，父亲做一名新“炼铁人”的愿望实现了。老父亲逢人就说：“共产党好，解放军好，我们当家做主了！今后可以甩开膀子大干了！”

刚解放那时，炼铁厂老一号高炉还在一个半山坡上，老人们都称它为“回马坡”。那时的炼铁设备还很简陋，高炉生产很不稳定，热风炉的风温总是上不去。当时有的人还很迷信，说是回马坡闹鬼。人们半信半疑，一时间闹得人心惶惶。这时，厂党委提出了“回马坡前不怕鬼，强敌面前不服输”的口号，来激励人们战胜困难。我的父亲和其他的工友们夜以继日地奋战在高炉的炉台上。为了提高高炉风温，父亲整天工作在高炉现场，几天几夜不回家。据母亲讲，有一次父亲回到家，她给他一个橘子，可他剥着剥着就睡着了。

功夫不负有心人，父亲终于破解了难题，找到了热风炉风温上不去的原因：原来是煤气和空气接触得太早，还没有到热风炉里就燃烧了。于是，他就想办法研究出了“煤气活动分布筒”，风温一下提高了好几百摄氏度，产量也大幅提高了，高炉利用系数达到了2.5，焦比降到了336公斤，比日本的钢铁厂还要低。为此，父亲还被评为“全国劳动模范”。1956年3月28日，父亲在中南海受到了毛主席和周总理的亲切接见，还一起合了影，并被奖励了一个小闹钟。每次提起这件事情，父亲都感到很骄傲。

1979年，老父亲退休了，我和弟弟也进首钢当了工人，算是子承父业。我去的是炼钢厂，也就是被人们称为“小炼钢”的试验厂。别看它小，它结束了首钢“有铁无钢”的局面，也是我国第一座顶吹转炉的所在地。当时，父亲还把他心爱的小闹钟当作传家宝送给我，让我上三班倒的时候上好闹钟，千万别误了上班时间。那时的工作环境比较艰苦，作为一名整模工，我每天铸钢锭、清炉坑、翻渣斗、换白灰，样样都得冒着几百摄氏度的高温作业。后来，经过改造，“小炼钢”变成了“第三炼钢厂”，工作环境也得到改善，产量、技术都大幅提升。

改革开放后，首钢率先在全国施行了承包制，是中国国企改革的一面旗帜，职工的积极性空前高涨。当时，我们有个口号叫“做天下主人，创世界第一”。首钢先后对炼钢炉进行了大规模的改造，高炉从1000多立方米扩容到2000多立方米，炼钢炉也从几十吨增加到了几百吨，产量从179万吨增加到800多万吨，位列全国第一。我的哥哥程铁良从部队复员回来后也进入首钢，在首钢建设公司当了一名作业队长。他也为建设首钢的高炉、炼钢厂作出了积极的贡献。我和我的哥哥、弟弟一起，实现了做“钢铁强人”的梦想。

北京奥运会申办成功后，为了还首都一片蓝天，首钢进行了搬迁调整，压缩了产量。据弟弟说，有时候父亲夜里起来穿好衣服，戴上手套，推起自行车就要走。弟弟赶紧上前拦住说：“您这是干吗去？”老父亲着急地说：“高炉有事，我得赶紧上班去！”这真像诗里所说——“夜阑卧听风吹雨，铁马冰河入梦来”。2004年的一天，父亲突然提出要到高炉上看一眼。当时他和母亲的身体都非常不好，我们都劝二老别去了，可二老说“不去怕再也看不到了”。于是第二天，我们就把二老送到了高炉上。在我们的搀扶下，二老看到了一直牵挂的5号高炉，最后还向5号高炉挥了挥手，带着对首钢的浓浓情意离开了。没过多久，二老相继去世了。

2005年6月30日，首钢连续生产了47年的5号高炉停产了。早上，5号高炉上人山人海，人们冒着蒙蒙细雨向这个中华人民共和国成立后首钢第一座高炉做最后的道别。炉台上还摆放着我父亲的照片和他的先进事迹，我代表我们全家在留言簿上写下了老父亲常说的一句话：“5号高炉，我的老伙伴，我永远忘不了你。”

最难忘的是2010年12月，我和哥哥、弟弟、女儿登上了二炼钢厂的炼钢炉台，观看首钢全面停产前冶炼最后一炉钢。此时此刻，哥哥谈起安装炼钢炉的情景，弟弟想起精整铸坯的情景，我也想起在二炼钢厂工作的情景，这些情景在我们脑海中一幕幕地闪现。当看到火红的炉水从高大的炼钢炉流出、缓缓倾泻在钢包时，我们再也抑制不住眼里的泪水。熄灭的是炉火，点燃的是希望，我们一家人又奔向了新的生活。

北京厂区都停产了，刚开始我们心里还觉得没什么，可真停下来，我们每个首钢人都觉得很不舍。为了首都的蓝天绿水，首钢人舍小家、顾大家，又一次作出了历史贡献。千千万万个首钢人从北京奔向了渤海之滨，一座现代化的钢铁基地已经屹立在那里。

我的弟弟程彩文去了河北省曹妃甸京唐钢铁公司。每当我看到他的爱人早上一个人骑着自行车带着他们的小儿子去上学时，每当看到老叔、老婶有病需要他们照顾时，我都会想到有多少个首钢家庭像他家一样，为了首都大局，为了首钢的转型发展，付出艰辛的代价，但这一切又都是值得的。

我的女儿程楠从小听着长辈们口中的首钢故事长大，她总是说："首钢人太伟大了，我也要做首钢人！"大学毕业后，她原本想留在首钢工作，但随着首钢的搬迁调整，她的人生也有了新的转折。她说首钢虽然搬走了，但是无数个首钢家庭还在石景山。她现在成了一名社区工作者，为首钢的家庭继续服务。

女儿说："首钢的大东门是首钢的厂门，是首钢的历史之门，是无数家庭的家门，更是首钢人的心灵之门。"是啊，大东门见证了中国钢铁工业发展的光辉历程，而我们这家人是千千万万个首钢人和家庭的一个缩影，见证了首钢的发展变迁。已有近百年历史的首钢，将焕发出新的青春活力，为京津冀一体化协同发展作出新的贡献。首钢的明天会更好！

电杆逸事

文 / 王小菠

有一天，施工人员正在热火朝天地挖电杆洞、掏泥土，突然来了一群人大声叫喊："谁让你们挖的？赶紧给我滚开，否则就不客气了！"其中一位老人满脸怒气，"这是我家的田，下面就是龙潭水，你们把电杆栽在这里，等于切断了龙脉，全村人就没有水吃啦。把电杆栽在田里，我们还怎么犁田耙田呢？你们再不停止施工，我就叫全村人来打死你们！"一个老大娘干脆坐在电杆洞口处："你们要想挖，就先把我杀了！"几个情绪冲动的小伙子跑过来把电杆砸成了两截。

听到老人的叫喊声，一下子又来了300多人，他们扛着锄头、镰刀、扁担、棍棒等，把施工人员围得水泄不通，一个个怒气冲冲，大有一口把人吞下之势。

施工队长张明心平气和地说："父老乡亲们，请大家冷静，栽电杆、架电线、开通移动基站信号，对你们有好处啊！"人群中一阵躁动："你们真会骗人啊，有信号，打手机，不就是为了套我们口袋里的钱吗？"在这种情况下，再多的解释也毫无用处，如果双方再对峙下去的话，后果不堪设想。于是，张明命令施工人员全部撤退。

那年十月，云南弥勒移动分公司接到一份县人大常委会转来的《关于纳昆村一带无手机信号》的代表提案，责成移动公司实地勘测解决。移动公司及时找来技术员，测量杆路走向，进行电杆定位和基站设计等。按照每棵杆距50米的走向，有一棵电杆恰巧定位在纳昆村的一丘水田里。经调查，这块田的男主人就是前面提到的满脸怒气的老人，老人已是70岁高龄，名叫李三冲，他的老伴儿也已经68岁了。李大爷有3个儿子，1个女儿，7个孙子、孙女，可谓人丁兴旺，儿孙满堂。只因当地交通闭塞，信息不灵，李大爷一家的日子过得紧巴巴的，至今还没有一台电视，更不用说电话和手机了。

农民不让栽电杆的事终于惊动了县委、县政府。一时间，由工信局、乡政府、村委会三级组成的协调小组进驻纳昆村。协调会上，各方都诚恳发言，提出具体的、双方都能接受的解决方案。但在细节问题上，李三冲就是不让步。他要求一是不准在电杆四周打拉线，以免影响耕种；二是电力线必须使用胶皮包线，不得使用明线，以免漏电电死人和牲畜；三是电杆洞占地费和青苗费必须补偿666元（当地人讲究“66”有福）。与会各方一致认可通过后，当即与李三冲签订了“协议书”，并按了红手印，随即产生法律效力。

万事俱备，施工人员立即赶赴施工地点，顺利栽下了那棵“钉子电杆”。移动公司也说话算数，按照“协议”规定，给李三冲兑现了补偿费666元。

一个月以后，铁塔竖起来了，光缆也引入了，主机也安装了，移动基站信号调试开通了。村长杨光东成为纳昆村第一个吃“螃蟹”的人，他到移动公司购买了一部手机，配了一个尾数为866的号码，随时随地与外界联系，告别了“两耳不闻村外事，一心埋头种庄稼”的落后现状。纳昆村从外地引进泡核桃、优质雪梨种植，逐步走上了致富路。

说起来很奇怪，人世间的万事万物总会出现巧合之处。那年春节，当全村人都在贴春联、杀年猪、冲粑粑，张灯结彩闹新春的时候，李三冲却突然得了急病，满头大汗，疼得在地上直打滚，全家人急得团团转，不知如何是好。村长连夜赶来，他虽然不懂医，但看得出李大爷病情十分严重，必须马上送医院。于是，他用自己的手机拨通了“120”急救电话。一个多小时后，县医院的救护车呼啸着赶到了纳昆村，接走了李大爷。经诊断，李大爷患的是急性阑尾炎，如果救护车再晚来一步，后果不堪设想。手术后，李大爷住了10多天院就康复回家了。住院期间，移动公司派出客户经理带着鲜花和慰问品到医院看望他，李大爷激动得热泪盈眶。

从此，李大爷逢人就讲：“你们不要小看了那个铁塔发出的信号，它的作用太大啦，要不是村长用手机打‘120’急救电话，我的老命恐怕就保不住了！”李大爷的“现身说法”，起到了预想不到的效果，全村80多户人家，家家户户都购买了手机，全村手机用户达到200多个。自那以后，李大爷只要有空就到电杆旁、基站边去转悠一趟。电杆松了，他就培点土；基站墙脚下长草了，他就砍一砍；树枝碰到电力线了，就叫儿子们给移动公司打电话。李大爷都快成移动基站的“志愿守护神”了。

“列兵小夏”，好样的

文 / 王宽龙

2011 年 10 月 1 日晚，山东卫视《围观》栏目播出了题为《神秘失踪 17 年的兄妹与父母团聚》的故事，在中国石油管道局工程有限公司第一分公司（以下简称“管道一公司”）引起了强烈反响。随后，节目主人公“列兵小夏”在不足 4 个月的时间里，又先后帮助 6 名孩子与父母团聚，使 5 个原本破碎的家庭破镜重圆。准确来说，这些孩子均已近而立之年，可他们与家人失散时间最短的也有 17 年，长的已有 20 余年。每一个故事都充满了悲痛，我们很难想象他们在与家人失散的岁月里吃了多少苦，受了多少委屈。正是网名叫“列兵小夏”的人主动伸出援助之手，竭尽全力、历尽周折帮助这些孩子找到了回家的路。

家，一个多么亲切又温暖的词语，有家就有了依靠。可多少孩子因为走散甚至被拐卖而与家人分离。他们最大的梦想只有一个——寻家。“列兵小夏”是管道一公司的一名普普通通的年轻焊工，是一位做好事不愿留名的热心青年。他凭借自己的善良与耐心，用爱心为多个家庭铺就了一条条的团聚路。

拥泣的家人　团圆的喜悦

2011年9月24日，在山东省滕州市木石镇某家中，一名黑瘦的姑娘先后和多人抱头失声痛哭。

“孩子啊，终于找到你了，你这么多年是怎么熬过来的啊？”一位看上去略显苍老的中年妇女边哭边说着。“妈，妈，妈……”黑瘦的女子早已泣不成声，只是不断地喊着母亲。

黑瘦的姑娘叫白文慧，内蒙古通辽人。1994年5月，只有6岁的她同哥哥白文军一起外出后便而与家人失散。17年来，她没有享受过父母的疼爱，也没能够进入学校读书，很多时候，她连温饱问题都无法解决。对白文慧来说，那17年如同梦魇，没有欢声笑语，只有对家的期盼。原本温暖的家庭，也因儿女的走失支离破碎。现已为人妻的白文慧终于在志愿者们的帮助下与家人重聚，父亲、母亲、女儿三人相拥而泣，在场的人无一不为之动容。接下来，在白文慧的努力下，当年一起走失的哥哥白文军也顺利与家人团聚。

截至2017年5月底，这样亲人团聚的场景，“列兵小夏”已经见证了17次。

曲折的经历　方言的启示

2011年9月20日，“列兵小夏”在大众寻人网上看到了下面的留言：

“我的爸爸叫白福全，我找不到家了。我的哥哥叫白文军，我叔叔家的妹妹叫白文婷。我的父母原来是开小饭店的，我现在在山东，请大家帮帮我吧。”

“列兵小夏”迅速拨通了发帖人也就是白文慧的电话，了解到她当年经客运、货运辗转到山东的经历。可白文慧根本不知道自己的家乡在哪里，这也给“列兵小夏”出了难题。他登录了多家寻人网站，对比了上千名寻人启事，在一家网站中，他发现了这样的信息：

“寻找白文慧，失踪于1994年5月，家原来在通辽市保康镇鞋厂后面，父母以前在通辽开小饭店，妈妈以前是卖鱼的。”

这里要找的白文慧是不是就是通电话的姑娘呢？“列兵小夏”再次给那个姑娘打通了电话。

“你记得小时候管瓜子叫什么吗？”小夏试探性地问道。

“毛嗑！”姑娘的声音有些激动。

这坚定了小夏的初步判断，因为“毛嗑”是东北三省的方言，是对瓜子的统称。通过方言来捕捉线索，早已是“列兵小夏”的硬功夫。但接下来，又一个问题难住了“列兵小夏”，因为网站规定，发布寻人启事的网站不能将联系方式告诉他。小夏便只好根据寻人启事留下的信息，申请加入了两个QQ群：一个是“保康镇”，一个是“科左中旗”。在这两个群里很多热心网友的共同帮助下，“列兵小夏”先后与当地镇政府和街道居委会取得了联系，并由居委会下户调查，联系上了白文慧的姑姑。经过几番周折，白文慧终于和亲人团聚了，“列兵小夏”的脸上也露出了满意的微笑。

感性的选择　理性的执着

2011年6月20日，“列兵小夏”偶然看到了山东卫视播出的《惊喜 惊喜》节目，情义援助的故事深深感动了这个年轻善良的小伙子。经过几天深入的了解后，6月24日，小夏申请加入“宝贝回家寻子网”志愿者，并在

10天的时间里成功帮助两个孩子找到了失散多年的家。此后，他为了能够尽全力来帮助更多的人，申请加入了目前国内寻人经验丰富、途径多样、影响面最大、覆盖面最广、日访问量最多的中国第一寻人信息网络平台——大众寻人网，并在短短几个月时间内，帮助4个孩子找到了失散多年的亲人。这些孩子的家乡有的在四川，有的在贵州，有的在山西，而他们因各种原因，来到了山东、河南等离家乡很遥远的地区，想找到家乡和亲人的难度很大。如果没有小夏这样的志愿者帮忙，“回家”的梦想几乎是不可能实现的。

“列兵小夏”这个普普通通的管道工人身材十分瘦小，看上去有些弱不禁风，但他的一席话令人深思：“在帮助别人回家的过程中，有许多同我一样的志愿者，我们一起做了我们应该做的事情。我想把它作为一项事业坚持下去，让更多的人加入我们这个队伍中来，让更多与亲人失散的孩子早日回家！”

戈壁滩上的绿色梦

文 / 李顺平

在一望无际的苍茫戈壁上，炎炎烈日炙烤着沙砾，泛着白色的光，让人睁不开眼睛。有一棵生机盎然的白杨树格外显眼，树上挂满的五彩经幡在风中飞舞，也因此，这个地方被人们称为“一棵树”。

这棵树种植于 20 世纪 70 年代，是第一批支援矿山建设的一位名叫拜占元的人所种下的。当年他们反复种植，终于让一棵白杨树成活，实现了戈壁滩不长树、没有绿色的突破。时光跨越半个多世纪，这棵树生机勃勃、郁郁葱葱，现在已成为一种精神象征，矗立在戈壁矿山。

“锡铁山，山高沟深，崖峭壁陡，岩石裸露，整个山脉没有肥沃的土质覆盖，茫茫戈壁，没有绿色生命之印迹。”曾经，有人这样描述青海柴达木盆地北缘的锡铁山。该地区降水量少，蒸发量大，年平均降水量只有 84 毫米，年平均蒸发量却达 2100 毫米。在 20 世纪 50 年代到 60 年代，人们的饮水要从 38 公里以外的地方靠水车运输。当时所谓的水车，不外乎是一个有盖子的铁皮大桶，每个矿山员工每天只能够分得两大茶缸，这便是一天的用水。人的用水尚且如此艰难，更不用说种植植物。

从 1956 年建矿开始，锡铁山人为改变生存环境和生态环境，在恶劣的环境中，以积极乐观的精神状态面对困境。他们从外地带来树苗、从家乡寄来种子，种子种下之后像对待稀世珍宝一般时时守候，看它破土、发芽、开枝散叶……人们省下口中的水、节约洗衣的水，细心看护、培植。即使这样，树木在这里也很难存活。到20世纪七八十年代，水源管线贯通后，锡铁山开始大面积种植树木，为保证植树成活率，从外地运输种植土，与当地的碱性土混合改变土壤性质，实行单位总动员植树、全家总动员种花，这座名不见经传的小镇由此显得生机勃勃。

经过锡铁山人的不懈努力，在这片寂寥戈壁上播撒下了绿色的希望。现如今，这里已形成了近5万平方米防风绿化林带，绿化面积占矿区可绿化面积的90%以上，道路两旁错落有致地种着各类树木花草，公园里树木丛生。茂密的白杨林已成为人们茶余饭后散步的好去处，公园入口的亭台牌坊柱子上写着这样一副对联“青山绿水西部锦绣，龙亭翠阁戈壁奇观”。

其实，发展绿色矿业、建设绿色矿山，既是立足国内提高能源资源保障能力的现实选择，也是转变发展方式、建设“两型”社会的必然要求。

从2011年开始，西部矿业锡铁山分公司着手勾画“绿色矿山”蓝图，侧重从环境治理和节能减排等方面开展绿色矿山的建设工作。以建设新型生态工业化矿山、绿色矿山为目标，本着资源开发与优化环境相结合、资源综合利用与环境保护相结合、提高资源开发经济效益与生态环境同步建设相结合的工作思路，实施矿山治理，打造绿色矿山。公司投资近2000万元，全方位改造废石堆场，使废弃的渣场变废为宝，有效解决地表工业场地紧缺的问题，被评选为第二批“国家级绿色矿山试点单位”，确定为绿色矿山示范点中的先进单位，成为业内美谈。

“在保护中开发，在开发中保护”，这是西部矿业锡铁山分公司的矿山开发理念。跨入新世纪，公司大力拓展循环经济，创建节约型社会，不断体现以人为本、可持续发展的发展理念，在循环经济方面逐渐成为领头羊。

为避免尾矿污染环境，公司投入上百万元对尾矿进行堆坝处理。将尾矿变废为宝，回收硫精矿生产硫酸及红丹粉，解决硼化工业生产所需硫酸；硫酸厂产生的尾渣中含有大量的氧化铁等副产品，提供给矿业加工企业选出铁精矿；生产铁精矿产生的尾渣红丹粉用于生产水泥的辅料……如此往复循环，形成了一个产业循环生态圈。

此外，公司先后开展了铅锌选矿尾矿回收实验研究，分析了锡铁山尾矿中铅、锌、金、银、硫及部分稀有金属有无重新利用的经济价值，对后期尾矿的管理和综合利用方面提供了参考依据。

“为什么发展、发展什么和怎样发展”，这是锡铁山分公司向现代型矿山企业目标迈进过程中的又一个重要课题。

省委书记王国生强调：“把生态保护作为第一战略、首要责任和紧迫任务，增强环境保护工作的科学性、开放性、主动性和创造性，为建设生态文明先行区作出新贡献。”西部矿业锡铁山分公司以大企业需有大担当的责任意识，积极谋划，找准绿色矿业在贯彻落实“五大发展理念”过程中的定位和作用，全面推进绿色矿山生态发展。结合自身工作，将生态保护和环境建设方面工作纳入公司的重点工作之中，并从工业“三废”抓起。每年一大步，已投资近 2 亿元，用于废水回收再利用工程建设、废石场综合治理、新尾矿库建设，不但实现了环保，有效保持了矿山生态平衡，还有效节省了水资源，降低了生产成本。目前，公司矿山固体废弃物综合利用达到国内同类矿山先进水平。

从 1956 年开始正式建矿开采，从种活一棵白杨树，打破戈壁滩不长树、无绿色的神话，到如今已形成近 5 万平方米防风绿化林带，这是锡铁山人经过不懈努力，在戈壁上播撒下绿色希望、改变锡铁山面貌的一个写照。在这片绿色背后，更加深刻的是锡铁山人用节能、环保、循环、可持续的科学发展理念，杀出一条“绿路”，成功书写绿色矿山的建设成就。

戴雪金的“凤凰涅槃”之路

文 / 方赛群

50 多岁的戴雪金，是浙江省杭州市桐庐县凤川街道园林村人。他是桐庐凤龙针织玩具有限公司的业主，还是一位村干部，但很少有人相信，他曾是一个躺在床上多年的高位截瘫病人。

年轻的戴雪金是一名出色的消防兵，1987 年退伍回到家乡，由于在部队掌握了驾驶技术，他瞄准商机买了一辆大卡车，自己跑起了运输，随后娶妻生子，日子越过越红火。谁料到，1993 年他在跑运输的过程中遭遇车祸，脊椎第四、五节断裂，导致高位截瘫。

这对戴雪金来说无异于晴天霹雳，当时他和妻子结婚一年多，儿子才一周岁。为了解脱自己和不连累家人，他一心求死，可他连自杀的“能力”也没有，唯一的办法就是绝食。但几次都没有成功，因为母亲的眼泪和幼小儿子的哭声，总是把他从另一个世界拉回来。

这时候，一个陌生的女子，给了他活下去的勇气。那女子虽然走路有点儿“跷”，但农活和家务样样行，她也曾瘫痪在床一年多，是坚持锻炼才有了今天的样子。戴雪金第一次觉得内心有了勇气，“我要活下去，我要站起来！”他一刻也不愿耽搁，当天就叫人拿来了拐杖，在三四个亲人的帮助下，把自己“摆”上了拐杖。虽然仅仅是不到一分钟的站立，双脚毫无知觉，但他像获得了重生一般快乐，因为他惊喜地看到了逃离“牢笼”的希望。

他每天坚持自己下台阶，虽然摔伤是家常便饭，但他从不退缩。坚持不懈地锻炼了一年后，他发现尽管自己大小便依然失禁，但身体变结实了，有一天自己的腿居然动了一下，这让他激动得像中了大奖一样。

摆脱了床铺的桎梏，快乐重新在心头萌芽。他开始有了新的人生目标：不再做亲人的累赘，要用自己的手养活自己！他与原先工作过的杭州长毛绒玩具公司取得联系，表达了“自食其力”的想法。戴雪金自强不息的事迹，深深感动了该公司的负责人，他同意与戴雪金建立长期的合作关系，为他提供手工针织业务。

新的人生历程开始了！他手中有了订单后，在村里建立了几个手工针织加工点，自己苦心学习手工针织技术，用原先握方向盘的大手，拿起了毛线针和缝衣针。为了联系方便，他买来了大哥大，又叫了村里一对夫妻帮忙，每天乘坐他们的三轮车到各加工点跑。他的吃苦精神更令人敬佩，验货的时候，他常常连续多天通宵忙碌。这对一个靠拄着拐杖行走的残疾人来说，实在是不容易，可他却觉得浑身充满干劲，内心充满了幸福感。

有一次，戴雪金偶尔从朋友处得知，上海某公司有一个四万件玩具服饰的手工编织业务订单，正在寻找理想的合作者。得知这一信息，他犹如听到了命运“敲门声”，心里有说不出的激动。思考再三，他决定要为自己努力争取这个机会，几天后便独自上路了。

上海老板见来了个残疾人，感到有些意外，但也没多说什么，只是拿了7个样品给他：“我不知道你们的技术实力如何，你先带走这几件玩具衣服样品，打样试试。”三天后当他回到上海，把完成的样品交到老板手中时，对方非常满意，当天就与他签下了订单合同。更令他高兴的是，这批业务还没有做完，上海公司又加单了，同时还付给他12万元人民币的定金。经过一番拼搏努力，他如期高质量地完成了业务订单，随后的生意接踵而来。

为了让事业更上一层楼，戴雪金在接订单的同时，还不断给自己"充电"，学习设计新产品。但是，他一不去专业培训班进修，二不去图书馆翻资料找灵感，而是当起了"马路天使"，观察路人的漂亮服饰。他的头脑中常常灵光乍现，对色彩搭配更是无师自通。此后，他设计出来的产品有着与众不同的款式，深受客户的青睐。有一次他把自己设计的10个新产品送到广交会上参展，结果8个产品拿到了订单。

经历了多年的历练，戴雪金的事业之路越走越顺畅，2004年他成立了桐庐凤龙针织玩具有限公司。随着企业发展步伐的不断加快，2005年他征用土地4亩，建造了2000平方米的新厂房，引进了一批电脑横机等设备。手工编织产品颇受市场欢迎，目前本地有4个加工点，外地也有加工点，仅设在湖州的加工点就有100多名职工，企业经营得红红火火。

企业发展了，戴雪金的身体也日益康复。虽说直到现在他的一条腿还是没有知觉，整个人无法平稳站立，但身板却很结实。不知不觉间，他扔开了拐杖用自己的双脚行走，尽管很艰辛，但他每一个笑容都充满自信，每一步都迈得十分稳健。

经历了严寒的人，更能感受到春天的温暖。戴雪金想得最多的还是回报社会和乡亲。有一次，他在外地一家医院求医，得知同病房的小女孩父母双亡，饱受病痛折磨却异常坚强。为了帮助这个素昧平生的小姑娘，戴雪金带头在病友中发起了一次募捐行动。病友们纷纷慷慨解囊，很快就帮助小姑娘凑足了医药费。此后三年，戴雪金每年给小女孩寄去600元钱，还从精神上激励她在逆境中奋起。

2012年3月，戴雪金在与朋友一起吃饭时听说了这样一件事：凤川街道某企业一位31岁的技术人员，因一次车祸导致全身瘫痪。他躺在床上一年多了，精神绝望一心求死。得知此事后，戴雪金当天就上门去看望他，鼓励他说："我能改变命运，你也一定能！"他那跌宕起伏的传奇故事，自强不息的创业经历，还有推心置腹的真诚话语，让病人原来呆滞的眼睛，突然放出了熠熠的光亮。

就在不久前，戴雪金听到了一个好消息，那位瘫痪病人已经振作起来了，如今自己推着轮椅能行走 100 米。戴雪金为此激动不已，想到当年自己在病床上受到激励的情形，他惊喜地发现，原来战胜病魔的信心可以传递，生命的传奇也可以传递!

精神家园，以爱为名

文 / 汤佳佳

1996 年，胡井祥从苏北老区来到深圳，成为一名普通的建设者。在深圳这个有着独特文化结构的城市里，新生代打工者已经不再像父辈们那样仅仅为了生存打工，他们更注重寻找自己的精神家园和寄托，包容而年轻的深圳给了他们发展的机遇。

正是那一年，胡井祥在深圳的华强北街道上看见了流动捐血车，“捐血救人，造福社会”这八个字深深打动了他的心。他毫不犹豫地加入了无偿献血的行列，到现在已有 19 年，累计无偿献血 135 次，献血量达 6 万多毫升。其间，他三次获得卫生部、中国红十字会、解放军总后勤部颁发的无偿献血金奖，四次获得广东省红十字会颁发的金奖。

无偿献血是全民参与的社会公益事业，为了让更多人了解并推动科学献血、无损健康的科普知识，2000 年胡井祥申请加入深圳红十字会，成了一名志愿者。他经常抽出时间在华强北大街上、捐血车周围、医院、小区公园等各种场所，宣传无偿献血、无私奉献的人道主义精神，至今累计服务 2000 多个小时，被评为“深圳红十字会五星级志愿者”，并在 2009 年被聘为“深圳红十字会无偿献血服务分队副队长”。

15 年的献血行动和志愿服务，让胡井祥结识了一群来自社会各界志同道合、热心奉献的朋友。他也从一个普通的来深建设者，渐渐地蜕变为平安公司一名专业的理财规划师。从一无所有，到有了自己热爱的保险事业和温暖的家庭，让生命有了质的变化。

2007 年底胡井祥回到家乡江苏闸圩村探亲。他看到村里小学门口大约 500 米长的泥泞土路，严重影响孩子们出行，特别在雨季，更是寸步难行，但村里一直没有资金修建。这一刻他下定决心，要把这条路修好。说干就干，他找到村干部，仔细商量后，带头并发动在外打工的老乡们募集修路的资金。经过几个月的努力，这条困扰小学生多年的泥泞土路终于修成了宽阔的水泥路。当 2010 年再次回家探亲时，走在那条路上，老乡对他说："老胡，这条路修好这么久了，你才第一次在上面行走。"听到这句话，胡井祥的心里暖烘烘的，帮助别人真的是一件非常快乐的事。

深圳，不但是一个国际化的城市，更是一个充满爱心的城市。在这里，不但有放飞梦想、努力奉献的平台，还可以帮助别人创造梦想，同时也提升了自己。胡井祥不断地把这种爱心传递给身边的每一个人，同时也获得了客户、公司领导、同事的一致认同。2010 年 7 月他听说老家宿迁市有一个助学希望工程，便亲自探访了一个家庭。这个家庭非常贫困，母亲离家出走，父亲出门寻找，11 年来杳无音信，留下幼小的孩子和年迈多病的爷爷奶奶一起生活，而家里没有任何的经济来源。

这样的孩子还有很多，在学校里没有生活费，平时也没有亲人疼爱，他看在眼里，心里特别难过。所以，胡井祥总是在积极奔走，动用自己的一切力量，发动周围的同事、朋友、客户等爱心人士，积极参与到这个助学工程中来，让大家都承担起自己的社会责任，创造温暖的力量，带给孩子们最真实的爱。经过胡井祥的坚持不懈，至今已有 40 多个贫困学生得到资助，他本人也资助了 3 个孩子。

在寒冬季节，为了让贫困孩子可以拥有一个暖冬，2010 年 10 月，胡井祥在平安保险公司和大鹏小学王老师的支持下，用一个月的时间就募集到了一百多袋御寒物料，约4000件衣服、鞋子，以及大量的课外书籍。并得到深圳跑新沂的客运老板庄先生的鼎力相助，免费帮忙托运，使得这批物资及时、顺利地送到了宿迁孩子们的手中。这次的温暖行动，也得到了宿迁市希望工程“萤火虫计划”助学的认可和表扬。回想起自己用自行车一次又一次收集、运送的情景，虽然汗水浸湿了衣衫，但看到孩子们开心的笑容，胡井祥的疲惫一扫而光，在他心中，这样的付出是非常值得的。

作为穷人家出身的孩子，胡井祥深深地明白有梦想才会有精彩的人生，但更需要一个实现梦想的机会。加入深圳义工15年了，虽然现在的生活条件一般，但作为一个深圳平安人，他一直努力去为那些需要帮助的孩子们付出着，奉献着，这就是他心中最大的快乐。

孩子是我们的未来，而教育对于他们的成长起着关键作用。一个以群体力量创造的良好学习环境能让他们对社会有着新的看法。让我们用爱帮他们打开心灵的大门，让他们知道自己并不孤单，大家的力量可以改变一个人的命运。为爱上色，让无助的孩子们同样拥有七彩的人生，在求知路上追寻自己的梦想，更让他们拥有实现梦想的机会，我们未来的社会才会更美好、更和谐、更能持续发展。小小的付出，温暖了你也温暖了我。

胡井祥说：“每次献血以后，我心里都很高兴，因为这袋血一定会给另外一个人活下去的希望。虽然我也不是很有钱，但是想到贫困孩子渴望读书的眼神，我就忍不住地想出一份力，帮助他们完成这个小小的心愿。我相信，人人都有社会责任，在爱的大前提下，人人也都有能力贡献自己的一份力量。”

从合阳走出的硬汉子

文 / 任伟峰

现任合阳县华远实业有限公司总经理、合阳县工商联直属商会副会长的李宏康曾是一名普普通通的打工者，但在商海的锤炼中，他谱写了一曲奋斗者的赞歌。

在艰苦的创业路上，李宏康对自己说："只要坚持别放弃，就会有出头之日。"李宏康初中毕业后，曾在家务农两年，看到村里有不少年轻人都出去打工挣钱，他坐不住了，经过一番激烈的心理斗争，他决定走出村庄，闯出一片自己的天地！

李宏康开始了在外漂泊的打工生涯。他曾在建筑工地上当过杂工，吃过不少苦，流过不少泪，也曾在黑夜里暗自神伤，这样的生活什么时候才是尽头？什么时候才能走出人生的低谷？但他相信，只要坚持不懈，总会有出头之日。后来他看到新农村建设蒸蒸日上，于是买了辆车，专门给建筑工地送沙子，还在全县建设村村通公路工程做了小包工头。终于，李宏康收获了他人生的第一桶金，这也为他以后办厂兴企奠定了良好的基础。

收获人生的第一桶金后，他再次向命运挑战，他要开办工厂！ 2011 年，在一次外出调研中，李宏康无意中发现山西洪洞县的地砖厂生产的产品在市场上供不应求，和他一起共过事的朋友都劝他，“见好就收，人活着没必要让自己太累。”但李宏康觉得自己还年轻，多次赴山西侯马、新绛、太原等地考察后，在妻子的支持下，他决定放手一搏。于是，一家专业以生产水磨石地砖为主，集研发、生产、销售为一体的水泥制品生产企业——华远实业有限公司在合阳应运而生了。

为了尽快进入角色，开展工作，李宏康首先把调查研究作为工作的重点。他和工人们一道深入基层，深入一线，在帮助职工解决问题的同时，了解职工队伍思想状况和管理上存在的问题。通过和干部、工人交谈，召开联系人座谈会等形式，反映出职工队伍既存在观念滞后的问题，又存在怨天尤人、消极灰心的不佳精神状况；企业所面临的生存、发展的困难和优势，在职工心中的认识不是很深。最主要的是工人在技术上还相对不成熟，不是操作不到位，就是机械不自动化操作，为此他多次请山西新绛的技术人员进行现场指导，并组织工人赴新绛就技术业务等进行了20多天的专业培训。

通过学习，技术工人增强了市场意识、质量意识、服务意识，树立了“效益在我心中，成本在我手中”和“奋斗就能生存，创业就能发展”的观念。全厂上下形成了同心同德求生存，献计献策为发展，出力流汗创效益的大好局面，队伍稳定，士气高涨，为2014年完成销售320万元的奋斗目标奠定了坚实的基础。

对企业经营，李宏康提出“质量求生存，诚信赢天下”。他要求每出厂一块砖，都要经过严格的质量把关，绝不让不合格的地板砖出厂。就这样，华远一年一步台阶，三年春华秋实，不但在合阳县内取得了广大客户的信赖和口碑，并且在大荔、澄城等周边县市也站稳了脚跟。2015年3月，公司产品获得了合阳县质量技术监督局授予的“放心品牌”认证证书。在李宏康看来，“赚不赚钱都不要紧，要紧的是做人，做一个堂堂正正的人”。

每到逢年过节，李宏康都为工人们准备节日礼品，他相信企业不是一个人的企业，而是大家合力共赢的平台。在企业中，李宏康不但抓生产销售，而且关心职工的生活，他要求职工食堂要做好生活用餐，只有让职工吃得舒心，才有更大精力投入生产中去。他和职工同吃同干，不但增加了企业效益，也拉近了他与职工的距离。

菊花吐蕊，桂花含香。2014 年“重阳节”来临之际，在县统战部的协调下，华远实业有限公司开展了走访慰问孤寡老年人活动。李宏康一行人冒雨带着价值 1.5 万元的床上用品和米、面、油等生活用品，看望慰问了夕阳红和王村敬老院的老人们，为他们送去了节日的祝福与慰问。同时，李宏康通过媒体向社会呼吁：“当我们在享受其乐融融的家庭生活之时，是否会想起那些身边无儿女相伴，生活孤独寂寞的空巢老人们？当我们看到那些白发苍苍佝偻身躯艰难行走的空巢老人之时，是否会想到他们的今天正是我们的明天？关爱老人，关爱空巢老人，是我们发自内心的呼唤，也是我们创建文明城市的基本要求，更是我们每一个社会成员义不容辞的责任！”

李宏康还多次为韩城芝川小学等地捐款，资助贫困学生入学。他在兴办企业的同时，也为村上修筑了公路，并多次慰问村上的留守老人，在当地赢得了口碑。

在企业的创建和市场营销方面，李宏康是个说一不二的硬汉子，而在家里，他是一个地地道道的孝子。在他做包工头期间，父亲患了一场大病，在县医院和西安的医院检查后被确认为胃癌。一时间，李宏康感觉天都快塌下来了。父亲在病床上一躺就是一个半月，为此，他不但花掉了多年积蓄的 40 余万元为老父亲看病，而且负债累累。但他没有灰心，又努力开始挖掘人生的第二桶金。

创业必然包含着艰辛，艰辛孕育着新的发展。多年来，李宏康在管理岗位上夙兴夜寐，呕心沥血，牺牲了个人大量业余时间，克服了常人难以想象的困难，为企业的振兴做了大量的工作，取得了较大成绩。日常工作中，李宏康严于律己，与班子成员基层工人平等相处，体现了他人性化管理企业的理念。当前，华远实业有限公司企业改革进一步深化，市场营销进一步扩大，企业发展面临严峻的挑战，李宏康将以更加积极的态度投入更为繁杂的工作中。相信在未来，他会创造出更大的成绩。

听水者们

——记清源水务集团查漏组

文 / 王鉴

也许在深夜的大街上，你曾遇见过这么一群年轻人，他们身穿反光背心，手里拿着一根细长的棍子，先是熟练地撬开路边的某个井盖，再蹲下身子，接着将棍子的一端贴到井口，另一端贴着自己的耳朵，聚精会神地听着什么。几分钟后他们将井盖复位，互相会意地点点头或轻声交流几句，又继续往前走去，撬开另一处井盖做着同样的事。有时还会在马路上来回溜达，摆弄一些酷似随身听的玩意儿。这些举止怪异的人，正是这篇文章的主角——隶属于宜宾市清源水务集团公司营销部，被誉为“听水者”的查漏组。

“其实，我们是一群‘医生’，准确地说是‘管道医生’。”已在查漏组工作近 10 年的颜安如此诠释他们的工作。查漏组成立于 2002 年，当时隶属于清源水务集团公司的前身宜宾市自来水公司业务科，成立之初由于人手不够和经验不足等因素，工作压力很大且任务繁重。经过十余年的不断探索发展，今天的查漏组已经成为一支人员精干、技术过硬、业务素养强、广受业内外人士好评的专业输水管网查漏队伍。

查漏组，顾名思义，其日常工作主要是负责管网普查和测压，他们的装备除了前文提到的“细铁棍”听音杆，还有价值20余万元，可精确定位漏水点的万能相关仪，以及能有效屏蔽环境杂音，外形酷似随身听的路面听漏仪。按照输水管网的具体分布情况，市中心城区被划分为旧城、南岸、江北三大片区，查漏组要求对各片区全部管线每季度至少巡查一遍。为确保完成任务，查漏组又编成两个小队，不论天气、环境与时间，每天派出一个小队外出巡线。

由于管网发生漏水将直观地反映在输水压力值的变化上，为切实有效地提高工作效率，查漏组会事先调取各水厂近期输水压力数据，通过分析数据变化逐步缩小普查范围，加之查漏工作对环境噪声特别敏感，因此查漏组的管网普查工作绝大部分都安排在环境噪声相对较小的深夜进行。查漏组通常从午夜12点开始巡线，若当晚一切顺利，检查完当晚要求巡查区域内十几公里的管线需近两个小时，如发现漏水点，则需立即报告公司营销部维修组，并在漏水点所在路面用红漆画 × 注明位置，且误差不能大于1米。正是基于这样的高标准、严要求，查漏组的一些组员甚至练就了借助钢条也可精确定位漏水点的“神技”，尽管公司现已为查漏组配备了先进的探测仪器，然而组员们在很多时候仍选择信任自己的听觉与经验。

在外人看来，一根输水管道出现几处砂眼或细小裂缝似乎无关痛痒，但实际却并非如此。清源水务集团营销部经理吴建刚向笔者提供了一组直观且惊人的数据：若一根直径100毫米的输水管道因破裂导致漏水，其一个月的漏水量就将超过2000户三口之家一个月的用水量，而这些漏掉的水不仅会使公司的经济利益受损，更重要的是用户将无法用上足够压力的自来水，给用户的生活带来极大的不便。正因为查漏工作事关重大，要求组员必须具备吃苦耐劳、办事严谨、纪律性强等特点，查漏组在招募员工时偏爱有入伍经历的求职者，“查漏和我当炮兵相比，相同点是听响，不同点也是听响。”曾在南京军区某炮兵部队服役的组员王伟成调侃道，由于管网出现漏水的原因可能有天气、管道使用年限较长、路面填充物压迫或腐蚀管道等因素，因此查漏时必须结合实际仔细检查，容不得半点马虎。此外漏水的声音也不尽相同，既可能是低沉不易察觉的“沙沙”声，也可能是不用仪器就能听到的“噗噗”声，这又对组员的听力提出了极高的要求，出于对工作的认真负责，组员们都自觉养成了不去喧闹场所的生活习惯，并且经常自行进行听力训练和检查，这些“管道医生”像爱护自己的眼睛一样爱护着自己的双耳。

每当大多数人沉醉在甜蜜的睡梦中时，查漏组的小伙子们却离开了温暖的家，走上街头，无论是炎炎盛夏，抑或刺骨寒冬，他们都一如既往地重复着单调且枯燥的查漏工作。由于走路太多，他们早已记不清磨坏了多少双鞋子。今年年初翠屏山庄管网出现漏水，为及时解决问题，组员们克服雨夹雪天气和路面湿滑等不利影响，迅速找到了漏水点排除故障，但全员皆被湿冷的雪水冻得瑟瑟发抖。为抢在第一时间奔赴现场，他们必须保证手机 24 小时待机，一个电话将他们从床上或者餐桌上叫走可谓司空见惯。在巡查过程中遭遇毒蛇、野狗的袭击亦不稀罕，也曾经被不明真相的居民误认为是盗窃井盖的小偷或寻宝者，甚至因此招来过警车，所以为保障自身安全，打狗棍也成了他们巡线时的标配。而最让小伙子们感到寒心的是他们的工作得不到部分用户和小区物业的理解与支持，吃闭门羹导致无法完成查漏任务，令他们感到深深的自责与无奈。同样当他们收到用户送来的锦旗，或冒着烈日送给他们的矿泉水和降暑药时也会欣慰不已。

“我们最开心的时刻就是在巡查中发现漏水点，能为用户提供更优质的服务，挽回公司经济损失是我们的职责，再苦再累也不会有半点退缩与怨言。每当看到用户投来赞许的目光时，我们就找到了存在感和人生价值！”颜安表示和水打了这么多年的交道，切身体会到水一如古人所言，是富有灵性的“上善”之物，只要人能和水和谐相处，社会就能变得和谐而稳定。

这就是宜宾清源水务集团公司查漏组可爱的“听水者”们。虽然他们绝大部分时间都只能在寂静的黑夜从事着鲜为人知的工作，但他们深知并坚信自己的这份事业是那么的平凡而伟大，只要能把幸福送到万千家庭，让用户用上放心的自来水，“听水者”们的心中便永远充满阳光。

印迹·印记

文 / 王景峰

时间可以改变一个人的容颜，却无法湮灭一段历史的记忆。

29 年，曾经稚气的学生，而今已人到中年；曾经腼腆的柜员，如今是营销能手。不同的职场成长，一样的前行动力，定格在眼前一张张绽放的笑脸。29 年，在中信银行大连分行的发展过程中，记录着创业历程，镌刻着发展轨迹，印证着奋斗足迹，而这一串串闪光的印迹，时刻牵引着我们的目光，去重温那激情迸射的流金岁月。

2011 年 8 月 8 日下午，我独坐在支行办公室窗前，望着窗外阴云密布的天空，硕大的梧桐树在风中摇曳，稀疏的车辆疾驰而去，难觅的行人快步急行，与平日的熙攘喧嚣形成了反差，心头陡然对即将袭来的这场风雨感到忧虑。强热带风暴“梅花”来势凶猛，已造成江浙数省市的大范围灾情。中午时分，接到分行紧急通知后，立即停业，全员迅速离行。我独自留在行里值守，以应对处置突发事态。此刻，雨点开始密集地敲打窗面，裹挟着风，声音愈加脆响，“梅花”正掠向大连。

次日，在我听说“梅花”即将登陆大连时，分行许多保障人员、窗口柜员和客户经理，正与强台风进行着另外一场较量。有的正顶风冒雨、蹚着污水，组织人员抬沙袋、垫低洼、严防雨水倒灌；有的正持手电巡查办公楼各部位，格外留心曾经的漏点，不放过每个角落；有的正低头认真审核手中的单据，还不时语言安慰情绪有些焦躁的客户；有的正冒着风雨驱车赶往企业的途中，上门到财务处取一张快要过期的支票……

在这个不同寻常的秋天里，在这场特大的热带风暴前，我们看到了身边无数舍小家、顾大家的身影，由衷领略到一种坚守的品格。我们仿佛听到客户那一句句饱含深情的致谢，也感悟到一份奉献的情怀。他们用行动诠释了什么是“责任与担当”，什么是“忠诚与敬业”，这不正是大连分行29年来砥砺前行的动力吗？这不正是大连分行29年来企业文化积淀的精神吗？

2012年，在大连分行“责任·执行·落实”主题演讲比赛上，一位青年员工的话让我更确定了答案：“责任好比一粒种子，执行是辛勤的劳作，落实则是生根发芽，结出沉甸甸的果实。在一个‘难啃’的清收项目过程中，在每一步都举步维艰的情况下，正是‘责任’和‘执行’四个字，让我们一次次披荆斩棘，一次次获得成功，为分行发展卸下沉重的历史包袱。”

正是身边这些“最美的中信人”，构成了大连分行最美的“风景”，而发现这些“最美”，用心学习“最美”，用心践行“最美”，既来自耳濡目染，更源自内心感动。

回顾29年历程，“服务”这两个字，早已熔铸在大连中信人的成长记忆中。从1996年推出“五大服务”理念，到如今“五个一样”服务管理思想、“规范、用心、理财、满意”服务哲学，“服务”成为大家嘴上常说、心里分量最重的词。将“服务客户”纳入企业宗旨之一，大家都自觉地用真诚和执着、热情与汗水，把最温暖的服务送到客户的身边。

2012年7月一天，在旅顺支行营业厅发生了这样一幕，“这钱不存了，快把钱还我！”一个中年男子厉声呵斥，用力地拍打柜台。没收假币造成客户情绪失控，对柜员张海妮来说并不陌生，忍住委屈的泪水，她始终面带微笑，出示证件，耐心解释。但客户的态度依然蛮横，侮辱谩骂持续了20分钟，其间还掺杂着人身安全威吓。没有解不开的疙瘩，没有解不开的心结。次日，客户打来电话，再三表示歉意，陆续转存50万元，成为忠实的客户。

张海妮经常这样自勉：“恪守信誉，用诚心服务，让客户感到放心；严格把关，用细心服务，让客户感到安心；周到细致，用贴心服务，让客户感到省心；排忧解难，用热心服务，让客户感到爱心；甘受委屈，用耐心服务，让客户感到愧心。”正是这种“以心换心”，不仅感动了客户，更赢得了信任。

2013年3月15日，分行收到一封感谢信。春节前夕，客户宋先生在北京办房贷时，“个人征信系统”却显示：他在大连园区支行有笔房贷没结清。《购房合同》已签，首付款也付完，房贷款不按时到位，就要承担违约责任。困惑不解又焦急万分的他，无奈把电话打到园区支行，零售银行部负责人李亚亮经过调查，确认这并非是由支行造成的信息错误。情况反馈给宋先生后，李亚亮并未袖手旁观，他主动联系总行汽车金融中心、总行营业部、北京安贞支行等，先后同8个环节说明情况、沟通协调，电话打了近30余个，终于在春节假期前一天，将客户的信息更改过来。

当办理完手续，贷款划转到位，宋先生驱车回家的路上，望着满眼节日盛装的北京，回味中信人温馨的服务，他心中涌起暖流。于是，他特意选在“3·15”国际消费者权益日，给园区支行寄来锦旗：“主动热情，一丝不苟；排忧解难，温暖人心。”

客户被感动是维护和获取客户的前提，我们要用心灵的力量去征服客户情感。客户被感动，不只是一种工作态度，一种心甘情愿的选择，更是用身心践行的信念。

2013年2月6日上午，我在分行党群部的办公室，归档上年度先进事迹材料，翻阅着那一篇篇感人的事迹，一幕幕动人的场景跃入眼帘，冲撞着我的情感，震撼着我的心灵。

鞍山分行客户经理苏丹，当得知一笔总额20亿元的政府融资项目后，顾不上照顾正住院的母亲，连续四个月密切跟踪项目，星夜兼程往返于海南、上海、鞍山三地之间，硬是凭借执着和韧劲，成功地营销了该项目，全年新增存款 4.2 亿元，日均存款达到 4.9 亿元。

分行营业部客户经理刘莹，得知某企业财务总监刚在旅顺买了别墅，但一时无暇装修，她干脆大包大揽下来，从联系施工队到跑建材市场，从磨嘴皮子砍价到装修现场当监工，其间从没休过一个节假日，换来的是客户的信任和一笔额度亿元的存款。

星海支行姜筱彦行长，不惧新建行的零起步，一手抓市场开发，一手抓风险防控，每开发一个授信客户，她都要到现场考察。恰逢推进一项授信，正准备到异地核保，偏赶上父亲病危，陷于两难间的她，选择驱车 11 个小时到外地核保，最终没能守护在年迈的父亲身边……

像这样感人至深的事例，每年我都会亲历、亲闻或亲见，并且每一次都被深深地感动。29 年来，大连分行培育出一批批先进个人、岗位能手、技术标兵和服务明星，涌现出一大批全国金融系统“五一劳动奖章”获得者、大连市劳动模范。

这些先进典型和模范人物，构成了大连中信人坚忍不拔、吃苦耐劳的形象。他们用坚韧的毅力和吃苦的精神，在平凡岗位上创造出不平凡业绩，诠释出大连分行“不断创新、永不自满、内合外争、追求卓越”的企业精神，让我们感受到一股沉甸甸的力量，那是饱含着奉献与拼搏的力量，一种汇集着凝聚与融合的力量，这种力量源于企业文化的积淀与释放，更源自大连中信人持久的缔造与传承。

江西“蛋鸡王”夏复兴

文 / 王卫斌

1953年，夏复兴出生于安徽巢湖一个贫困的农民家庭。12岁那年，因家乡遭水灾，被迫跟着家人一路逃荒，受尽了流离失所之苦，最后在江西德安县蒲亭镇牌楼村找到了落脚点。为了减轻家庭负担，他起早贪黑捡猪粪卖给生产队和附近的农场，积少成多倒也挣了不少工分和现钱。但这营生并非长久之计，夏复兴开始寄望于发愤读书，谁知一场家庭变故，导致他高中尚未念完，就被迫辍学返乡务农。

繁忙的劳作之余，夏复兴坚持钻研学问。他购买、阅读了大量农业科技报刊书籍，对畜牧养殖业产生了浓厚的兴趣。1972年，他利用从书本上所学到的养殖知识，冒着被打成“走资派”的风险，偷偷地躲在家里试养了几百只蛋鸡，结果大获成功，初步积累了实战经验。经过20多年不懈努力，他在赣北地区一共创办了11家蛋鸡场，经济效益稳步增长，一举成为远近闻名的“蛋鸡王”。

当地群众见养鸡有利可图，纷纷跟风效仿。到2007年，德安这个人口不过16万人、面积只有863平方公里的蕞尔小县，养鸡专业大户达到350户，散户更是不计其数，形成了十多个小规模蛋鸡养殖区，蛋鸡养殖总量超过320万羽，市场已经接近饱和状态。由于盲目扩大养殖规模，相关配套服务跟不上，造成养殖环境日益恶化，重大动物疫情频发，2003年一场突如其来的“非典”余波未平，高致病性禽流感又接踵而至，加剧了养鸡业的经营困难和投资风险。

同行们经此一劫，心有余悸，从一哄而上走向了另一个极端，谈鸡色变。夏复兴毫不气馁，坚信市场周期性波动规律，有低谷必有高峰，机遇与挑战并存。他吸取经验教训，及时调整经营方向和投资格局，确立了绿色、健康和安全的可持续发展战略，并把眼光投向外部区域，避实击虚，开辟第二战场，寻找新的突破口。

2006年年底，夏复兴南下来到了江西省人口最多、面积最大的赣州市考察，了解到当地的家禽养殖技术水平和规模化程度都偏低，大多数农户还停留在“养鸡为过年，下蛋换油盐”的传统粗放型散养阶段。而全市845.69万常住人口，即使按较低的生活质量标准计算，月均鸡蛋消耗量至少也在2万吨以上。产销严重脱节，依靠从外地调入又增加运输、经营成本，平均每箱市价比德安高出20元以上。与此相反，果树种植却方兴未艾，鸡粪供需缺口大，平均每立方米市价比德安高出50元以上。此外，赣州据赣江、东江两江源头，扼赣闽粤湘四省津要，境内山清水秀，风和日暖；交通便利，商贸繁盛，土地和劳动力资源也相对丰富，发展畜牧养殖业具有得天独厚的条件。

夏复兴经过反复对比、权衡利弊，最后选择了瑞金市叶坪乡马山村的马山岽作为根据地。这片地处赣闽交界的武夷山余脉，虽然荒凉，但地势高燥，背风向阳，空气清新，水质甜美，距离319国道200余米、村镇居民点千余米，方圆几十里范围内没有工矿企业和畜牧养殖场，特别适合大规模蛋鸡养殖。他说干就干，在叶坪乡和马山村干部的陪同下，白天翻山越岭踏勘现场，晚上挨门逐户走访群众。

2007年1月，夏复兴发展绿色食品生产、造福广大消费者的诚意和决心，终于赢得了拥有承包权的200多户农户支持，完成了300多亩山地的流转、租赁。他一口气投下1300万元，在马山宗圈地上百亩，建起了28栋标准化鸡舍，引进机械通风、自动饮水和喂料系统，成立了红都蛋鸡场和瑞金市祥瑞禽业有限公司。鸡场尚未正式投产前，夏复兴未雨绸缪，请来上海农科院的专家，设计、兴建了一个鸡粪处理厂，并以有机肥参股，跟当地果农共同开发鸡场周围的2000亩山地。

红都蛋鸡场严格按照环境生态化、产品标准化的要求规范操作，所产"祥瑞"牌系列鲜鸡蛋经江西省农产品检测中心定期检测，完全符合绿色食品鸡蛋标准，在赣南市场刚一上市，即以优良的品质、合理的价格，备受消费者的青睐。2008年，该场存笼蛋鸡达20万羽，日均产蛋17万枚，实现年产值2300余万元。江西省副省长熊盛文莅临该场搞调研时，对他们"遵循科学发展观发展现代农业的有益探索"给予了肯定，并勉励"养殖业要注重科学养殖，不仅在技术上要体现，而且在养殖规模、环境保护等方面也要体现"。

2009年，夏复兴遵照熊盛文副省长的指示，抓技术、扩规模、保环境、创品牌，齐头并进迈开了大步。这一年，他跟云石山乡田村签订了2000万元的养鸡合作意向协议，还在信丰县大塘埠镇投资创办了2个蛋鸡场。红都蛋鸡场全面除旧更新，引进德国产罗曼褐、罗曼粉和尾克珊瑚粉等世界良种蛋鸡苗，并与国光、永安南城和百大等当地大型连锁超市签订了年供千吨鲜鸡蛋的购销协议，存笼蛋鸡达30万羽，年产销鲜鸡蛋3900余吨、鸡粪复合肥8000余吨，实现产值3900万元。"祥瑞"牌系列鲜鸡蛋连获殊荣，分别通过了农业部中国绿色食品发展中心和ISOI：2000质量管理体系认证。

受全球农产品价格总体上涨趋势的影响，从2010年6月起，禽蛋价格节节攀升，跃居几十年来所罕见的高价位。夏复兴紧紧抓住这一难得的机遇，继续加大畜禽良种化、养殖设施化、生产规范化、防疫制度化和粪污无害化等"五化"建设力度。红都蛋鸡场和祥瑞禽业顺利进入农业产业化省级龙头企业、首批国家级畜禽标准化示范场行列，并在江西赣州、福建厦门和广东深圳等地设立蛋业配送中心，产品直销赣州的国光、永安南城，厦门的乐购、新华都，以及深圳的沃尔玛等大型连锁超市，存笼蛋鸡达60万羽，年产销鲜鸡蛋8729吨，创产值7880万元，实现销售收入7850万元，创利税810万元。

在已取得的业绩面前，夏复兴并不满足。2011年，他乘胜扩大战果，在寻乌县文峰乡征地320亩，计划投资3000万元，打造一个超大型现代化蛋鸡养殖基地，进一步提高产品占有率，扩大市场覆盖面。红都蛋鸡场在原有养殖规模的基础上，存笼蛋鸡再增加80万羽，总规模达到140万羽。与此同时，祥瑞禽业充分发挥龙头企业、标准化示范场的作用，采用“公司+基地+农户”“公司+农民合作社+农户”等模式，大力扶持当地群众发展鸡蛋产业，推动畜禽标准化养殖小区建设，确保农业增效和农民增收。

为了解决伴随而来的鸡苗、鸡粮供应和鸡粪污染等问题，夏复兴正在积极引进先进技术和设备，筹建配套的良种鸡苗繁育场、全价饲料厂和生物有机复合肥厂，形成集鸡苗、鸡蛋、饲料和有机肥产销一体的产业链，促进赣南畜牧业与果业的良性循环、协调发展。展望未来，夏复兴充满信心，“蛋鸡王”之路越走越宽、越远、越踏实。

“拓荒牛”顶出一片天

文 / 肖剑

提起深圳，人们最先想到的是一头浑身肌肉凸起的腱子牛，顶着一对威武昂扬的锋利长角，奋勇向前开拓，头顶脚踢，打拼出一片新天地。中信银行深圳分行市民中心支行行长肖剑，就是这么一头奋力开拓的“拓荒牛”！

是牛，就有一股子不服输的“牛劲儿”。2013 年末，为抢抓前海发展良机，深圳分行党委决定，原市民中心支行团队带原有业务组建前海分行，肖剑到市民中心支行任行长。对肖剑来说，这可是一个巨大的挑战。虽然已有十余年的工作经验，但是他一直在会计运营部门，主要是和账目数字打交道，如今一下子来到竞争激烈、比拼客户资源和营销能力的市场一线，他能吃得消吗？要知道，这可是意味着在市场营销经验、客户资源积累、客户经理团队管理、银行产品知识等方面都要从零开始啊！

肖剑承受着巨大的压力，蜕变的过程比他想象得还要痛苦和艰难，面对困难，他没有退缩，而是选择了迎难而上。一方面沉着应对，召集支行员工集思广益，制定业务发展规划，研究筛选潜力客户，以身作则，兢兢业业，带动支行上下全力以赴；另一方面严格要求自己，努力学习业务知识、提升营销技能，在分行组织的各项培训中，甚至是面对基层客户经理的业务培训，都经常可以看到他刻苦学习的身影。同时，他还积极投入到各项营销实践和活动中，不断实现自我突破。在2015年深圳分行“感动中信”演讲比赛中，他精彩地演讲营销案例并获得第二名，其充满激情、动人心弦而又不失幽默的演讲，让认识他多年的同事眼前一亮。

是牛，就要有甘为孺子牛的付出和担当。肖剑意识到，要将新组建的团队带好，最重要的一点就在于凝聚人心、凝心聚力，只要大家劲儿往一处使，就没有干不成的事儿。2015年10月，支行柜员刘海乐的父母不幸双双遭遇车祸，正当她陷入巨大的痛苦一筹莫展时，肖剑第一时间行动起来，发动组织支行员工，自愿捐款，向海乐伸出了温暖的援助之手。当厚厚的一摞带着情感和温度的钱送到刘海乐手上，她感动得流下了热泪。“当时如果没有肖剑和同事的帮助，我真的很难度过这个坎儿，我很庆幸自己在这样一个大家庭里，让我觉得非常温暖，我愿意为这个家庭奉献一切。”海乐哽咽道。正是这种温情帮她挺过了艰难时刻。

是牛，就要做好自己的本职工作，辛勤耕耘，不辞劳苦，做兢兢业业的老黄牛。肖剑深知，客户是业务发展的基础，对于业务的发展，除了全身心投入，没有任何可以投机取巧的办法。有一次，肖剑费了九牛二虎之力拿到了一家知名公司老总的名片，他登门拜访，却被拒之门外，但他没有气馁，选择了在老总办公室门口等待。一直等到半夜，才得知该名老总急着去北京出差，在北京期间能安排出一点点时间。肖剑二话没说，立即订了一早飞往北京的机票，并连夜制定好业务方案，最终准时出现在客户面前。当客户看到他一天一夜不眠不休却精神抖擞的样子，尤其看到他拿出了严谨细致的业务方案，立刻被打动了，不仅认可了方案，更认可了这种敬业的态度，和他达成了长远的战略合作。

是牛，就要始终目视前方，坚定地迈开脚步，一步步去抵达远方的目标。在支行未来的业务发展上，肖剑有着自己清晰的战略定位和判断，他要求支行不能以传统的思维经营业务，必须结合客户资源，依托分行的创新金融产品，将互联网金融和资本市场作为未来发展的重要领域。为此，他带领业务团队深入开拓挖掘，与全国前十大支付机构中的三家建立合作关系，代付客户已达 11 家，目前每日交易量和活期存款已超过 3 亿元，占分行代付量一半以上，并且将在 T+0 垫资、微信支付、跨境外币支付等多方面持续开展合作，市民中心支行已成为深圳分行该领域的特色支行。

此外，肖剑敏锐地抓住深圳资本市场发展契机，以基金托管、股票质押、配资等产品作为抓手，开拓了数个优质私募基金公司，2015 年累计托管额超过 20 亿元，日均活期存款超 2 亿元。2015 年末存款较 2013 年增长 6 倍多，综合考评位列深圳分行“优秀行”第一名。同时，2015 年末支行不良贷款率不足千分之一，正常贷款逾期率为零，向实现“最佳综合融资服务银行”的愿景大步迈进。

三年的市场征战，肖剑和他的团队，用拓荒牛的精神，头顶脚踢，打出一片天地；三年，肖剑完成蜕变，转型成功，他适应了市场的变化，但是他也有坚持不变的东西，那就是作为中信人对事业的热爱，以客户为中心，为客户提供最优服务和创造最大价值的承诺，中信人善于开拓、敢于创新的精神。肖剑是一个为事业奋斗的平凡人，也是无数中信人的缩影和写照。

六年援疆路，一生京疆情

文 / 崔瑞清　王君　刘小蕊

“从南海之滨，到天山脚下，踏着先辈的足迹，我们援疆，就像那戈壁的红柳，就像那大漠的胡杨，我们献身使命，我们追寻梦想。”这是援疆女孩儿孙美琪当时写下的一首小诗，当年，她作为北京建工四建援疆大军中的一员，从海南追随未婚夫刘海涛毅然参加援建。

时间还要回溯到 2011 年 9 月，北京建工集团抽调精锐之师——刚刚完成“鲁班奖”创优的新海航大厦项目部，要他们跨越万里奔赴新疆和田地区参加援建。接到援疆使命，该团队讲政治、守纪律、善执行。9 月 14 日下午，项目经理张进红带领骨干回京参加援建工作部署会议，第二天飞赴新疆，其余 40 多名项目部人员也在 15 天内办理交接手续，直接从海南到援疆前线。当时，好多同志的行李都没有带，却带上了测量工具和办公设备。

“和田人民苦，一天四两土，白天吃不够，晚上还来补。”这是一首在新疆和田地区流传很广的民谚。在一望无际的荒漠中，进入眼帘的只有漫天飞舞的黄沙，人烟稀少，除了胡杨树、骆驼刺没有其他任何植被，北京建工四建所承建的皮山农场棚户区改造工程就处于这样的环境，而且有过之，无不及。进场初期，大家住在帐篷里，边搭临建边做防线、定位。晚上一场大风过后，敞篷乱飞，大家就“望星空”睡觉。而且现场没有自来水，他们自己动手挖井，挖出来的井水是咸的，越喝越渴。洗澡和上网在这里则成了一种奢求的最高享受，生活、工作异常艰苦。

恶劣的自然环境，艰苦的生活条件，匮乏的建设资源等无一不制约着援建工程的有效进展。即便这样，为了兑现工期进度承诺，四建公司援疆团队以集团玉树援建“四不”精神为寄托，充分发扬援疆“六要”作风，党员做表率，项目管理干部更是深入一线作业面，全部吃住在施工现场，虽然没有节假日，没有空调房，但大家伙儿一律严格落实 8 小时工作、24 小时责任制。为了确保节点目标实现，各个项目部按照现场情况倒排工期，将工作细化到每个小时、每个工种，有效解决了材料进场、分包进场、外围关系、外施工人生活等各种难题。在施工过程中，以自我分析代替口舌争辩，以主动落实代替被动等待，通过“主动让一步，共同进一步”推动方案优化，避免和减少了交叉作业带来的摩擦。

王森和王苍丽是一对并肩奋战在援建一线的小夫妻，为了援疆，他们不得不把婚期一推再推。作为皮山项目部的副经理，王森负责皮山三项援建工程大大小小的管理工作。对于他而言，最难的时候是承接皮山二期。当时皮山一期施工接近尾声，皮山二期刚刚拉开帷幕，虽然在不停抢工，但人员力量明显不足。加上皮山这个地方比较特殊，水电不能正常供应，又没有网络，无形之中增加了施工难度。面对这些情况，王森一方面积极向分公司反映，争取分公司的支持，另一方面则冲锋在前，带领大家深入一线施工。面对二期单体 27 个大大小小的工程，在人员非常短缺的情况下，他同时身兼预算工作，充分利用休息时间分分秒秒抢进度、赶工期。皮山地区常年刮风沙，他便时刻关注天气变化，遇到刮风、下雨的天气，他不顾风沙肆虐，总是第一时间赶到材料码放区，将水泥、模板、钢筋等材料盖好，为了按期完成领导交予的援疆任务，他带领大家伙儿坚持“5+2”“白加黑”的工作机制，长期驻守在施工现场。

作为援疆工程的“大后方”，为保20项援疆工程顺利施工，四建和田分公司经理张进红可谓是“绞尽脑汁”，感触颇多。“援建工程点多分散，大小单体建筑60余座，工程的特殊性‘逼迫’着我们必须提高管理水平。”为此，在接每一项工程之前，他会仔细掂量项目的成本，遇到不合适的项目，便制定出最佳成本方案，用他的话来讲，就是先从不合适到凑合，再从凑合到合适。皮山农场棚户区改造一期工程前期成本不太理想，预计出现亏损情况。为避免这种情况的发生，进场之前，张进红便要求预算人员结合现场实际对招标文件、中标情况和施工图纸进行全面细致的掌握，仔细分析，计算出单位工程以及各分部分项工程所需的工、料、机以及大型机械数量。在施工过程中，他要求预算人员以现场实际发生的成本来测算成本，若超出计划，及时找出原因，提出改正措施，扭转局面。同时，把索赔工作与现场施工环节相结合、与施工方案和施工工艺相匹配，从中寻找索赔点，从而为今后的索赔工作打基础。最终，经过一系列的努力，该项目逐渐扭转了不利的局面。

“谁能如此雄壮！活着千年不死，死后千年不倒，倒下千年不朽；高擎生命的旗帜，终年与漫漫黄沙对抗，甘愿在茫茫戈壁驻防；筑梦新疆，我愿为胡杨。”这是北京建工援疆将士齐文超写的《筑梦新疆》诗歌中的几句。6年来，北京建工集团先后选派了194名管理干部和工程技术人员赶赴和田参与援疆建设，他们中有管理骨干，也有青年学子；6年来，他们共承揽援疆工程20项，工程总建筑面积36万平方米，合同额17亿元，涵盖了棚户区改造、医院、学校、敬老院；6年来，他们的施工足迹遍布皮山县、墨玉县、和田县、洛浦县、和田市近300平方公里，最远的工程位于塔克拉玛干沙漠南缘，距离和田市180公里；6年来，他们承建的援疆工程荣获“国优奖”2项、“长城杯”8项、“天山杯”3项、“自治区安全文明工地”5项，和田北京医院工程正在申报“鲁班奖”。

六年援疆路，一生京疆情。北京建工集团总工程师、援疆工程建设领导小组常务副组长冯跃曾撰文，“低头致敬，泪水滴在了援疆将士们洒满汗水的和田大地上；抬头感叹，一股豪气直冲和田布满繁星的夜空；沙漠里的路依然单调孤寂，通向远方，但我感到它不屈不挠，承载使命，一往无前”。

一个党员干部的“世博责任”

——记金桥市政公司党支部书记、董事长吴雪康

文 / 程雯

2009 年 12 月的一天，金桥市政公司党支部书记、董事长吴雪康正在公司忙碌着，突然电话铃声响了，电话里传来的消息，让吴雪康久久说不出话来。原来电话是医院打来的，医生告诉他，他的妻子胃部被查出患有低分化恶性淋巴瘤，情况不容乐观。

当时，正值“迎世博 600 天”的关键时期，作为养护企业的负责人，吴雪康承受着巨大的工作压力，而这突如其来的消息，犹如一道晴天霹雳，让原本就肩负重任的他更加头疼。二十年伉俪情深，他真想立刻就赶去医院，可工作怎么办？手头的工作拖不得。他思虑了一会儿，还是决定先留下，等把工作一项一项安排妥当了，他才急匆匆地赶去医院。两天后，吴雪康一清早才为妻子办理了住院手续，可仅仅两个小时后，他又出现在了公司的会议室里。除公司几个领导班子成员，其他人都不知道吴书记的家里出了这么大的事情。

时间长了，消息慢慢在公司里传开，许多人不理解，妻子得了这么大的病，化疗6次，吴雪康居然没有请过一整天的假。最严重的时候，妻子并发肺部感染，连路都走不动，吴雪康还是来去匆匆，只是请来妻子的母亲和姐姐帮忙照顾。吴雪康告诉妻子，自己也想多陪着她，可现在是迎世博最紧张的阶段，自己是公司主要领导，这时候真的走不开。其实，妻子是最了解他的，丈夫就是这样对工作特别认真的人。有时候，吴雪康被同事硬是“赶”回妻子身边，妻子看他心神不定，一会儿打电话询问现场情况，一会儿又要联系工作，干脆又把他“赶”回了公司。

上级领导多次劝吴雪康：“你爱人得的是大毛病，你要多陪陪她，要顾家。”平时对待上级要求最认真的吴雪康，这次把领导的话当成了“耳边风”，因为在他心里，这个时候最要顾及的是世博这个“大家”。身边的同事也经常劝他：你把工作布置好就回去吧，事情我们来做。吴雪康不肯，每次现场检查、突击整治，他都要亲自到场。有人开玩笑：“吴书记，你是不是不信任我们？”吴雪康的回答很实在：“我陪着妻子，俩人聊着聊着就要聊到病情上面去。我还是在单位吧，多一个人也多一份力，世博这么大的事情，只有在现场，我心里才踏实。”

吴雪康很欣慰，金桥市政的养护工作得到了领导好评，付出的努力没有白费；吴雪康更欣慰的是，妻子的病情得到了很好的控制，没有给自己留下遗憾。妻子的病情缓解了，吴雪康在欣喜之余将全部精力和热情投入到迎世博办世博中去，每天起早贪黑，忙得连饭也顾不上吃，往往要凌晨一两点才能到家，而对妻子的牵挂，化为每天的几条关心的短信，每餐几个问询的电话……

在妻子眼里，吴雪康是一个认真而忙碌的人。那么其他人眼里的吴雪康又是怎样的呢？女儿说：“爸爸是个工作狂。”朋友说：“雪康是一个很坚持，很坚强，很坚韧的人。”员工说：“吴书记干起活来浑身是劲儿。”吴雪康自己说：“我是一个党员干部，做好工作就是我的责任。”

三代人的西凤梦

文 / 陈婷

爷爷的艰苦创业梦

我爷爷70年代到西凤酒厂工作，从此开启了一家三代的西凤情缘。爷爷刚到厂里时，在设备动力科钳工组工作，主要焊制制酒、制曲用的生产工具。当时工作条件很艰苦，工作环境也很简陋，所用的工具都是因陋就简，自己设计，自己加工。爷爷最引以为豪的便是和钳工组的同事们一起，自力更生，艰苦奋斗，共同为制曲车间设计、改造了搅拌机和制曲机，为三个制酒车间成功焊制了三台吊梁天车。这些设备的改造成功，极大地减轻了制曲和制酒工人的劳动强度。

虽然，爷爷现在患有脑溢血后遗症，平时说话吐字不清，但每当听家人说起西凤酒厂翻天覆地的变化时，总也抑制不住内心的自豪和激动。

经过了40多年的发展，如今的制酒车间已经是具有现代化生产和管理的新型车间。天车在遥控下自如地运行，先进的摊晾机代替了传统的人工晾场，窖池也由原来的20多个激增到480个，每班的新酒产量也已经是40年前的数十倍。

父亲的爱岗敬业梦

1986年底，爷爷光荣退休了，父亲义无反顾地从爷爷那里继承了西凤人的衣钵，进厂后被分配到了锅炉车间。当时，整个锅炉车间仅有1个六吨和2个四吨的锅炉设备，上煤全部用的是人力，条件落后，也仅仅只能满足当时的制酒蒸汽供给。1990年，厂里投资七千多万元，成立了新的锅炉车间，引进并建造了3个十吨锅炉。随着厂里生产规模不断扩大，又增建了1个二十吨锅炉，上煤也全部自动化。这样，锅炉车间不仅为制酒、制曲生产提供了生产保障，同时也为企业职工的冬季生活采暖提供了方便。设备在增加，自动化条件在提升，父亲和同事们所肩负的责任也更重大。他们时刻牢记着“安全责任重于泰山”，在岗位上尽职尽责，尽心尽力，“安全生产，谨慎操作”是他们必须遵守的行为准则。正是因为父亲所担负的责任与坚守，他在锅炉车间一干就是30年。如今公司的发展突飞猛进，公司上下集中供热，原来的锅炉车间已经被全新的热力车间所替代。生产生活用气采暖全部采用蒸汽，供热稳定、高效安全，又节能环保。父亲虽然已经50多岁了，但仍然不懈怠，不放弃，以老而为学的秉烛之光，和年轻的同事一起重新学习压力容器知识，继续在平凡的岗位上为西凤的发展添砖加瓦。

我的西凤腾飞梦

2012年，我又以第三代西凤人的身份，很自豪地进入了陕西西凤酒股份有限公司工作。崭新的厂房，自动化的灌装设备，干净整洁的工作环境，将我的心一下子就收拢到了这里。在成装一线，西凤酒极大的市场需求让我感受了工作艰辛，但更多收获的是西凤人的骄傲和欢喜。2013年，公司ERP

信息化管理项目的全面启动，加快了企业的现代化发展进程，我也因此进入储存勾调车间工作。在车间的几年时间里，我亲眼看到储酒容器从5吨的酒海，30吨的酒池，直到如今矗立在新区的万吨罐群，这些无不展示着西凤事业的发展历程；从每一笔饮料酒入库，每一次半成品酒出库，我深深感受到西凤事业的飞速发展。如今公司又开通了OA协同办公系统平台，使企业内部员工更加方便快捷地处理生产信息，高效地协同工作，实现了无纸化办公，为企业内部管理和高层决策提供了科学依据。

我们一家三代人，深深地爱着西凤，植根于西凤，无怨无悔地在各自的岗位上默默奉献。爷爷将无悔的青春奉献给了西凤艰苦创业的昨天；父亲将满腔热情奉献给了西凤厚积薄发的今天；而我也将把智慧和汗水，奉献给“百亿西凤”辉煌灿烂的明天！

36 年的坚守

文 / 梁贵春

2012年1月4日下午，寒气逼人，北风嗖嗖，制药总厂110车间水井组长梁贵春和往常一样坚守在值班室里的电路信息台旁。四点刚过，丁零……丁零……一阵急促的电话铃声突然响起。“物资供应分公司院内架空线电缆放炮，造成全院停电，需要紧急抢修！”接报后，梁师傅拎起工具带着组员范晓拥直奔现场。

物资供应分公司离门口不远的一根8米多高的电线杆上有多条线路烧毁，影响了正常工作。见到此景，年近六旬的梁贵春二话没说就穿上脚扣，不顾冷风袭袭，爬上了电线杆亲自高空操作：铰断6条损坏电缆，按照供电方向换接上新电缆，再理顺上卡固定……经过两个多小时的紧张检修，6条电缆烧毁部分更新完毕。一步步滑下电杆的梁师傅已筋疲力尽，嘴里不停地喘着粗气，双手连累带冻不停地颤抖。

当看到大院内又灯光闪烁时，在场的人们被梁师傅的娴熟技术和忘我精神所感动，有的竖起大拇指称赞：“梁师傅好样的！”

积极进取　力争上游

梁师傅1972年年底从家乡辽宁省瓦房店胜利乡入伍。1976年11月，他复员追随父亲来到华药，被分配到制药总厂110车间水井组，一干就是36年。

初到岗位，他两眼一抹黑，是个门外汉。当时的水井组条件十分艰苦，四周全是菜地，铁丝网圈出一块地，中间的小屋就是操作间。夏天洗不了澡，冬天没暖气，每天骑着一辆自行车，无论什么样的恶劣天气都在高压电线和水井旁巡检，一旦发现问题就及时处理，毫无怨言。

为了尽快成为技术能手，独当一面，梁师傅利用业余时间刻苦钻研理论知识，经常一个人跑到新华书店，见到机械和电气方面的书籍就买回来，躲在家里学习。经过几年的磨炼，他凭着过硬的技术、任劳任怨的工作态度，赢得了同事们的认可。1984年春天，老组长退居二线，车间任命梁春贵担任组长。他不离不弃，一干又是28年。

担任水井组长后，梁师傅肩上的担子重了，责任大了，不管是寒冬酷暑，还是刮风下雨，遇到各种险情，他总是身先士卒，克服种种困难，带领大家圆满地完成任务，保障总厂生产车间深井水的正常运行。同时，在繁忙的工作中，他没有放松对业务知识的学习，20世纪90年代初，被厂里聘任为电气岗位的第二批工人技师。

脚踏实地　默默奉献

提起110车间水井组，很多人难以找到其所处的地理位置。它远离总厂，在华清街北头一个偏僻的小胡同里。全组共有13人，分4个小班，24小时全天候轮流转，承担着日常水井电力设备巡检和检修，保证总厂生产深井用水正常供应的任务。梁贵春是组里的带头人，也是“元老”了，他不仅对管辖的个个水井地下管道和条条高压线路烂熟于心，而且对设备的维护、检修倾注了大量精力和心血。

2011 年 6 月 6 日晚上八点多钟，值班信息台显示西出线 8 号杆出现电缆短路。接到电话通知，他不顾身体疲惫，从家里及时赶到现场，检查故障点，接通线路，一直忙到深夜。9 月 2 日早晨四点半，架空主进线出现跳闸，他从床上爬起来直奔出事地点，紧急抢修。像这样的事在梁师傅的日常工作中早已司空见惯，不胜枚举。

近年来，水井组在梁师傅的带领下，积极响应集团公司节能降耗的号召，想生产所想，千方百计为降低生产成本尽一份力量。他凭着对厂区上水情况的了解和积累的工作经验，提出充分利用电力供应的不同时段计费方法，调整用电时间，躲避高峰用电量，减少上水开采成本的合理化建议，并付诸实施，每年节省电费 12 余万元。

正是由于梁师傅脚踏实地，立足岗位，兢兢业业干好本职工作，他曾多次获得“集团优秀共产党员和先进文明职工”称号，在同事们中树立了良好的榜样。

站好最后一班岗

梁师傅马上就到退休的年龄了，但他没有放松对自己的要求，依然像过去一样尽职尽责，发光发热。

作为一名有经验的老技术工人，他在干好工作的同时，还认真选好接班人，把自己多年来积累的经验和知识毫无保留地传授给年轻人。工余时间，他经常结合生产实际，对组员进行技术指导和培训，为大家解疑释惑。前些时候，十一万站单台主机变更运行期间，他牢记使命，不忘传帮带，组织大家共同研究，事故预案演练及变压器运行台调配工作循序渐进，井井有条，组里的年轻人从中不仅学到了理论知识还增长了才干。

当听到别人的赞扬时，梁师傅总是谦虚地说：“这都是应该干的。既然领导把你放在这个位置上，就要想办法不找麻烦，带着大伙儿高高兴兴圆满完成任务，让领导放心。”

记者采访时谈到他年事已高该歇歇了，梁师傅回答说：“我是第二代华药人，虽然快到站了，但要站好最后一班岗，直到解甲归家的那一天！”

劳动者的赞歌

——记瘦个子经理周定兰二三事

文 / 黄国新

瘦个子经理周定兰离世已经十几年了，但一提起他，往事又一幕幕地浮现在我脑海里。

那是 1982 年 3 月，我在部队度过 14 载后，转业回到县里。一天上午，我在县委组织部办完手续后，手拿着《转业军人安置工作介绍信》走进石油公司的大门。

走进经理室时，我看见一位年近 50 岁的瘦个子正伏案看资料，他那专注的神情，跟在鉴定古董似的。我正想开口说话，突然从门外走进来一位姑娘。她对瘦个子说：“周经理，您要的财会报表已经整理好了。”

听了姑娘的话后，我有点儿诧异，这个瘦个子就是经理？在我的想象中，石油公司是块“肥肉”，当经理的自然会有着圆滚滚的肚皮、敦实的腰身，没想到在我面前的经理，却是一个身材单薄的瘦男人。

待姑娘和经理把话说完后，我马上走上前去自我介绍：“转业军人黄国新前来报到。”我边说边把介绍信递过去。

周经理看完介绍信后说："哦，你是黄国新同志？"他高兴地站了起来，握着我的手说："听组织部的同志介绍，你在部队里干过保卫工作，我们想把你安排到保卫股，你看怎么样？"

"坚决服从组织的需要！"听了他的话后，我二话没说，马上以军人的姿态，道出了自己服从组织的安排。

"好，你来了以后，你们股长再也不会哭诉自己是个光杆司令了。今后，你可要好好地陪着他喽！"他风趣幽默的话语与那滑稽的"鬼脸"和手势，让我和在场的那位姑娘都忍俊不禁。

瘦个子经理名叫周定兰，脸庞削瘦、身材单薄，脸上总是挂着微笑，大家都亲切地喊他"老周"。无论是在烈日炎炎的夏天，还是在寒风凛冽的冬天，他都在平凡的岗位上为中国石化的建设和发展默默地贡献力量。

记得是在1983年，一次清洗油罐作业，老周本可以不参加，但他穿上满是油渍的工作服，与职工们一起钻进了又脏又黑的油罐里。当时，为了安全起见，在进油罐的半个月前，我们就已经打开罐口进行通风，把残留的气体排出罐外，并要求进油罐作业的同志都要带上防毒面具。老周以前得过肺炎，可他一直瞒着大家。这次作业，他受到了浓烈气味的刺激，肺炎又一次发作，昏倒在罐里。大家七手八脚地把他抢救出来后，又赶紧送往医院。

由于当时高烧还没有完全退下，老周软绵绵地躺在床上，整个身躯都在不停地痉挛。豆粒般的汗珠从他的额头淌落下来，他那干瘪削瘦的脸庞绷得紧紧的。

公司许多职工知道老周住院后，纷纷赶来看望。大家望着那一根根维系着他生命的胶管，无不落泪。连我这个铁汉子，也不禁淌出了泪花……

老周不仅工作勤奋，为人也很老实，虽然他年纪大一些，但许多机关单位的领导都想让他跳槽过去，可老周却眷恋他的石化工作。为了把油库的安全生产管理好，他仍然像年轻人一样，手不释卷，贪婪地"啃"着一本本有关油库管理的书籍，攻克了一项项技术管理的难题。

比如，原来油库阀门和油泵都是用石棉绳来盘结堵漏，容易渗透漏油，安全性能弱。后来，老周潜心研究，采用油罐车的密封耐油胶来代替石棉绳的盘结，即防漏又安全。这项革新被省公司授予“油库技术改革发明奖”，老周也因此声名鹊起，被称为海南石油系统的“土专家”。

在20世纪80年代，整个石油行业都沉醉在“铁交椅、铁工资、铁饭碗”的旧观念中，许多同志都存在着“皇帝的女儿不愁嫁”的经营思想。但在20世纪90年代，新一轮改革大潮涌起，不少国企都面临着亏损和倒闭的险境，石油行业也同样受到冲击。

当时，老周清醒地意识到，改革就会有“阵痛”。因此，他大胆踏上了“改革之舟”，带领大家大破“三铁”，冲破了旧体制的羁绊和束缚，及时转换了经营机制。

在县里，老周在安全条件允许的前提下，增设了三个销售点，把油品直接送到用户处，改进了过去“门难进、事难办、脸难看”的经营作风，受到广大用户的好评。

更令人难忘的是，1990年海湾战争爆发时期，世界范围内出现了石油危机，县里的油品也告急。为了解决临高县工农业用油的需求，老周不顾辛劳，带着我和一名业务员跑到茂名、湛江、广州等地去采购油品。当时，老周的爱人病重在家，但为了企业的生存，他只能忍痛，带着我们四处奔波。

人家出公差，都是花钱住星级宾馆，享受美味大餐，而老周却把我们带进了一家家普通的招待所。起初，我也有些不愿意，但看他一大把的年纪还整天为企业的生存而奔波，我也被他无私奉献的精神打动。

在与老周出差的那段时间里，我们不知道吃了多少次闭门羹，坐了多少回冷板凳。但他不灰心，甚至还每天带着我们，比人家更早地赶到办公室。功夫不负有心人，终于，老周的虔诚态度打动了他们，他们同意跟我们合作。

老周在任职期间，一直实施着“人尽其才、各得其所、集思广益、民主决策”的“群智工程”，充分发挥大家的积极性，使得公司的各项工作都获得了丰硕的成果。

以 1992 年为例，全公司的销售额比上年度增长了 21.7%、利润增加了 12.8%、职工的福利也有所提高。另外，在安全管理方面，也实现了事故为零的优异成绩。老周因此不仅受到了省公司的通报表扬，还被县委、县政府评为“优秀共产党员”“先进工作者”。

下篇

At The Last

实干与卓越

脊　梁

文 / 赵海燕

八千六百朝阳晚霞，二十四载秋实春华。

不管是前辈们的讲述抑或是自己的亲身经历，高能奋斗史中那一幕幕动人画面，那感人的点点滴滴都在心中流淌，宛如涓涓细流，柔兮静兮，却又经久不休，涤荡着灵魂，汩汩而出的是满满的感动和自豪。

瞧！现在那些熟悉的名字、模糊的面孔、让人感动落泪的拼搏历程又如打开的画卷般慢慢展开了，那些人、那些事又一次清晰起来、丰满起来。而最终，这些高能老中青的身影都在脑海中会聚成了两个字——脊梁。

二十年负鼎之愿辅佑高能共甘苦——张耀钧

高能环境的第一代人中，有一位年近八十的老人，他原本学习俄语，50岁开始学习英语，并学会电脑作图，70岁考取了驾照，76岁高龄的他在手术后不久就带着技术团队亲赴项目现场。这位勤奋好学、洒脱开朗的老人就是高能环境的荣誉总工——张耀钧张老。

张老跟我讲了高能环境的前身与历史。那年国家下派给中国科学院高能物理研究所设计所研发实施正负电子对撞机项目。这个实验项目需要特定的实验室，而实验室则要从全国各地抽调各方面的专家来支援建设。张老就是这些专家中的一位，就这样张老以副所长的身份从东北调到北京，用十年时间见证了项目的成功。之后这些功勋们总结了试验期间从国外学习的先进技术和经验，成立了高能物理研究所垫衬处，两年后变成了当初的北京高能垫衬有限公司。

而在之后的 24 年中，张老用他渊博的学识和过硬的实践能力为高能环境一个又一个的项目保驾护航。在一次与外国专家的技术交流会上，一个技术专用名词难倒了整个翻译团队，翻译人员不懂技术，懂技术的却无法准确翻译技术专用名词。这时张老用他扎实的自学功底精准地将这个词翻译出来，一切豁然开朗，随即全场响起了热烈的掌声。一位老者在天命之年仍有志于为己之学，刮摩淬励，日长月益，这值得所有人为之心折首肯。

他也用他的孜孜不倦和睿智风趣带出了一批又一批岗位精英、学术骨干。用董事长李卫国的话说："张老是高能的宝！"可就是这样一个功臣，不要求公司任何回报，每天 7 点不到就上班，晚上 11 点才下班；不会到公司耀武扬威，有的只是见面远远地就朝你打招呼，带着微笑，谦逊和平和。

他就是高能环境谦逊博学的脊梁！

十年青春热血奉献高能同成长——邹方国

有多少人还记得 2016 年迎新晚会上的邹方国？台上那刚健的体魄，挺拔的脊梁，述说的是难以割舍的情怀及不求回报的给予。一次又一次的调令，一次又一次的辗转回头，多少次电话里的笑语含泪，多少次的无奈愧疚，统统化为对企业的奉献与忠诚。就是他，为了公司的项目而把重病的妻子留给了家人；就是他，一次一次出现在西藏的雪域高原，用坚强的意志和坚韧的脊梁扛起高能环境责任这面大旗；就是他，大家眼中处处以公司项目为先的好队长；但也是他，是对家庭付出最少最不合格的丈夫与父亲。

冰心曾说：“爱在左，情在右，走在生命路的两旁，随时撒种，随时开花，将这一径长途点缀得香花弥漫，使穿枝拂叶的行人，踏着荆棘，不觉得痛苦；有泪可落，却不是悲凉。”在邹方国的内心深处，也许左手是对家人的爱，右手是对高能的情，在不可兼得的时候取大义而舍小家。他和家人的泪都点滴化成了期待和憧憬。期待着高能越来越好，憧憬着无愧高能之后的举家团圆。

他就是高能环境忘我奉献的脊梁!

五年勤奋刻苦报高能知遇恩——罗彬

高能的业务和技术队伍中，有那么一群年轻靓丽的身影，她们是名副其实的女汉子。她们文能出口成章下笔有神，把业务技术阐述得头头是道；武能扛起行李赴现场做实验，工作安排得条理分明。

“彬哥”就是其中一个。今年已经是她毕业后加入高能环境第五个年头了，在过去的五年中，她曾经在荒无人烟的项目上一待就是小半年；她曾经在一个月内跑遍中国的大江南北；她曾经早上刚出差返回公司，下午又开始新的出差之旅，她曾经带病数日加班加点赶出一套最佳技术方案。到目前为止，她已经成为高能的技术尖兵，仅2015年就完成了一篇学术论文及两项专利编制，连续几年获得公司年度“优秀员工”和“优秀共产党员”称号。

但是“彬哥”没有因此而骄傲，反而更为低调，更为努力。在工作之余，她还尽可能多地在公司的文体比赛中发挥自己的能量。无论组织歌咏比赛、参与体育活动，只要交给她，从来没有说过一个“不”字，也从来没有讲过条件。只是笑着说一句“那就干呗”。然后，交上来的一定是一份满意的答卷。

“彬哥”说：“在人生的旅途上，我选择了环保事业这条布满荆棘的道路。一路上不知经历了多少艰难与困苦，因为是女孩子也不知承受了多少来自业主方的不信任和压力，幸运的是，我没有退缩，没有迟疑，而是勇往直前，义无反顾，因为我坚信，只要经过不懈的努力和拼搏，在这个广阔天地里，我一定会大有作为，在高能环境的历史上留下浓重绚丽的一笔。”

她就是高能环境实干拼搏的脊梁！

高能环境不只有“高科技、大情怀、上市公司”这些标签。一路艰辛，一路成长。你可知道高能环境的第一个办公室是一间不足20平方米的小屋子，而屋子里都是三条腿的伤残凳子吗？你可知道高能环境的第一个工程是李卫国和陈定海拖着行李箱坐着公交车跑来的吗？你可知道高能环境的第一个国外项目是蒙古国的金矿堆浸场综合治理吗？你可知道高能环境仅仅用了4天的时间就设计出来天津港“8·21爆炸事故”应急项目的最佳实施方案吗？你可知道高能环境做了第一个“十二五”规划的环保工程项目吗？你可知道高能环境是国内第一家采用垂直屏障技术的企业吗？

作为高能环境人，不该自豪吗？不该继续奋斗吗？

青春不是年华，而是心境；青春不是桃面、丹唇、柔膝，而是坚定的意志和积极向上的信念。

谈什么脊梁，并非只挽狂澜于既倒，扶大厦之将倾者堪当脊梁，我们都是高能环境的脊梁，用我们的青春和热血铸就“利天下，利众生”的宏图大志；谈什么品牌，并非只收拾江山朝天阙，不废江河万古流者堪称品牌，我们就是高能环境的品牌，用我们的坚韧和责任砥砺前行，让天地与我们同在！

路是他生命的灵魂

文 / 杨伟杰

一个人，一条路，一座亭。

每日清晨，在海南临高县新盈镇山龙村那条村路，总看到一个忙碌熟悉的身影。他拖着一辆人力养护车在养护路面，“沙沙沙”的声音打破了村庄的宁静。这个年逾八旬的老人，就是退休养路工人何建国。这个普通的老人，十几年来默默地用自己微薄的工资和辛勤地劳动修护着这条村路。

2007 年农历二月十五，与何建国生活了大半辈子的老伴因病去世，他尝到了失去亲人的痛苦。老伴去世的第三天，下了场大雨，他又拿着工具忙着去修那条村路了。此时，他心里最担心的是路是否又被雨水冲坏了。

“老何，老伴刚去世三天，你怎么又有心情来修路了？”“人走就走了，可是路不能坏呀。”

老何就是这样，他把路看得比什么都重要。

1997 年 6 月，已有 30 多年党龄，当了 40 多年养路工人的何建国，从临高县公路分局新盈道班退休回到山龙村老家。山龙村是个只有 30 多户人家的村庄，毗邻村里的还有青龙、美罗两个自然村共 120 户，这三个村的祖祖辈辈都是从这条弯曲的红土小路走出去的。因年久失修，土路蜿蜒曲折、凹凸不平，下雨泥泞不堪，人车行走都很困难。村里人出去赶集、串门，都要卷起裤筒，扛起单车，拎着鞋子，小心翼翼像蜗牛爬行。一次，两个放学回村的孩子，因路太滑不慎摔倒在路沟，幸亏被何建国发现救起，才脱离危险。

路不通，交通不便，给村民们的生活带来极大困难，还有村里的石场石料、瓜菜运不出去，严重制约了村里经济发展。此情此景，都被何建国看在眼里，急在心上，有多少个不眠之夜，眼里总是浮现出这条“鬼见愁”的烂路。几经思考，他最终决定自己修路。修路要投入财力劳力，虽然何建国家生活并不富裕，但修路不能再等了。他拿出多年积攒下来的 1 万多元买了石块、石沙，除自己忙活，还雇人挖水沟，填平路坑，又计划建造 7 个涵洞，1 座石桥，每天都是五六点钟就起床忙碌。

路没修好，1 万余元已花光了，何建国去跟亲戚借了 3000 元钱，可是不久又花光了。怎么办？心急的他不顾老伴反对，把准备给儿子结婚用的两头猪和一头黄牛卖了，甚至连自己每月的退休金也都投了进来。

1998 年 8 月，这条宽 4 米，长 3 公里，8 个涵洞，一座石桥的村路完工了。路面铺着河沙，两边种满鲜艳的花草。

路通了，三个村庄的石场石料、农田里的瓜菜源源不断地运了出去，村民的生活慢慢变好了。人们都夸何建国为村里积了德，纷纷向他学习，家里人也开始理解和支持他。

修好路，也要养好路。这个责任自然也落在何建国的肩上。家里也有不少农活要干，可是他关心的是那条村路。每天都要拉着人力车养护路面一次，发现损坏还要去补修。今年 8 月的一次台风，风雨来得很急很大，他担心路被冲坏，赶忙顶着风雨拿起工具去填修路面，排通急流，清理涵洞堵塞的杂物。他被风雨打得浑身发抖，晚上就发起高烧，可是第二天醒来，又带病去修路了。

后来，何建国觉得路口缺少一个候车凉亭，可建一座凉亭至少也要三四万元，但他已经没有多少积蓄了，只得跟儿女们伸手，说这是他最后的心愿。儿女们非常理解，纷纷掏了腰包。半年后凉亭建好了，何建国起名为“便民候车亭”，还在亭子的周边种下树木花草，为美化环境可谓煞费苦心。

“每次听到过路的人夸这条路修得好，我心里就特别高兴。”何建国高兴地笑着说。为了这条路，他省吃俭用，身体有病不去治，房子破了不及时修，每天都惦记着那条村路，每天都在养护着这条生命之路。

何建国的举动和精神感动着人们。《海南日报》、海南电视台等诸多媒体的记者都来了，他的名字、他的路、他的候车亭也一块儿上了新闻，他被评为海南十大感动人物。

梦里是路，醒来也是路。路是何建国人生的航标，路是何建国生命的灵魂。

克拉玛依往事：跨越生死，只为铸造丰碑

文 / 胡学敏

没有水、没有电、没有花、没有草，更找不到一棵树，有的是迎面扑来的干涩、猛烈的风沙和刺疼皮肤的烈日。这就是克拉玛依生活垃圾填埋场二期工程项目所在地的真实写照。填埋场项目处于沙漠边缘风沙区，“风吹石头跑，地上不长草”是对当地环境最生动的描述。

在这样的自然条件下，高能环境坚强可爱的工人们，哪怕日均工作 15 个小时、遭遇 12 级风沙侵袭，都坚定执着、屹立不倒，让高能环境的品牌在祖国的边疆迎风飘扬！

在克拉玛依项目现场，令施工人员印象最为深刻的就是平生经历过最强的 12 级风沙。因为当时，他们一起经历了生与死的考验。时任克拉玛依项目经理的田相泽仍心有余悸地说：“如果当时不及时撤离，真不知道今天我还能不能站在这里！”

2014 年 4 月 22 日，克拉玛依市发布橙色预警，该地区将迎来一场大范围寒潮降温天气，并伴有 12 级左右西北风。项目部得知后，当即按照市里的要求统一部署，做好项目现场的施工材料防风压覆和临建彩板房的加固工作。

下午 2 点多，大风如约而至。6 点半，风力已增加到 6 级，呼啸的风声鬼哭狼嚎般疯狂袭来，为了避免发生隐患和确保每一名工人的安全，在当地人都认为防护措施已经足够的情况下，项目部负责人当机立断：“准备全员撤退！”

唯一的退路，是距离工地 20 公里的三坪镇。项目部紧急租用了三辆面包车，开始了“百人大撤退”。当地分包商一直迟疑是否组织撤离，因为撤离就意味着增加成本。高能环境遵循“生命安全第一”的原则和底线，当即表示“人命关天”，承诺先组织撤退并保障所有撤退人员的食宿。

事实证明，风沙无情，他们的决定是正确的！风沙越来越大，狂风卷席着沙尘，已经完全看不清前方 2 米内的道路。地上的碎石被掀起，啪啪作响，屋外的车辆被各种物体震得报警声鸣笛不断。一名工人感慨：“第一次发现想站稳脚跟，都是一件很辛苦的事情！”转眼已到凌晨 2 点，当大部分人都早已进入梦乡时，项目指挥组仍是一派紧张忙碌的景象，大家顾不上休息，一刻也不敢放松。

当最后一批工人被顺利转移出来，已经是凌晨 4 点钟，指挥小组成员们已在岗位上坚守了 10 个小时。他们脸色灰暗，发型凌乱、疲惫的双眼充满血丝……但是正是他们，成功地把 172 名工人全部撤离，帮大家平安度过了新疆近 10 年来最强的风沙灾害天气。风沙结束后，业主第一时间来到现场，仓库屋顶已经被风掀掉，其他临时设施更是一片狼藉，完全没有生命迹象，仅留下一只鸡和几条狗躺在 20 厘米的厚沙中。业主发自肺腑感慨道：“有你们在，我们就放心了！”

然而，不仅 12 级大风的极端天气让项目团队面临生死考验，其恶劣荒凉的自然条件，也几近让团队人员感到无助和恐惧，但是他们秉承“事在人为”的企业精神，一路坚持、一路奔跑，从未放慢脚步。

7 月正值酷暑，中午地表温度可达 50 摄氏度，为了按时完成工作，项目团队早晨 6 点便起床开展工作；8 月酷暑未止，风沙又起，但沙尘并未吹垮他们的斗志，他们在风沙中尽可能地继续开展工作；11 月冬季来临，茫茫戈壁又下起了第一场雪，气温骤降，寒风刺骨……但是他们依然坚守岗位，来不及顾惜自身，战斗在抗风沙、战酷暑、斗严寒的一线。

克拉玛依生活垃圾填埋场二期工程，自 2013 年 5 月 24 日开工，截至 11 月中旬，填埋区防渗施工已经在项目部全体员工齐心协力之下基本结束，向克拉玛依业主交了一份满意的答卷，同时在“为人类为社会创造持久安全的环境”这条高能企业使命之路上画上浓墨重彩的一笔。

项目部忠于职守、坚守岗位的工作态度让人心生敬佩，他们互助团结、克服困难的精神让人为之动容。他们在困境下仍然为他人着想的精神，更彰显了高能环境“利天下、利众生”的责任情怀。他们既是经典的传承者，亦是颠覆的创新者。正是每一个员工的坚守和奉献、铸造了高能环境一个又一个精品工程，谱写着高能环境的传奇和辉煌！

修得“霞”焕彩，复为“清”水来

文 / 邓灵燕

“湘潭春水满，岸远草青青。有客钓烟月，无人论醉醒。门前蛟蜃气，蓑上蕙兰馨。曾受蒙庄子，逍遥一卷经。”——美丽的诗句，记载了湘江曾经无比美丽的历史画面。

湘江这一条母亲河，养育了湖湘人，孕育了璀璨的湖湘文化。但与此同时，也承载着湖南省70%的重金属污染。因此，湘江污染治理牵动着亿万人的心，引起了决策层的关注。

2011年3月,《湘江流域重金属污染治理实施方案》获国务院批准。湖南省内河流的治理获得国家支持，全国仅此一例，被列为湖南省“一号重点工程”。历史上工业“三废”排放、重金属污染问题突出，尤其是著名的冶炼化工区——清水塘，是湖南省环境污染最严重、最敏感的地区，严重影响长株潭城市群的水源生态和公众健康，成为国务院特殊批示的首批实施项目之一。

而清水塘工业区的工业废水主要通过霞湾港（排污渠）排入湘江。在历经数十年的累积沉淀之后，霞湾港底泥中镉、铅、汞等重金属含量严重超标。为了千千万万的湖湘人，霞湾港的污染治理与环境修复迫在眉睫。

成功之路总是艰难的，面对国内外众多投标竞争者，高能环境选择迎难而上、砥砺前行，最终，在激烈的竞争中脱颖而出。入围之后，一个巨大的课题摆在了我们的面前。霞湾港的重金属污染超标几百倍，同时情况也比较特殊：污染物成分复杂；污染介质复杂，地表水、地下水、土壤都受到了污染。这么大的治理项目和复杂的污染情况，仅仅提出一个规划方案都是一件很难的事情，更何况要针对如此复杂的污染介质、超长的污染时间进行综合治理。尽管，高能环境作为当时在固废处理处置行业中的领军者，拥有着20多年的丰富经验，但是这么复杂、庞大的修复工程究竟如何实现全方位的治理与修复？

最终，公司研究决定与拥有丰富流域治理经验的两个著名国际公司进行合作——来自美国的Weston Soutions，Inc公司和来自澳大利亚的OTEK咨询公司。为了拿出更适合的规划技术方案，仅前期的调查、评估、论证、方案编制就用了整整一年的时间。经过无数个日夜的斟酌与论证，外方公司与我们最终通过严密的推敲论证后达成一致，编制出了为霞湾港量身定制的环境系统技术与解决方案。

技术方案最终确定为：采用“污染治理”与“修复技术”的方式，先对霞湾港进行截流，截流后把污泥挖出来，再用水泥、固化剂等材料对污泥进行处理，最后将已处理好的污泥进行安全填埋。

方案确定后，必须有高精尖的实施才能事半功倍。具有高度政治意义和现实意义的湘江流域治理，在实施技术上必须是领先和具有突破意义的。工程的污染程度高、治理工期短，清淤施工容易造成二次污染等一系列问题摆在面前。管理与技术团队组织行业知名专家成立顾问团，精选材料、研发药剂、筛选设备……我们对每一步工作都做了严密的论证、梳理，并严格加强现场管理，采用多重保障措施，保证施工安全。

先对沿线情况进行了全面的调查。开展了重力脱水、土工管袋脱水、底泥稳定化固化等多种参数的试验。霞湾港治污工程包括清淤、底泥脱水、污水处理、底泥无害化、底泥安全处置、生态恢复、基底恢复 7 大施工环节。其中，工程最大的难点在于，霞湾港处于长株潭湘江河段上游，治污工程易引发二次污染。施工时一旦出现暴雨，极易冲刷霞湾港内的底泥，造成对霞湾港和湘江的二次污染。

为了更好地完成任务，施工人员主要采取港水截流、分段导流、干港清淤的办法治污，还采用了高压水枪冲洗、土工管袋脱水等新技术。为了严格防止出现二次污染，采用泥沙阻隔帘确保形成第一道污染防线；为了降低施工过程中的污染系数及风险，又在湘江流域的监测点前端设立了一道公司自设的监测点，确保二次污染风险降至最低，并能够在发现问题的时候及时处理。施工以来，长株潭湘江流域未发生水质超标事件，下游也没出现饮水安全预警，环境质量基本满足了环保要求。

治理项目实施以后，有效地改善了霞湾港水质，以及湘江株洲至长沙段水环境质量，确保了长沙、株洲、湘潭三市的饮用水安全，并对清水塘地区的生态恢复发挥了重要作用。

科学的态度和严谨的求证，经验的累积与不断出现的新问题撞击，其中的艰辛与周折，一一成为前进路上的欢歌。如今的霞湾港，清清濯濯焕发出新的光彩。低头耕耘者用一颗赤子之心，改写了整个园区和湘江流域的污染历史。并且，最终形成了国内水系污染和园区污染处理方案的技术体系，打破了国内的历史空白。

霞湾港的成功治理与修复，奠定了我们高能环境将“风险治理”与“绿色修复”相结合的修复理念。也成功地为编制土十条等相关政策以及行业的修复范本提供了极其重要的指导意义和借鉴意义。对全国重金属污染治理具有重大的示范意义。至此，高能环境更是成功地向“全球领先的环境系统服务提供商”迈进了坚实的一步。

圆梦华强北

文 / 王厚全　岳静　李群

深圳，中国改革开放最前沿，一个不断创造奇迹、缔结传奇的城市。因深圳地铁 7 号线的建设，电建铁路公司这一支有着辉煌战绩的水电铁军，在中国电建集团转型发展的战略驱动下，从江河高峡走进繁华都市。

回首五年建设历程，我记得刚中标时，大家欢欣喜悦、奔走相告的情形；也记得初到深圳，对这个时尚都市的憧憬；更记得我们在困难面前不低头，挫折面前不折腰，失败面前不流泪，勇往直前，圆满完成华强北全部建设任务的时光。

华强北这个车多、人多、楼多的经济特区对地铁施工来说困难重重。首先是临街商户不配合，我们提出的施工占用空间和相关基础资料要求并未得到商户的普遍认同，不是吃闭门羹，就是被婉拒。施工尚未开始，就陷入了僵局。见此状，负责协调现场工作的我敲开了深圳市轨道办蒋群峰处长的门，蒋处长说："建地铁，本就是惠民工程，这是华强北长远发展的利益所在，但眼前的利益也得兼顾，不能因为施工而降低了华强北的商业氛围，不能损害商家的利益。这不仅是你们要充分考虑的问题，也是我们的主要责任，我们共同来推动！"

随后，在蒋群峰处长的带领下，我们在华强北街道办多次召开由政府、商家、媒体参加的“三位一体”联席会议，为商家业主提问题，出建议，纳良策提供平台。商家业主提出“围挡离店太近，严重影响商户生意”，我们就与设计公司、地铁集团讨论围挡施工方案，压缩主体施工空间，施工场地内高压旋喷桩距围挡仅30厘米，地连墙距围挡仅两米，直至无法压缩为止。有商家担心“施工道路一封堵，人流不流通，还怎么做生意”，我们结合现场实际，将近一公里的华强北分为6个区域进行倒边施工，中间预留3个机动车道和两个人行通道，保证了人流车流的通畅。

正是在轨道办、街道办的大力协助下，通过面对面的交流，商家的疑虑误解一步步被化解。在这一过程中，我们也极力满足商家的合理诉求，积极为他们排忧解难。曼哈商场改造，弃渣无法外运，我们就派专人运送渣土；国美电器门前台阶年久失修，我们就及时帮助修复；茂业集团因围挡施工，导致原通行车道狭窄，通行不畅，为不影响商家利益，我们在围挡内侧为他们开辟了“专用车道”，由于便道直接位于施工区域内，我们三次调整围挡位置，始终满足对方通行需求。

通过长达半年多的解释、说服、沟通、交流，最终赢得了商家的理解和支持，再加上“共建联控”工作的不断深入，在深圳市地铁集团、中国电建南方公司、BT指挥部和母体公司的领导、帮助和支持下，华强北站于2013年2月27日顺利封路施工。

五年建设历程，我们深刻认识到，工程得以高标准完成，得益于指挥部自我加压的严要求。

华强北站位于繁华的闹市区，毫不夸张地说，华强北施工的一举一动不仅关系着城市的“脸面”、企业的荣誉，在某种程度上，也关系着国家的尊严。对这一点，指挥部一直都有清晰的认识。因此，电建铁路人一开始就对自己定下了高目标——要把华强北打造成国家AAA级安全文明标准化工地。

最初，也有人提出疑问：面对这么复杂的环境，能达到这样高的要求吗？但指挥部的决心是坚定的，任何困难都不能回避；任何挫折，都必须克服。这是自我的超越，更是责任的体现。

为确保施工现场安全工作，指挥部制定安全包保责任制、安全文明施工管理办法等一系列制度，每天由指挥部、安质部人员分片区进行巡逻，不放过现场任何一个安全隐患；为进一步减少噪声，将大噪声加工作业区设置在密闭的厂房内；为降低商业街区的粉尘污染，施工现场设自动冲洗装置，施工车辆（尤其是轮胎）出工地前必须先清洗干净再进行风干。

在地铁行业内流行着这样一句话：全国地铁看深圳，深圳地铁看华强北。不仅因为华强北有着繁华商业的背景，更因为工程本身也蕴含着极大的挑战。地上商户住宅林立，地下地质条件复杂，约 16 万束管线需要迁改，华强北施工涵盖了所有的地铁施工工法。

2013 年 12 月，指挥长曲利到达深圳，由于华强北前期协调点多、面广、线长，相比其他标段这里的进度已明显滞后。曲总的到来，大有临危受命之感。那天下飞机，已是夜幕低垂。曲总没有赶往他在营地的宿舍，而是让司机把他拉到施工现场，先来了个全线巡视。

这是一个以实干著称的领导干部。“指望在办公室把生产搞好，这是不可能的！”他总是这样说。每天往返于施工现场的各个角落，一遍一遍地巡查、指导、协调，最初的几个月，为理顺现场施工，他每天只睡 4 个小时，被工友送绰号“拼命三郎”。

深圳雨季来得早，雨量充沛，整个深圳地铁三期工程只有部九窝一个弃土场，带水的泥土不容许倒入，而华强北有 72 万方渣土需要外运，工程进度一度遭到停止。现场施工队伍就此消极怠工，管理层更是由上至下阴郁一片。随后在曲总的感召和带领下，在深圳周边寻找、协商临时弃土场，最终在东莞、西田、南坪找到三个备用弃土场。

为了实现 2.28 洞通节点目标，他又组织标段挑选“突击小分队”；推行“奖罚一条龙”，实打实的办法和措施，解决了难题，调动了广大员工积极性。由上到下众志成城，一举创造了历时 41 天，完成结构板 14 段，侧墙 45 段的“电建铁路速度”。保证了华强北一个个节点目标的实现。最终华强北片区被评为深圳地铁 7 号线唯一一个“国家 AAA 级安全文明标准化工地”。

五年不长，却很精彩。华强北留下了太多震撼的瞬间、如火如荼的场面和可歌可泣的人物，在这里，有一种触及灵魂的感动，有一种令人振奋的精神，有一种催人奋进的动力。

当满城繁华延续着深圳明天的风采，当川流不息折射出国际都市的活力，新一轮的朝阳蔓延在华强北的每个角落，繁荣的华强北，将在城市轨道建设的机遇中，实现城市功能的华美蜕变。明日的华强北必将展翅腾飞、繁荣未来。

江河东去不负川，百里路行筑梦来！

绚丽彩霞绘人生

——记制剂分厂生产三部党支部书记、工会主席刘丽霞

文 / 王素珍

她用责任与信念的支撑，延展着绚丽的人生之路；她用激情和执着的追求，谱写了辉煌的事业之歌。与病魔抗争的轨迹，深深铭刻下她用意志选择生命、用责任追求事业的光彩印记。制剂分厂生产三部党支部书记、工会主席刘丽霞，就是这样一个勇于拼搏，屡屡绽放异彩的人。

临危受命，精心耕耘闯出一片艳阳天

2003 年，刘丽霞任制剂分厂（当时为制剂公司）生产一部综合部经理。当时的生产一部欠缴职工十几年的三险一金和数月的工资，土地金也一直没给农民；产品成本高，没市场，生产时断时续。这么一个“一负二无三欠”的烂摊子，谁能成为它的“救世主”呢？做事一贯认真执着的刘丽霞被公司领导相中，挑起了大梁。从此，这个不知疲倦的铁娘子，开始了为企业“脱

胎换骨”的艰难历程。

每天一大早，她就来到车间，八个生产区一一巡视，然后就一头扎到岗位，与员工一起下车间、跑市场、追欠款，和技术人员分析如何控制成本、提高产量；晚上，为应付一批一批的债主，她硬是啃起了枯燥的谈判和法律知识。每天的日程安排之满，生活节奏之快，令常人难以置信。“非典”期间，为保证生产她一连十天十夜没回家。渐渐地，生产部的生产和销售开始有了起色。

繁重的工作重压，她病倒了。被家人强行押到医院检查，诊断结果令医生都难以相信——肝内多发血管瘤，不仅无法进行手术，连肝移植也已经无法操作。医生警告她：“你绝对不能再劳累了，否则，血管瘤随时会破裂，后果不堪设想！”

“人活着就那么几十年，不能浪费自己。”朴实的话语，却掷地有声。刘丽霞把自己毫无保留地奉献给了企业。常人难以想象的肝区疼痛时刻折磨着她，八个生产区走下来，她不知要坐下多少次。有谁知道，这是她掩盖疼痛的方式。在职工面前，她依然是以往的神采奕奕，可是回到家，她就疼得瘫在沙发上。

就这样，带着一份使命感，她以出色的管理克服了重重困难，将一个多年亏损的单位推上了充满生机和活力的运行轨道。当年，70 多个产品全部合格出厂，不但补发、补缴了农民的土地征用金、职工的养老保险金和工资，职工的人均月收入也由原来的 300 多元提高到现在的 1000 多元。生产一部还被栾城县评为当年的利税大户。

不辱使命，肩挑数担巾帼未必让须眉

2008 年初，考虑到刘丽霞的身体状况，公司将她调到生产三部，担任党支部书记兼工会主席。但她依然是当初的“拼命三郎”，带领员工们投入热火朝天的生产经营和丰富多彩的劳动竞赛之中。

2011年，制剂分厂包装、灯检人员严重短缺，大量的待包品积压在半成品库里，市场出现了供货紧张，部分产品面临断货，销售部门一天无数个电话催货，股份领导和分厂领导心急如焚。

“两个月，给你两个月的时间，必须将所有库存消化完毕，还要确保当月生产不能耽误！”分厂厂长给生产三部下了“最后通牒”。170多批的冻干产品半成品、20多批水针产品半成品库存，要在短短两个月消化掉，谈何容易？何况现在的生产三部，原三人的领导班子因为支援新项目已调走了两个，所有的事情只有刘丽霞一个人扛。面对如此大压力，天生不服输的她，只说了一句话：“我会努力的，看我们的！”

在股份领导和制剂分厂领导的积极协调下，实习生、技校生、厂内分流人员和兄弟单位大量的人员都来支援生产三部，一场没有硝烟的战斗开始了。

时间紧，任务重。包材供不应求，她去厂家催货；前工序人源紧张，她马上协调；场地告急，她领着员工一同清理闲置房间；设备坏了，她在现场盯着修好为止；仓库吃紧，货物放不下，她亲自联系倒库；岗位人手不够，她又去当操作工……员工们总能看到她双手捂着腹部奔波在各个岗位，生产部夜间值班记录里留下了她太多的巡检记录。哪里有问题，就能在哪里看到她的身影。

7月29日，全部待包品包装完毕，半成品库空了。

舞动生命，永不落幕谱写敬业新篇章

“消灭库存战”期间，刘丽霞吃住在单位，经常是白天、晚上连轴转，不停歇地布置工作、处理事务，双休日都不肯回家。长时间的超负荷工作，她原本患的“多发血管瘤”病症又加重了，同时患上了严重的“萎缩性胃炎”肠化生，再不彻底治疗就有癌变的可能，她又一次被医生和家人“强制”住院治疗。即使这样，她仍放心不下单位的生产和职工，病情稍稍见轻，就又偷偷回到单位，开始了一天紧张的工作。看着虚弱的书记又在他们身边忙碌，工人们感动地哭了。

尽管自己身染重疾，可刘丽霞还时刻关心着职工的身体健康及家庭状况。谁家有困难，她知道了总要帮一把。单位一位女职工丈夫去世，本人又查出患了脑瘤，唯一的儿子因“视网膜脱落”做了好几次手术，家庭极其困难，一度失去了生活信心。刘丽霞知道后不仅亲自到医院为她送去慰问金，还多次找她谈心，使其重新鼓起了生活的勇气。当得知发生车祸的职工白霖为昂贵的治疗费发愁时，她主动捐款1000元，在她的带领下，全厂职工短短一下午就为白霖捐款两万余元，为其解了燃眉之急。

心连企业，攻坚克难建功立业；魂系事业，无私奉献无悔人生。如今的刘丽霞激情不减，责任依然。她是一粒种子，深深地扎根在这片多情的土地；她是一面旗帜，高高地飘扬在这片希望的田野。瞧，她又带领她的团队，践行着自己“活着干，死了算”的铿锵誓言，伴着绚丽生辉的彩霞，开始了新一轮的创业。

青春无悔，共筑环保之梦

文 / 张蒙纳

在高能环境，有这样一群人，他们在大漠戈壁、雪域高原、茶马古道中爬冰卧雪、寻找商机；他们在臭气熏天的垃圾场、刺鼻难闻的危废库、偏僻难行的尾矿库驻扎坚守、交流技术方案。他们青春热血无悔，只为筑梦环保。

在他们当中，有一位佼佼者，他放胆逐梦、无惧担当；坚韧图成、勇创新高；填补公司多项市场空白，成为高能环境的丰碑奠基人之一——他就是西南事业部总经理吕美华。

华丽转身

1991 年，他投身绿色军营，一腔热血报效祖国。1999 年，转业入媒体行业，从基层做到运营总监。然而，他华丽的转身并没有止步于此。2007 年 8 月 1 日，为了让孩子接受更好的教育，举家来到北京发展。

新的城市，新的起点。他放弃了驾轻就熟的媒体行业，遵循内心的呼唤选择了环保行业。他胸怀一腔报国之志，看好中国的环保行业，欣赏在环保领域默默耕耘的优秀企业，尤其是高能环境优秀卓越的领导团队和公平公正的企业文化深深吸引着他。最终，他选择加盟高能环境，开启了又一次的华丽转身，迎接前所未有的挑战。

“选择了高能，也选择了无悔！”吕美华笑着说。

努力奔跑

千里之行始于足下，方向明确便全力以赴，一路奔跑。

2009年冬天，正在云南出差的他突然接到中国瑞林设计院一位专家的电话，被告知地处青藏高原海拔4700米的“西藏玉龙铜矿新建不久的3个堆浸场和4个溶液池”因不合格的防渗材料和非专业施工队伍造成了严重的硫酸铜溶液泄漏事故。因项目处于藏区，涉及民族团结问题，希望高能环境出手相救！

这对当时的高能环境来说，既是一次难得的重大应急事件的实践机会，也是一次史无前例的挑战！全公司从董事长到基层员工，都非常重视，本着“利天下、利众生”的态度，特派吕美华与总工程师携队前往事故现场。

团队到达后，不顾高原反应，进藏当天便直奔现场。踏勘、取样、地质分析、方案设计、技术交流，所有的工作一鼓作气顺利完成！环境的恶劣性、政治的敏感性、技术的局限性和身体的极限性使业务的开展难上加难，可他第一次入藏就待了整整48天。终于，苦心人天不负，高能环境以科学的方案和精湛的技术赢得了矿业环保事故整治工程的第一单，填补了公司在西藏的市场空白！

从2009年至今，他先后39次入藏，为在青藏高原上插上高能环境的旗帜做出了全情的努力！

翻开高能的业绩簿，不只是他，每一个高能人都在拼命地奔跑；不只在西藏，全国每一个地方都注入了高能环境的鲜血。只因我们使命使然，环境问题一天不解决，高能人一天不停歇！

执着坚守

一份承诺，一种坚守。人生因甘于坚守、勇于担当而必将更加精彩。

2010 年 7 月 17 日晚 11 点，吕美华在厦门辗转多处后，终于打印好次日踏勘必备的资料。此时的他，已经饥肠辘辘，径直走到一个路边摊吃点儿东西。

天有不测风云，就在他吃完饭准备赶回酒店时，一转身便被一辆酒驾的车撞倒了，沉重的车轮从他右脚上碾压过去，右腿当即没有了知觉，同行的齐志奇马上拨打 120 急救电话，救护车连夜将其送往厦门 174 医院诊治，万幸没有伤及骨头。打完封闭针、包扎好伤口已近凌晨 4 点。

18 日早晨醒来，看着已经包扎好但是肿胀而疼痛的右腿，他不顾医生的劝阻和家人的反对，坚持到来回 8 个小时车程的项目现场进行踏勘，之后又立即前往云南拿中标通知书。

手头诸事办妥，他也无暇休息，立刻马不停蹄、拄着双拐奔赴西藏。一路上乘务人员不停地给他擦药消肿，但也只能略微缓解肿痛，右腿依然疼痛难耐。

凌晨抵达藏区后，当他艰难地拄着双拐，爬上四楼会议室，现场人员看到的，不只是肿胀的大腿，还有因拄拐时间过久使腋下的皮、血粘到一起的衬衣……业主当场表态："就凭高能环境有你这样尽职、忠诚的员工，本次合同谈判的单价参照一期工程单价实施，一分钱不降！"

高能环境有太多的战场，而每一个战场都会有不同风格的战斗，正是这样的高能人执着地坚守了自己的战场，才成就了高能环境如今的累累硕果。

共筑辉煌

“爸爸，你出差回来了？”儿子问道，面对此，吕美华默然。因为，虽然妻儿老小和工作单位都在北京，但是，2009 年一整年他只在北京住了 47 天。

常年奔波在外已经成为生活常态，但是他欣然面对。因为他知道，选择市场开拓，就意味着要东奔西跑；选择施工，便意味着要常年在外；选择技术，便意味着要刻苦钻研。出于对公司的忠诚、对家庭的责任和对自己的交代，他必须回到一线去战斗。

爱拼才会赢，正因他爱拼，所以他赢得了自己的果实。正如董事长李卫国所说，没有谁能阻挡住辛勤耕耘的脚步，为理想而奔波，在时光深处镌刻深深浅浅的奋斗足迹，静静守候，自会等到一路繁花似锦。他等到了，他骄傲自己曾为高能环境的丰碑留下过属于自己的足迹：2010 年 5 月，拿下玉龙铜矿环境整改工程，填补了在西藏的市场空白。2010 年 10 月，签订国内第一个设计标化建设的氧化铝赤泥库防渗工程。2011 年 5 月，成功签订了轰动全国的紫金铜矿七三重大事故环境整治工程，成为世界营销案例的典范。2014 年，带领团队先后两次中标宁东煤化工污水处理 EPC 项目。2015 年 12 月，带领团队成功中标山西闻喜供水 PPP 项目。

作为一个优秀的平台，高能环境成就了他，而他也自豪地成为高能环境版图扩张的实践者。正因为高能环境，让他活出了响当当的男儿本色！放胆逐梦、青春无悔、热血拼搏，筑造了他瑰丽的环保之梦。

燃烧的光辉

文 / 李梦真

华能秦岭电厂检修部电气专业的继电保护班，经常被大家调侃为“娘子军团”。在机组抢修前线随处可见她们的身影，其中技术员罗锐红，就是当之无愧的“女掌门”。

“罗工那可是我们班组的权威，业界良心，权威坐镇，天下我有。”班里提到罗“权威”，没有不竖起大拇指的。机组远动 D200A 机多次异常挂起，导致 AVC 异常退出，罗锐红在经过多次排查后，发现装置上存在缺陷，经过和厂家沟通交流，简化了系统逻辑操作，增加了语音报警功能。针对运行人员在 DCS 允许 AVC 后有可能会忘记在 AVC 后台投入 AVC 而被两个细则考核的情况，修改了 #7、#8 机组 AVC 投入 \ 退出操作流程，省去 AVC 后台执行遥控操作投入 AVC 的步骤。在 #8 机进相试验后，继续优化 AVC 参数并将 #8 机无功闭锁值修改为 P-Q 曲线，使得公司能够多拿两个细则的奖励。

罗锐红在同事眼中是个不折不扣的“工作狂”，早出晚归是每日的常态。“一到发电高峰期，罗工就显得格外忙，进进出出，根本停不下来。查看省网调数据报文，落实设备运行情况，考查装置合格率，开展各项隐患消缺工作，密密麻麻的工作计划，是‘工作狂’才能看得懂的天书。”有组员如是说。

这些业绩，为班组带来了各种荣誉，罗锐红也获得2016年陕西省职业技能大赛继电保护技术能手荣誉，并连续三年获得“西北自动化分中心先进个人”称号。

“我才不是工作狂！”罗锐红一直认为自己就是做着极为平凡的工作，勤勤恳恳、任劳任怨，将满腔热血奉献给自己热爱的事业。

面对每年新员工的加入，怎么提高员工参差不齐的业务能力是身为技术员的她一直研究的课题。对此罗锐红始创了“两讲一请一回头”的培训模式。即“讲理论、讲现场、请上台、回头看”。

班组每周一堂的技术培训课是必不可少的项目，她发挥有经验的员工“传帮带”作用，让老师傅把理论和处理现场的经验传授给大家，同时还鼓励年轻人走上讲台，用自己当老师向他人讲解的方式，来加深巩固所掌握的知识。通过现场教学、实际操作讲解、互动交流等环节，大家各讲所长，取他人之长补自身之短，实现互帮互学、技术共享。不定期抽查对之前讲解内容的掌握情况，组织班员之间现场操作观摩并互相打分评比总结，从而使现场操作步骤进一步规范化，技能水平进一步得到提高。

除公开培训，罗锐红还开展“一对一”的培训。通过“一对一”的沟通，使员工更容易掌握工作技巧的同时，她也可以随时掌握员工的工作状态、了解大家的工作思想，并集思广益，将员工一些好的想法推广到工作当中，不断改进以提高工作效率。

电力工作者是个艰苦的行业。几十年来，面对工作的艰辛，她默默付出，从未抱怨；面对现场紧急情况，设备抢修，刻不容缓；面对单调和危险的工作，从不退缩。虽然她的工作只是在“隆隆”的机器声里，但肩负的是点亮万家灯火、清凉万家百姓的责任。

“能够成为别人的力量，我觉得很有意义。虽然加班、抢修，牺牲了很多私人时间，不能陪伴家人，但是我希望女儿可以理解妈妈所担当的责任。这是我能教给她最有用的东西。”每次说起女儿，罗锐红都尤为开心。今年的机组大修正逢女儿高考，作为班组的骨干，她仍旧坚持在一线，直到工作接近尾声才离开岗位去陪伴女儿。她说闺女也快到步入社会的年纪，自己要更加努力工作，成为她的榜样，让闺女见识到老妈的魄力。

“这些年，我和班组全体人员一起经历了无数次抢修，排除数不清的用电故障，不论寒暑，不分昼夜。我啊，没太多想法，只会做好自己岗位的每件事，再苦再累，也值得！”每当聊起这些年的苦与乐，罗锐红都更坚定自己的信念：做好每件事，再苦再累，也值得。

在我们班组，还有许多人像罗锐红一样，将最美的青春献给最普通的一线工作。然而，正是他们平凡的付出，一点一滴，汇聚成温暖人心的光明，撑起了整个电力系统的基础，汇作万家灯火，点亮千万人家！

我与秦岭电厂一起成长

文 / 杨清直

我是一名普普通通的80后独生子，和大家一样，从小娇生惯养、衣食无忧，性格里充满了张扬任性、独立自我。与大家不同的是，我是华能陕西秦岭发电有限公司的一名普通工人，把我送进这个电厂的人正是我的母亲。

记得年幼时母亲经常带我去上班。当时她的工作地点在大山深处的125MW机组，在我的印象中，那里工作环境恶劣，即使在休息室里，机器的轰鸣声都吵得我无法入睡。有一次，她把我带到了一个相对安静的地方，交代我不要到处乱跑，然后就和同事用铁锹去铲从一个机器里流出来的“沙子”。我远远地看着她的身影被慢慢扬起的灰尘淹没，恐惧得放声大哭，周围冰冷的机器吓得我一动不动。当我哽咽的时候，她出现了，口罩已经成了黄色，眉毛和睫毛上都沾满了黄黄的粉尘。看到她滑稽的样子，我乐呵呵地笑了，当时一部电视剧叫《白眉大侠》，我便给她起名“黄眉大侠”。

随着年龄的增长，我知道了母亲从事电厂的锅炉运行工作，没有休息日，工作非常辛苦，也知道了她是因为去处理磨煤机“流煤”现象而变成了“黄眉大侠”。那时我不懂事，上学经常迟到。一个周末的夜里，我正熟睡，母亲把我拍醒说她要去上班，明天早上才能回来。但我不想一个人在家，她只好把我裹成粽子一起出门了。当时天空飘扬着雪花，蜿蜒的盘山公路上，雪花在昏黄的路灯下显得格外好看，我拉着母亲的手蹦着跳着。不知道走了多长时间，一座架设在罗敷河上的钢构桥挡在我们面前，桥不宽，两边是一尺来长的人行道，中间是半米宽的灰水沟，人行道是用一根根的螺纹钢焊成的，两侧是扶手，没有护板，桥下就是滔滔的罗敷河，站在桥上能听到澎湃的水流声。母亲问我敢不敢过，我往桥下一看，黑乎乎一片，二话没说就过去了。但是当第二天早上要经过那座钢架桥回家的时候，我死活都不敢走了，稀疏空洞的护栏，螺纹钢焊成的桥面，桥下就是波涛汹涌的罗敷河，吓得我一直要母亲抱着，闭着眼睛才敢过桥。

时间是水做的，不知不觉，我已经成了13岁的少年，从学校的课本里，我知道了我们的秦岭电厂是全国第二大火力发电厂，承担着整个西北地区的供电任务。年少的我每逢听到长辈们说秦岭电厂好的时候，心中就是满满的自豪，就像自己被夸了一样，因为我就是秦岭电厂的一分子，我也是秦岭电厂的人，秦岭电厂好，就是自己好。

后来，母亲不再去山里上班，而是直接在山外200MW的电厂上班。再次来到母亲上班的地方是我中专时的暑假，这里和过去简直是天壤之别，休息室里没有了机器的轰鸣，窗明几净、一尘不染，在操作盘上就可以远程操作设备，母亲再也不用变成“黄眉大侠”了。

时光飞逝，我长大了，穿上了橄榄绿，走入了军队这所大学校。在这座大熔炉里，遵章守纪、令行禁止，干好自己分内的工作，熟练掌握自己手中的武器，是对一名军人最基本的要求，受益于母亲对我的言传身教，受益于秦岭电厂带给我的思想意识，我迅速融入了这个新集体之中，抗洪抢险敢打头阵，抗震救灾冲锋在前，处突维稳勇上一线，头顶上的国徽就是信仰，身上的军装就是责任，只要祖国需要，我就能克服任何困难一往无前！

如今，卸下帽徽，换上中国华能的标志，脱下军装，换上蓝色的工作服，标志变了，服装也变了，但是心中的信仰和肩上的责任没有变，我真正成为华能秦岭电厂的一分子。而我们的秦岭发电厂也发生了质的飞跃。以前高耸的烟筒不见了，机器的轰鸣消失了，新的600MW机组采用了亚洲最先进的“四塔合一”技术，花园式的厂区，明亮安静的厂房，工作环境让人心旷神怡。智能化的DCS控制系统让工作变得智能轻松，远远望去夕阳下洁白的厂区和远处的西岳华山遥相呼应，不远处的郑西高铁线上时而有高速列车飞驰而过，现代工业精制与优雅的环境在这幅画面上完美结合，如此美景让人驻足观看，流连忘返。

现在，母亲退休了，我这名伴随着秦岭电厂成长的80后已经是一名合格的工人了。秦岭电厂带给了我很多人生财富，母亲将老一代秦岭人不怕辛苦、踏实进取、认真负责的企业精神传递给了我。在老一辈秦岭人的引导下，我们新一代秦岭人将把秦电精神融进自己的魂魄之中。请长辈们放心，我们一定会踏实工作，努力拼搏，把我们的秦岭电厂、我们的家建设得更加美好。

90后匠人

文 / 李文岭

起初我并不情愿来这么偏远的地方上班，但如今万达石化集团已经成了东营港的代名词。这番奇迹的创造，离不开我们这群平均年龄 26 岁的年轻人。

胖李，污水处理车间班长。2013 年公司的整个石化工艺刚开始建设，那时候还不胖的胖李从集团总部调到了现在的公司。虽然公司几乎所有岗位都有空缺，但胖李却选择了最脏最累的污水处理车间。作为新员工，我曾经无数次听胖李讲起那段时光，说污水处理车间流着他的血泪。我想这是见证一个大车间成长起来的自豪感。

2014 年冬天，含油处理系统集水池底部的格栅堵塞，集水池是污水处理的第一道工序。水里油泥浮渣含量很大，不下池子很难清理干净，在场的人都觉得又脏又危险，持观望态度。最终，大家的观望等来了胖李的自告奋勇。

为了方便清理，池子里的水预先排掉了很多，但是为了尽快疏通，已经没有时间把水全部放干，胖李穿上连体防水裤义无反顾地下去了。到了池子底部，他才发现情况远比自己想象的复杂得多。池子里的水齐胸深，由于常年流的是含油带泥的污水，所以整个池子底部都是滑滑腻腻的，下面空间又大，没有可以着手攀附的地方，胖李只能一小步一小步地挪动。池底的格栅缠上了杂物，堵得死死的，准备的钩子根本无济于事，他便把钩子一扔直接下手。弯腰下水使不上劲儿，他就猛吸一口气蹲下去，薅几下杂物站起来喘几口，这个过程中还得动作舒缓，因为池底太滑，用力稍微一大就站立不稳。池边帮忙的同事看不下去了，接二连三地要求换人下水，胖李吐了一口脏水，狠狠地说："我脏成这个熊样就够了，还得一个班都成黑狗熊呀？"

过了两个多小时，格栅处突然出现了咕噜咕噜的声音，紧接着哗的一声，胖李直起身子看也不看，顺着梯子就上来了。穿着连体防水服的胖李体型大了一圈，他哆哆嗦嗦地指着自己的领口说："灌满了，别多问，快走，我内裤都湿透了。"

那时我还没入职，后来听人讲起，偶然得机会问他详细经过，他只是淡淡地说："集水池的水太难喝了。"

去年冬天的一个傍晚，我被胖李在工作上的战斗力彻彻底底折服了。那时，我们值中班，胖李是值班班长。刚从宿舍到厂区的班车上下来，雪粒儿就乘着风钻进了衣服领子里。接完班后，胖李把主操和我们几个副操叫到一块儿，严肃地告诉我们浮渣泵和污油泵都堵了，如果不能清理干净，下个班的工作就会受到影响。冬天天短，天黑之后如果没有照明工具，泵的清理工作难以进行，所以我们班的任务就是在天黑之前把两个泵清理干净。

安排好任务，胖李就失踪了。那时已经接近下午五点，时间上根本不可能完成。外面的雪下成了一块白布，主操略一思忖，迅速制订了计划：所有人去外面清理浮渣泵，手电筒留在中控室充电，解决掉浮渣泵之后，再拿手电筒一起去解决污油泵，这样就可以避免光线不好而导致另一台泵没法清理的问题。主操的英明决策给我们争取了一倍的时间，大家便不再慌张。一个多小时后，浮渣泵的清理工作接近尾声，餐车在大路上鸣笛。此刻没有什么比这声音更让饥肠辘辘的我们觉得悦耳动听了，赶紧扳手一扔，拿起餐具就冲。

大雪带来的寒气被热粥驱走。天已经黑了，既然手电筒都充上了电，也不急于一时。半个小时后，我们心满意足地打着饱嗝，才想起胖李还没吃晚饭，可餐车已经走了，没人记得给他打饭。

忽然，门开了，走进来一个巨大的雪人，是胖李。“污油泵我清理完了，免得大家晚上摸黑干活了。”

污油泵的法兰有三十斤重，一个人拆下来是没有问题的，但是如果往上装的话，要把每个螺丝口在两条管线上对齐并且上紧螺丝，一个人几乎是不可能完成的。我至今不明白胖李是怎么在那个大雪纷飞的傍晚一个人清理了污油泵，每每回忆起来，总让我想到长坂坡吼了一嗓子的张飞。

来这里工作之前，一提到工匠精神，我以为都是形容工作了几十年的老师傅，而如今，我脑海里总是不自觉地闪现出胖李那张硕大的戴着眼镜的脸。都说 90 后是颓废的一代，但我并不认可，在我们公司不乏胖李这样的小工匠，时代在发展，有些精神在无声无息地传递着。

记上海浦东企业家联合会二三事

文／李高明

那是 2016 年 12 月下旬的一个下午，上海金海岸演艺大舞台格外热闹。身穿白制服的华夏管乐团在门口高奏着一首又一首的迎宾曲，吸引来往路人围观。场内 800 多个的座位座无虚席，大家个个喜笑颜开，整个会场喜气洋洋。原来是上海市浦东新区的企业和企业家联合会在这里举行“传承世博 再创辉煌——先进表彰大型联欢会”。

表彰联欢会首先表彰了“十佳企业文化建设领军人物”。在欢快的乐曲声和有节拍的热烈掌声中，一个个肩披红绸带、满脸兴奋的企业家依次走上台去领奖。表彰活动结束后，各种精彩纷呈的文艺节目闪亮登场。惊险的时空飞车表演、难得一见的李玉刚同门师兄弟反串歌舞表演、滑稽笑星蔡嘎亮的脱口秀等节目赢得了全场观众热烈的掌声。

联欢会圆满落下帷幕，很多观众对浦东企业家联合会给出了很高的评价：“浦东企业家联合会真了不起，人手少，大型活动却越办越好，一次比一次精彩！”随后，浦东企业家联合会的负责人接到很多微信、短信、电话，都是来祝贺先进表彰联欢会圆满成功、赞美节目精彩的。

在这精彩、成功的背后，凝聚着执行会长李人俊的良苦用心和驻会工作人员的辛勤付出。

浦东企业家联合会但凡举办重大活动，从策划、筹集经费到寻场子、找节目，都是李人俊和秘书长周龙娣等人一点一滴去准备。这次表彰联欢会原本打算放在东方艺术中心，但那里光是灯光费用就要几万元，对于无任何财政经费的协会来说，实在是难以承受。

为了给表彰联欢会寻找合适的场地和节目，2016 年 11 月下旬的一个星期六晚上，李人俊听说江阴市有个镇要搞庆典活动，请来了歌舞团演出。得知这台节目相当不错，他便立即带着三名同事驱车赶往江阴，赶到演出场地时，已经是晚上 7 点多了。负责演出的经理把李人俊一行带进会场。这是一个临时搭起的露天广场，里面人山人海，据说至少有一万人。剧团经理叫人搬来了几只塑料方凳，让他们在前排坐下。寒风阵阵吹来，让人不禁颤抖，广场里的沙尘时起时落，吹得难以睁眼。李人俊和同事在冷板凳上足足坐了两个多小时，仍全神贯注地审视着每个节目。晚会结束后，李人俊和同事还留在现场与剧团经理商议着演出事宜。后来由于费用太高，最终没有合作成功。

不久后的一个晚上，李人俊在家中看报，突然眼前一亮，一则报道吸引了他的注意。报道说金海岸演艺大舞台的演出场场爆满，李人俊决定去一探究竟。经过打听，找到熟人牵线，剧场总经理很快同意安排李人俊看场地且审看节目。

第二天晚上，李人俊带着几个同事走进了剧场，别具一格的古典装饰风格和茶座式的座位让他们产生了新颖之感。演出八点钟开始，李人俊和同事聚精会神地观看着每个节目，边看边商议，从中挑选了一部分精彩而有意义的节目。看完演出，已经是夜里十点半了，李人俊和同事还留在剧场里商谈节目与费用，最终敲定了节目方案。

李人俊不仅对浦东企业家联合会的各项工作精益求精，还兼任《浦东之窗》杂志总编辑，从版面排版、标题制作，到文章结构、照片安插、错别字等，每个细节他都不放过。杂志印刷前，李人俊都要审样稿。上班来不及审，晚上就带回家看，一看就是几个小时。有一回，李人俊的夫人因患严重的糖尿病住进了重症监护室。当时恰逢《浦东之窗》杂志要出版。于是，李人俊叫人把样稿送到医院。在病房里，他边看护妻子，边细心地修改着样稿。眼睛看花了，揉揉眼皮，困倦了，伸伸腰……邻床病人的家属问他："你老婆都失去知觉昏迷不醒了，你还有这个心思看这些东西？""这是我的工作职责！"李人俊坦然一笑回答道。

为推进企业文化建设，2015年，李人俊等人组建了浦东企业家联合会企业文化工作委员会，还组织人力先后编写出版了《璀璨的岁月》《领秀》两本企业家创业风采录书，这两本书被上海乃至各地图书馆收藏。2016年上半年，浦东企业家联合会申报的9家"上海市和谐劳动关系达标企业"，经三方机构评审和有关部门审核，全部榜上有名。浦东企业家联合会副会长单位——上海金桥市政建设发展有限公司和浦东东方有线网络公司以100分和99分的高分，位居全市表彰的685家达标企业榜首。

近年以来，浦东企业家联合会先后获得了"中国5A社会组织""推进企业文化建设成果奖""企业文化与品牌创新单位""和谐企业建设杰出推进奖""企业创新转型优秀组织奖""中国最具影响力社团组织"等荣誉称号。浦东企业家联合会本部党支部至今连续七年被浦东新区所在地区党委授予"优胜党组织"称号。

从“开荒者”到“引领者”

文 / 侯杰

腾宇石化始建于2012年7月，张贵兴于2013年2月1日来到该厂，现任腾宇石化主任。

“世上本没有路，走的人多了，也便成了路。”张贵兴就是那个领着腾宇石化员工第一批踏上征途的人。经过长达半年的建设学习，他熟悉掌握了各个生产工艺流程及相关操作规程，成为该厂第一批“开荒者”。

腾宇石化的“学习坚持者”

“一个人只有不断学习，才是取得不断进步和适应社会的法宝，才能满足企业发展对人才的需求。”这是张贵兴经常挂在嘴边的一句话。他不仅是这样说的，更是这样做的。

不管白天还是黑夜，不管是在办公室还是在宿舍，他只要一有时间就拿起相关的业务书籍苦心钻研，《石油炼制工艺学》《炼油装置节能技术与实例分析》《油品技术教材》《油品储运调和操作工》《危险化学品生产单位主要负责人和安全管理人员培训教材》……一本本业务书籍是他充电学习不可或缺的“食粮”。

他作为生产单位第一责任人，时刻关注着生产运行情况。不管是否当值，每天早上6点左右，他先到厂区巡视生产运行情况，然后到办公室，对照电脑研究、记录、结合现场实际运行情况分析各个运行参数，并将它们一一整理记录在自己的学习笔记本上。他始终坚持将学习作为一种习惯，从不放松对知识的强烈渴求。自2013年投产至今，他已整理记录了整整14本学习笔记。上面密密麻麻的字迹，诠释着他对学习的执着与对石化事业的热爱，诠释着他爱岗敬业的精神与对企业高度的责任感，这为他自己的成长与提升积累了丰富的运行、调整经验，为企业的安全、平稳运行提供了有效的运行数据和参考依据。

腾宇石化的“技改带头人”

在工作中，张贵兴天天围着库区、装卸车区、主控室、外围管线转来转去，边看边想，边想边钻研，用他的聪明才智和知识财富攻克了许多技术难题、完成许多技术改造。

其中，通过对原消防系统进行技术改造，实现了报警区域准确定位，并真正实现一键启动效果，使消防系统能够在最短的时间内发挥作用，最大限度地降低了人员和财产损失；对装车系统进行自动化改造，实现了汽、柴油装车泵棚无人值守，实现了真正意义上的自动化装车系统，操作工由原来的每班8人缩减到现在的4人，既节省了劳动力，又保证了员工的身体健康，大大提高了公司效益。由于腾宇罐区储罐设计中切水口位置不合理，存在脱水带油现象，他带领团队通过对切水口工艺连接管线进行串通改造，杜绝了脱水带油现象的发生，同时消除了油品的安全隐患；通过对天弘库区混柴罐、催化柴油罐、催化汽油罐与石脑油罐组进行联通改造，解决了油品储存能力不平衡问题。

张贵兴先后带领腾宇石化员工完成了20余项技术改造项目，为公司降低了生产成本，提高了员工的工作效率，增加了经济效益。因此，他成了腾宇石化的“技改带头人”，分别在2013年和2015年获得了公司“技术革新能手”和“岗位能手”荣誉称号，为公司的发展作出了积极贡献。

腾宇石化的“黑脸包公”

说张贵兴是“黑脸包公”，原因有二：一是他天天在库区、生产一线忙碌，白皙的脸变得黑红黑红的；二是不管是谁，一旦碰触了规章制度，有违安全生产的这根底线，他便毫不留情，严格照章办事。正如他办公室墙上挂的那块牌匾写的：质量是企业的生命，安全是员工的生命。

曾经有一名员工违反公司规定，上班时间没有上交手机，张贵兴当场对该员工进行了严肃批评教育。就这样，张贵兴一直坚持用规章制度约束自己及身边的每一名员工，处处体现出“严是安全的保障，松是事故的祸根”，为企业和员工的安全提供了强有力的保障。在他的领导和指挥下，腾宇石化自建厂以来，未发生一起工伤和人身事故，而他却成了名副其实的“黑脸包公”。

腾宇石化的“贴心大家长”

自入厂第一天开始，张贵兴便以厂为家，白天黑夜全部吃住在工地、厂区，在极其艰苦的条件下带领库区员工弘扬“万达五加二，白加黑”的奋斗精神。

他也是这个大家庭的“大家长”。平时，他把员工当作自己的孩子一样呵护疼爱。尤其是逢年过节，由于员工们年龄偏小，家也离得远，加上工作性质的原因，不能回家。于是，张贵兴就陪他们一起过年、过节。入厂三年来，每年的春节他都陪员工在这里一起度过。过年他给大家准备好瓜子、花生；端午节为他们准备好香甜的粽子；八月十五为他们准备好月饼……处处让员工们感受到他对大家满满的爱与关心，让员工有家一样的感觉，他就是这个大家庭中最“贴心的家长”。

腾宇石化的“引领者”

入厂三年来，张贵兴一直坚持用知识武装自己的头脑，用实践丰富自己的经验，兢兢业业，恪尽职守，默默地奉献在生产一线。他先后完善了《腾宇石化交接班制度》《腾宇石化员工考核制度》《腾宇石化管理制度》《傻瓜式操作程序》等各项制度，并跟踪制度的执行与落实情况，做到奖罚分明。

他多次组织员工进行各种培训，通过对员工进行现场提问、现场考核的方式来提高员工的各项技能，引领员工成为一个“会干有技术，巧干有绝活”的新时期石化员工，他用自己爱学习、爱钻研、爱劳动的实际行动引领着大家共同成长、共同进步。因此，他深受员工的尊敬与爱戴，对于他的工作指示与安排，员工们能够做到按时、自主完成。

张贵兴在工作中，一直把自己融入公司的整体发展中去，与公司荣辱与共，牢固树立主人翁意识和高度的企业责任感，他充分发挥自己的聪明才智，为公司的发展作出卓越的贡献。在他的领导下，腾宇石化各项工作业绩在公司各个车间中名列前茅。

就是这样，他从一个“开荒着”，带领腾宇石化全体员工脚踏实地，一步一个脚印，从无到有，从简到全，带领大家一步一步走来，“引领”着大家为企业的健康、和谐、稳定发展贡献出自己的力量！

我们眼中的“企业文化”

文 / 李建青

21 世纪是文化管理时代，是文化致富时代。企业拥有自己的文化，才能更加具有生命的活力和人格的魅力。企业文化是企业的核心竞争力，是企业管理最重要的内容。“忠诚、团结、积极、服从、原则、结果”十二字方针使我们拥有了更加坚实的向心力和凝聚力，更有了健康向上的氛围、追求卓越的信心、开拓进取的勇气、与时俱进的方向和灿烂辉煌的成果，也让我们拥有了一批批认真、负责、想干事、能干事和干成事的现场工作人员，还有他们背后无私奉献、生动感人的故事。

忠诚：企业发展的沃土

2016 年 7 月 20 日晚 10 时，漫天星光都自觉地褪去了颜色，灰白的水泥地卖力地散发吸收了一天的热量，橘色围墙边的花池里，金蝉声似乎又大了几分，仿佛感受到了微风中那一抹细小的湿气，这时候还有一个人在各个维修班进行着细致的检查。

“崔经理，还没有下班啊？”一名维修工放下手中的工具问道。

“我在等下雨，不止我，所有的管理人员都在现场待命，今天的暴雨估计不会小，你们也要看好自己的设备，漏雨量小的地方提前处理一下，要是漏雨量大了的话就把下方的设备断电，千万保证人身安全。”设备部经理崔新华打开了手电筒，指着配电柜上方的屋顶说道。紧接着步入了下一道工序的准备检查工作。

在其位谋其政，任其职尽其责，崔新华，我们设备部的经理，他就是这样的一个人。为了干好工作，他舍小家顾大家，经常工作到半夜，有时候甚至和同事们一起熬通宵。忠于职守，忠于万达，他是我们最佩服的人。在崔经理的带领下，我们设备部完成一项又一项任务，攻克一个又一个难关，经过千锤百炼，成了一支精英团队。

团结：企业发展的源泉

“哟，你们硫化的挺积极呀！”半成品主管宋波带着一队人马对硫化主管王玉浩说着。

“怎么着，就你们半成品能来密炼锻炼、学习，不能我们来进修啊？”硫化主管晃了晃手中的活扳手，咧着嘴笑着。

这是2011年6月一部密炼M2密炼机更换混炼室眼镜环时发生的一幕。前期凡是密炼机中修全部进行外协申请，耗资10余万元，工期更是在15天以上。为了确保生产，降低运营成本，尽快完成密炼机中修工作，设备部决定取消外协维修，自行组建施工人员。4个区域，20余人，加班加点仅用了4天时间完成了此次任务，并一次试机成功。自此密炼机中修全部划为内部维修，每年节约运营成本达60余万元。

虽然，各区维修人员工作地点不同，但是，只要一个区的同事们忙不过来，其他区域的维修人员都会赶过来帮忙，我们也因此而结下了深厚的同事之谊。同时，为了加强团队之间的协作，我们经常会组织设备维修交流会，相互切磋，沟通技术问题，虽然经常斗嘴，但是大家之间的感情却越来越深。

积极：企业发展的催化剂

“振振，安排人员休息吧，从 M1 密炼机大修回来，拆装已经超过 24 小时了，你们也一直没停下，我已经和领导申请，延一天检修时间了，人乏了也保证不了人身安全。”崔经理看着密炼维修人员满脸的疲倦和眼中的血丝心疼地说道。

“崔经理，再等等，M1 大修安装必须先把 M2、M3 重新拆下才能过去，这台过不去会耽误其他两台的进度。”说着一部密炼维修主管赵振振又带领人员投入到了密炼机大修安装调试工作当中，这一待又是 12 个小时。最终按原计划在晚上 12 点计划开机之前完成了三台密炼机的安装工作，保证了生产开机的顺利进行。

这是一种怎样的工作态度？其实，我觉得已经超过了积极的层面，更可以用“热忱”来形容。有这样的员工，何愁工作做不好，何愁企业不发展。

服从：企业发展的沟渠

2015 年 6 月的一天，崔新华经理带着电气负责人李佑泉和硫化主管王玉浩去了基建办。

“王工，刚刚接到通知，尚总要求我们承接二部新仓库的电气消防安装工程，今天过来是想将咱们这个仓库的图纸、数据还有与承办单位工程对接的相关事宜确定一下。”

在基本数据确认之后，崔经理又带人到现场进行了细致的勘察，并落实了各项施工细节，紧接着又确认了项目组成员，一切工作都在紧锣密鼓地进行着。从 7 月初确定项目建设，8 月中旬备件到厂，9 月底交工，设备部用了不到三个月便圆满完成上级领导交付的任务，该工程已顺利通过了政府防雷检测验收。

崔经理经常教育我们：“都说军人以服从为天职，作为公司的一员，我们也必须服从领导的安排。只要领导让咱干，不管是上刀山还是下火海，我们都要全力以赴。”

原则：企业发展的防火墙

2016 年 5 月，一部半成品维修主管宋波急匆匆找到部门经理说：“崔经理，内衬层新买的那个油缸又出现故障了。”

“又出现了，是不是前两次要求他们赔偿密封和缸体的那个？”崔新华放下手中的碳素笔。

“是啊，就是那一台，今天又出现了故障，看来这家供应的液压缸不适用于我们现场生产。”

崔新华经理翻阅了一下前两次赔偿的申请单，皱了皱眉头说道：“这是个问题，这家的液压缸不能再用了，不仅不能再用，还必须要求他们赔偿我们的损失，你回去写一下具体的说明，我去联系供应人员要求他们退货并赔偿损失。”

经过协商，供应商同意退货并赔偿两台原厂液压缸，仅 2016 年上半年，全钢设备部共验货 272 项不合格，有效降低了设备的故障停机率，大大减少了公司因备件产生的损失。

结果：企业发展的收获

2012 年底，在 2011 年全钢二部一期工程 60 万套达标达产、产销两旺的基础上，公司领导根据供不应求的市场需求，果断提出了投资上马建设二期30万套扩产项目的想法。该想法提出后，集团公司经过调研、分析和评估，最终确定按照正常设备交货和安装调试进度，7月初设备陆续到厂开始安装，最终达产达效时间为2013年9月30日。

根据集团调度时间表，轮胎公司领导经过深思熟虑后，召集设备、生产及相关部门提出要提前达产达效，而且这一“提前”不是简简单单的十天半个月，而是三个月，即在6月30日前达产达效。崔新华拿到责任状后，立刻回到办公室埋头起草提案，该提案得到了公司上级领导的大力支持。面对着项目人员的质疑，崔新华经理对所有人说出这样一段话：“各位同事，人员配置多少我不关心，周期长短我也看不见，我现在只看到6月30日投产达效，投产日期是上级领导经过反复斟酌、深思熟虑的，中间困难是需要我们去克服的，养兵千日，用兵一时，有硬仗的时候不去打，要我们这些人干什么。”为了缩短交货周期，他索性住在了桂林橡机厂，当起了厂家的“生产调度”，而且一盯就是十几天，在设备生产现场亲自“调度指挥”，直至落实了全部设备。

2013年3月中旬开始土建施工，6月30日调试完成全线投产，项目组人员靠着“不散伙”精神和干劲，仅用了三个半月的时间就完成了30万套新项目建设工程，用事实证明了自己是一支不讲过程、只讲结果、想干事、能干事的万达队伍。

忠诚，所以有原则；有原则，所以服从；服从，所以团结；团结，所以积极；积极，才成就了光彩夺目的结果。十二字文化已经深入到了全钢设备部充实忙碌的日常生活中，弘扬企业文化，养成积极向上的生活态度是我们应尽的责任，也是我们生活素养的表现，我们会跟随万达的脚步，走向光辉灿烂的明天。

传承西凤精神，成就精彩人生

文 / 朱小倩

作为西凤工业旅游线路上的一名讲解员，我每天的工作就是向四面八方的来客讲西凤酒，讲西凤人，讲西凤故事。今天，我的故事要从一次讲解中听到的一句话开始。

2014 年的一天，有一批西凤老职工代表来厂里参观，与其说由我引导参观，不如说是让我了解到更多的西凤故事、更深的西凤情。参观中，老职工们看着日新月异的新厂区，感慨颇多。记得参观到制曲车间，一位老职工有感而发："这曲磨机啊，还是老吕带着一批人，自己钻研发明出来的，还获得了很多专利呢！"我当时很震撼，我们的前辈们竟然这么厉害。同时，老职工口中的"老吕"给我留下了深刻的印象。

通过多方打听，我知道了，这位传说中的"老吕"就是我们企业生产设备革新能手吕志正同志。他是一名普通而又杰出的工人，他机敏睿智，独具匠心，善于捕捉一个个创新点；他一专多能，身怀绝技，是西凤酒制曲、制酒生产设备的专家，创造了一个个西凤奇迹。他倾其一生的精力，淋漓尽致地诠释了西凤人的工匠精神、拼搏精神、奉献精神。

1958 年 3 月的一天，吕志正怀着 16 岁的美好梦想，跨进了西凤酒厂的大门，成为共和国的第一代西凤人。当时，厂里的一条宣传标语吸引了他：“西凤酒厂是我家，多作贡献戴红花。”他想，只要自己踏踏实实地干工作，就一定能够戴上光荣的大红花。年少纯真朴实的愿望，令人动容。

在制酒车间上班，吕志正天天都有使不完的劲儿，眼里有干不完的活，尤其看到厂里的制酒设备，就有一种孩童般的好奇和欢喜。每天晚上临睡前，他都会习惯性地回顾一遍车间机器设备的造型，再根据记忆在图纸上画出来，这样的练习为他后来的发明创造打下了坚实的基础。

制曲生产，是西凤酒工艺流程的首道工序和关键环节。随着企业的发展壮大，生产规模不断扩大，当时的人工采曲劳动强度大、效率低、工时长，不能满足大批量生产的需要，领导们对此事高度重视，要求引进机械化生产设备。由于当时全国范围内还没有现成的制曲机，有人提议高额引进进口设备，也有人说聘请专业人士设计制造。就在大家众说纷纭之际，吕志正心头萌动已久的创造发明想法正式落地生根，他主动提出要自主设计发明曲磨机。

这项工作正式启动后，吕志正一连数月，白天去宝鸡图书馆查找收集资料，晚上再回厂进行汇总整理和研究。为了加快进度，他经常顾不上吃饭，用烧饼榨菜凑合，几乎每天晚上画图至深夜。其间，他的不规律饮食导致胃病发作，可即使疼痛难忍也挡不住他的专注与投入。1971 年春天，他终于成功发明制曲机，机器轰隆隆的传动声挡不住车间领导和工人们的欢呼声，厂领导对他赞不绝口，称吕志正是西凤能手。1971 年 4 月，制曲机经检验合格后，正式投入使用，从此结束了人工采曲的历史。后来，他又带领团队先后试制成功了装酒轧盖机、航行式单吊梁天车等一系列机械设备，减轻了工人劳动强度，极大地提高了生产效率，创造了一个又一个西凤奇迹。

日本企业家稻盛和夫曾经说过：将平凡变成非凡就是这个“持续”。不选择捷径，一步步、一天天拼命、认真、踏实地工作，积以时日，梦想变成现实，事业获得成功，这就是非凡的凡人。从 1958 年进厂，到 1998 年退休，吕志正在西凤酒厂度过了人生最宝贵的四十个春夏秋冬。他倾其一生的心血，在平凡的岗位上做出了不平凡的业绩。2013 年，吕志正由于胃癌发作而离世，人们无不扼腕叹息。

“是金子无论到哪里都会发光的。”吕志正的奋斗和实践，真正地验证了这句话。正是有无数位像吕志正这样的前辈的无私奉献和钻研进取，西凤才有了一步步的改革发展，一次次的涅槃重生。

作为一名新时代的西凤人，在企业飞速发展的今天，我们是否还有前辈们要戴大红花的赤子之心，是否还有为西凤拼搏、为企业奉献的朴实情怀？可能我们现在拥有的只是一个平凡的岗位，认为自己只是一个再平凡不过的升斗小民，但是，我们将会用传承不息的西凤工匠精神打磨我们的意志和技能，把拼搏奉献、永不停步的精神追求融进自己的血液。每一份付出，都会是铮铮作响的打夯声，每一次成长，都会呈现无比绚烂的精彩华章，在西凤高高飘扬的大旗上，镌刻着青春之光，凝聚着智慧和力量，那是西凤人的腾飞宣言！

小小工作室，创新大舞台

——记中航工业庆安曹卫锋创新工作室

文 / 冯智海

2014 年 11 月 28 日下午，中航工业庆安 19 厂年轻党员曹卫锋在西安市职工（劳模）创新工作室命名授牌仪式上，亲手接过了西安市总工会副主席为他颁发的“曹卫锋创新工作室”奖牌和一万元工作室活动基金。曹卫锋创新工作室作为庆安公司第一个以劳模命名的创新机构，在成立不到一年的时间里，努力钻研，群策群力，攻克了一道道技术难关，得到了上级部门的肯定，这不仅是庆安公司的荣誉和骄傲，更反映出以曹卫锋为代表的新一代庆安人革故鼎新、坚持不懈的创新意识，以及精益求精、锲而不舍的钻研精神。

曹卫锋所在的 19 厂承担着中航工业庆安对外合作转包生产零件的加工任务，现代化的设备和生产管控环境在庆安公司首屈一指。近几年来，随着公司国际合作业务的不断拓展，业务量也在逐年增多。许多复杂的航空零组件不仅技术要求极高，而且没有任何可以借鉴的加工经验和技术参考。为此，公司围绕持续改进、技术革新方面群策群力，虽取得了不小的成绩，但始终没有形成系统的技术指导性文件。于是公司领导经过一番调研论证后，曾经荣获陕西省“杰出能工巧匠”“陕航之星”“机电系统特级技能专家”第六届全国数控技能大赛陕西省第一名的35岁数控车工高级技师曹卫锋进入了大家的视线。

曹卫锋2002年参加工作，一直从事数控车的操作，多次在公司以及省部级技能大赛中获奖，如今已是数控车高级技师、机电系统公司特级技能专家。他工作中留心观察，喜欢钻研，凡事要问个为什么。公司最终决定由他来组建第一个以劳模命名的创新工作室，以复杂大型筒体类、大型活塞杆类、耳环类零件及复杂壳体等为主，一边解决生产上的技术瓶颈，进行技术上的积累，一边总结经验，形成规范的技术指导资料。

工作室刚成立不久，接到了两类大型筒体的批生产任务。该筒体体积大，且精度要求极高，深孔钻后数控车均要保证孔和外圆同轴度0.04毫米，加工遇到了前所未有的难度。由于缺乏理想的加工方案，生产任务举步维艰，两个零件架上放满了返修的产品。于是，曹卫锋带领王斌等班组成员协调工艺方法，加班加点进行试制。但改进后的工艺方法产品合格率仅为50%，另一项产品合格率仅为30%左右。加工时，十几公斤重的筒体反复装夹试修，对班组成员体力和毅力都是极大地考验。一个班干下来身心疲惫，班产量5—10件。加工另外一种筒体时，用的是大型锥心轴，装卸零件都需要用铝棒进行敲击。见此状，曹卫锋直接住在了厂里，每晚加班到9点以后，翻阅各种技术资料，研究加工方案。经过一周不分昼夜地作业和试验，曹卫锋突发灵感，想出了理想方案，并撰写了课题论文《两种类型筒体零件的加工难点剖析》，在论文中论证了方案的结果，经过技术主管部门同意后进行了试制。没有工装工艺规程，论文就是指导文件，他亲自指挥生产两个大型工装。工装制好后，投入生产试制，很快获得成功。积压了好久的不合格品全部加工完成，得到了领导和同事们的好评。如今两种筒体每天量产总共达到

100件，合格率100%。

曹卫锋创新工作室面积只有10平方米，数控加工设备12台。走进曹卫锋创新工作室，映入眼帘的是干净整洁的工作环境，拉开工作室成员的工具柜，工、夹、量具分类清晰，放置有条有理，小小的工作室却是公司技术革新的大舞台。经过大家的共同努力，工作室成立不到一年不仅攻克了许多技术难关，而且提出合理化建议40余项，改善技术10余项，所撰写的多篇科技论文在公司荣获技术创新奖。同时曹卫锋通过技术的积累和经验的总结，编著了许多指导性的技术体系文件，如《FANUC数控车床编程技巧》《数控车床刀具的选用技巧及常用参数的计算》《典型问题解决案例》《数控车床应试技巧》等，这些技术文件不仅实现了技术资源的共享，对新技术的应用和推广也起到了积极的作用。

在曹卫锋的带领下，工作室攻关的技术水平冲在了公司的前沿，代表着先进制造技术发展的新方向。在加工产品时，大家兢兢业业，一丝不苟，严格执行三检过程，做到百分之百自检，因此工作室加工的产品不仅合格，且个个都是精品，交检合格率在98%以上，令同行称赞不已。

说起取得的荣誉，曹卫锋总是特别低调，他认为荣誉也好，成绩也罢，都离不开19厂这个集体的共同努力。成绩和荣誉仅代表过去，他现在所思考的是如何把工作室办得更好，为企业的发展起到推波助澜的作用。工作室目前还是一个新生事物，一切都在不断探索中，因此，作为创新工作室的带头人，他将尽自己最大的努力，把工作室的各项工作做实，做出庆安公司自己的特色。

天道酬勤

——记辽宁美日肥业有限公司

文 / 侯艳杰　田玉锋

那一年，粮食部门解体。一直在本职岗位兢兢业业、勤勤恳恳工作的韩兴良一下懵了，从天下粮仓的保管员到下岗职工，这种从云端跌入谷底的落差感让他无所适从。

低沉了一段日子后，韩兴良觉得怨天尤人解决不了问题，当同事们长吁短叹、借酒浇愁时，他暗下决心，要寻找一条光明大道。多年从事粮食工作的他深知不管未来如何发展，农民都要种地，这是亘古不变的道理。于是，一个念头在他脑海中一闪而过——经营化肥。一旦有了目标，他开始摩拳擦掌，跃跃欲试。

众所周知，经营化肥，资金投入大，风险指数高，最主要的是熟悉化肥的相关知识。韩兴良经人指点，聘请了一位高级农技师，走访客户的时候，让农技师为农户答疑解惑，农技师精彩的解答和指导让农户心服口服，他如鱼得水。多年苦心经营，事业渐渐有了起色，韩兴良成了别人眼里的成功人士，但坚毅稳重、志存高远的他不但没有沾沾自喜，反而更加沉默。韩兴良决定开疆扩土，大刀阔斧地干一场。他审时度势，经过无数次的考察和周密计划，冲破层层的阻力，筹集资金，从秦皇岛引进先进设备，成立了辽宁美日肥业有限公司，走上了自己生产化肥的康庄大道。

为了扩大销售，填补当地生产复合肥的空白，他与北京金土地复合肥有限公司和北京嘉吉复合肥有限公司联手合作，生产出了最优质的复合肥。此外，他还与石家庄化工有限公司合作，补充了当地化肥微量元素的不足。企业生产的“缓释＋双控”的新型肥料专门针对东北地区的土质配方，不但富含氮磷钾三大主要元素，还含有硫镁硅钼锌等多种作物所必需的微量元素，具有物理性好、颗粒均匀、抗倒伏强等特点，真正实现了肥料的双控协调释放。

为了做出最优质的肥料，多年来韩兴良殚精竭虑，不敢有丝毫懈怠。所有原料都是国家名牌，进厂严格把关，采用先进完备的检测手段，保持一年一测土，一年一配方，成品出厂也要经过反复试验，质量在同类产品中遥遥领先。为此，他专门辟出试验田，每研制出一项新产品都要亲自试验，力求将最完美的肥料呈现在种植户的面前。他还高薪聘用农技师为种植户做技术指导，全面保障农民收益的同时，也为自己赢得了口碑和信誉。这些年他没做过广告宣传，仅仅是靠着过硬的质量，坚持用户至上、质量第一、信誉为本的经营理念，在同行业竞争日益激烈的今天，把事业做得风生水起，如日中天。而其中的甘苦心酸，呕心沥血的付出，凤凰涅槃、破茧成蝶的苦痛煎熬，大概也只有他自己知道。

生意好做债难追，做生意最头疼的就是追债。曾经一位朋友从他这里买了一百多万元的化肥，货款一拖再拖。他只能求助法律来讨债和维权，直到如今这笔货款还尚未追回。因为创业之初，所有的资金都是八方集资，这次意外犹如雪上加霜，让企业元气大伤。可是开弓没有回头箭，韩兴良把所有困难扛在肩头，严把产品质量关，从来不肯为了自己的利益做坑农、害农的事。他常常对员工说，老百姓用咱们的产品高产了，咱们的企业才能活下去，才能做大做强，咱们的利益和老百姓的利益，相辅相成，息息相关。

诚信，一个平凡却沉甸甸的字眼，不是空话套话，亦不是冠冕堂皇的表面文章，它是一个企业的命脉，当它从一个企业家的嘴里说出来，体现的是他无与伦比的气度和担当。诚信二字，在韩兴良心中重若千斤，多年隐忍，多年信守承诺，终于守得云开见月明。他的执着和坚持，他的不屈不挠，为他换来一片碧海青天，锦绣前程。

如今，韩兴良的美日肥业获得无数荣誉：辽宁技术监督局授予“计量管理先进单位”，与辽宁广播电视台形成长期战略合作伙伴，辽宁消费者协会授予“消费者满意单位”，辽宁省农委授予全面质量管理“达标单位”，实施国家科技成果重点推广计划项目，等等，这些荣誉没有让他躺在功劳簿上，反而让他更加清醒地认识到企业的明天任重而道远，不能有一丝一毫的懈怠。2007 年，韩兴良又成立了辽宁昌图县兴盛粮食购销有限公司，进行粮食购销、烘干；2013 年，成立了辽宁昌图永恒科技有限公司，主要经营航拍测绘；2016 年销售收入约 150 万元，实现上缴国家增值税、所得税 10 余万元。

韩兴良让我们相信有志者事竟成，相信苦心人天不负，相信天道酬勤，相信阳光总在风雨后。祝福他在鹰隼般翱翔的征程上，越飞越高，越飞越远，继续书写财富的传奇。

崛起的老北京布鞋義恒连锁店

文 / 杨艳侠

近几年来，在东北的大小城市，“老北京布鞋”店如雨后春笋般迅猛发展。一个城市一条主街甚至转个身就能看到一家，而老北京布鞋“義恒”连锁店更是在行业里独占鳌头。在这个行业，一提起辛士行，大家交口称赞。凭着自己的奋力打拼，几年的时间里，他就把连锁店做得火遍了东北，成为行业领军人物。

辛士行年过而立，自信沉稳。日子不缺吃穿，可他总觉得在他热血澎湃的骨子里缺点儿啥，于是，他决定趁年轻干一番自己的事业，打拼出一片属于自己的生存天地，不枉青春。

“干点儿啥呢？”辛士行总是在问自己。他心里没谱，白天黑夜，辗转反彻。这天，他和爱人说：“走，咱去市场的海洋里看看都游的是啥鱼？”说走就走，扔下孩子就奔波全国各地考察市场。上海、广州、北京等这些大小城市，各个店铺看，条条街里瞧，看客流，看销量。观察了十几天，夫妻两个累得两腿发胀，两脚发麻，恨不得把鞋子脱下来扔了舒舒服服地光着脚走。两个人脸似苦瓜，依偎着坐在了一家老北京布鞋店旁。这时，一位女服务员从鞋店里走出来，满脸微笑：“欢迎光临老北京布鞋店，进店歇歇脚吧，顺便看看我们的老北京布鞋。”妻子皱着眉头说：“士行，我们进去看看吧！也歇会儿，穿这皮鞋太累人了。”

辛士行知道妻子走得脚都疼了，连忙心疼地答应。琳琅满目的展柜上，各种款式各种颜色的布鞋，“老北京”不老，似在透露着一种蓬勃的春天般的暖，刹那间吸引住了他的眼球。看着看着，心怦然一动，让他小有窃喜，一款纯手工的千层底布鞋映入眼帘。记得小时候母亲常和他说：以前姥姥在煤油灯下，佝偻着背，布满老茧的双手走千针飞万线，就为给家人做一双舒适养脚的千层底儿布鞋。

“士行，你过来！”妻子满脸喜悦，像发现了新大陆，“你也找双鞋试试，这鞋可真舒服。”妻子眉飞色舞。服务员麻利地帮着他们夫妻选了两双鞋，忙不迭地介绍道：“老北京布鞋舒适，养脚，透气排汗，EVA的底材，松软耐磨，有如踩在棉花团里，身心都有种释放的感觉，对身体更是有绝对的好处，保持了您的健康。”付了钱，走出鞋店，辛士行看着老北京布鞋店醒目的店标，他心里有谱了。

2011年11月，在大连瓦房店市内，辛士行的第一家老北京布鞋店开业了，带着满心憧憬迈出了他人生事业的第一步。可是，万事开头难。鞋上来之后，夫妻决定先自己卖，摸爬滚打，没日没夜；创业虽辛苦，可他们却充满希望，干劲十足。看着妻子每日疲惫的面容，他心里难受，内疚地对妻子说：“对不起老婆，让你和儿子受苦了，说好让你一辈子都和我享福，现在却要你和孩子跟着我挨累受苦！”

妻子抱起他的手，轻轻在他手背上咬了一口，看他咧着嘴，笑着说：“傻瓜，你创业，我不陪你谁陪你？再辛苦再艰难，我和儿子都会在你身边。你只管努力去做，我知道你能行的，我对你有信心！”辛士行两眼噙着泪水，心里暖暖的。并暗暗给自己鼓劲儿：一定要让妻子过最好的日子，做最幸福的女人。也要让天底下更多的人穿上自己的老北京布鞋！

路虽艰辛，但勇者胜。初战告捷的辛士行在2012年桃花吐蕊的春天，又大胆地迈出一步，在瓦房店，在大连市，又开了三家店，效果更是显著。

可是，在开了几个店后，辛士行发现了一个问题：好卖的鞋款想再卖，取货时，没货了，卖不动的鞋款想换换货，人家不给换，时间长了这就成了问题。虽然鞋卖得挺好，可积压得也越来越多，严重影响资金周转。辛士行愁眉不展。怎么办呢？想着想着，心里有了个大谋划。

辛士行去找父亲，说明了情况，父亲沉思了一下，面容从来没有过的严肃："你想好没？这可不是小事，不是开两三家店的事，开厂子生产和你开店经销是不一样的，开制鞋厂可是大事，也不容易干，现在全球经济都不景气，想在这个千军万马的行业里站稳脚谈何容易？"然而，辛士行双眼却流露出自信与刚毅。

得到家人的支持，辛士行和妻子立刻动身去了北京，注册了"晟祥和"总公司。同时，"義恒"连锁店也诞生了，辛士行和妻子激动不已，像对自己初生的儿子般呵护。想象着不久之后，要把老北京布鞋"義恒"连锁店布满整个东北，乃至全国。回到家，他紧锣密鼓地实施他的宏伟计划。没时没晌地苦战，吃住在厂里，累得又黑又瘦，可有家人的支持，以及对未来事业的展望，他心里就有着满满的希望。

要生产加工，产品质量必须过硬，做鞋的师傅得请高手。辛士行看好一位技术活和画图都一流的师傅，便亲自去请。师傅是个干瘦的老头，中等个子，年龄五十来岁，暗色的脸上，两只烁烁放光的眼睛透着精明能干。然而辛士行三顾茅庐说尽好话，也没有让做鞋师傅松口，辛士行急得满嘴大泡，无计可施，可他心里有股犟劲儿。

这天，辛士行等在做鞋师傅下班的路上，离着十多米远就发现做鞋师傅走路不自然，脚发软，捂着肚子，脸上五官皱在一起，很难受的样子。辛士行赶紧走过去，扶住他："叔，怎么了？哪里不舒服。"

做鞋师傅满脸虚汗，说小肚子疼。辛士行连扶带抱地把他弄上车，直奔医院。医生一检查，急性阑尾炎，马上手术。辛士行像家人一样地帮助办手续，通知完家属便一直等在手术室外。手术一个多小时就结束了，做鞋师傅的家人也到了，嘴里说着感谢话：“老头子，你看这孩子多好，你生病多亏他了，病好了就去帮帮这孩子，年龄小，肯努力，有志气，不会差的。”做鞋师傅没抬头，闷闷地答应着。就这样，辛士行终于把做鞋师傅请来了，很快一切都走上了正轨。厂子顺利开业了，在做鞋师傅的专业技术指点下，老北京布鞋“晟祥和”的品牌鞋出厂了。

天到酬勤，凭借辛士行与所有员工的不懈努力，诚信经营，服务周到，他奔走在各个城市，一个城市一个店铺地布置，省内省外，西丰35店，四平37店，调兵山40店，抚顺50店，新民52店，本溪、阜新、大连、吉林、黑龙江……100家店在各地如花儿般开放，开得娇艳，开得惹眼！

辛士行朝着自己的目标奋力前行，他常信心百倍地说：“相信不久之后老北京布鞋‘義恒’连锁店，‘晟祥和’的品牌将是我们中国的一大品牌，我更有责任把祖国的宝贵遗产发扬光大，把它推向全国走向世界！让每个穿老北京布鞋的人都满意，为每个有老北京布鞋的家庭的健康尽一份自己的力！”

谭琦琏：做自己人生的“工匠”

文 / 陈宇

工匠精神是一种品质，一种追求，也是一种氛围。专注、严谨、创新、精益求精，这就是湖南省华菱涟钢企业管理与战略规划部应用软件室软件维护组二级责任工程师，80后谭琦琏对“工匠精神”的理解。

2003年谭琦琏毕业于湖南科技大学计算机及其应用专业，分配在涟钢原信息管理部，一直从事计算机应用软件开发及系统维护工作。虽然专业对口，但理论与实际运用还具有一定差距，幸运的是他遇见了一位好师傅胡炎东，胡师傅做事认真专注的态度深深影响了谭琦琏。谭琦琏白天跟着胡师傅学习操作技术和经验，晚上回家认真总结归纳，在网络上查找资料，集他人之长，提高自己的实际水平。功夫不负有心人，工作仅两个月，谭琦琏就能在计算机应用软件开发方面独当一面，不到半年，制作的小软件已在生产中发挥作用。

随着市场竞争的日益激烈，谭琦琏和班员在工作中不断提高设备管理的标准，缩短故障处理时间，降低生产成本实现技术创效。公司设备管理系统于2013年需求调研，2014年正式设立项目。对此，谭琦琏做了大量的准备工作。

在现代化大型企业信息化管理体系建设中，设备管理系统被看作是重中之重。公司有上百万的设备基础台账、几十万的设备图纸需要导入管理系统。基础工作非常烦琐，谭琦琏彻夜不眠，分析工作难点，核对数据，为了提高工作效率，谭琦琏灵机一动，开发出一个批量导入系统，能够快速录入，减轻管理人员和业务人员的数据处理负担，节省了不少时间。

2016年，涟钢启动了质量效益型战略，为保证客户个性需求在冷轧产线的准确传递，为提高品种钢的质量控制水平，谭琦琏经常主动与质量、销售、生产等业务口径深入沟通、主动思考，按公司要求做好质量相关方面的一系列改造和优化。以前，冷轧板厂在生产锯片钢时，完全是通过技术人员手工设置工艺参数进行，稍有不慎，就会影响产品质量。锯片钢等高碳钢边际利润高，这对"保生存、保家园"中的涟钢非常重要。但要对CSPMES、检化验信息以及罩式炉L2系统进行全部重新编制，这是一块难啃的"硬骨头"。

但敢于打硬仗、善于啃"硬骨头"是谭琦琏最大的特点，尽管没有经验可鉴，他却直面困难。在设计方案阶段，与同事们在一起多次讨论、求证、找方法、收集数据，对现有冷轧系统的运行维护情况做了详细周密的调研，扎根现场了解情况，虚心学习生产工艺，针对项目涉及的每个表和字段，认真严谨，仔细斟酌。通过实时记录，分析数据，对原有生产系统进行改进与升级，并分析原有计划和物料流程，确定在不影响原有流程的前提下实施方案，加班加点地进行系统开发和测试。两个月里，谭琦琏带领同事们放弃午休和双休日，白天晚上连轴转，终于在5月16日系统正式上线，实现了质量参数与工艺参数直接通过MES系统下发到L2系统，减少了人工干预，实现了精益生产。

谭琦琏的创新，直接来源于工作实践。他有股子倔劲儿，越是困难，创新的劲头就越大。无论公司引进什么新设备、新技术，他总是会跑过去一探究竟，有时为了弄懂其中的工作原理，甚至一晚上都不睡。爱学习、好钻研、不服输也是驱动谭琦琏创新的重要原因。“其实几十年坚持把一项工作干好的职工不止我一个，我身边就有这样的老师傅，他们也是我学习的榜样。我并没有觉得自己有多么不容易，能够一直从事自己喜欢的工作，并从工作中得到快乐，我觉得很幸运、很满足。”朴实的语言，道出了谭琦琏最朴素的情感。

有一次，谭琦琏接到生产单位打来的电话，说有一些钢种在系统中找不到，需要人工查找，人力物力的投入都非常大。他立刻奔赴现场，通过试验的数据、试验结果来确定每一步设计方案，对每一个分析数据，调试参数的来龙去脉不断钻研，直到弄清楚为止。有时为了一个疑难问题，谭琦琏日夜苦思冥想，绞尽脑汁。经过大量地查阅资料、反复地研究讨论，前后试验了多种方法，在现场经过 40 多个日夜苦战，他和两名同事完成了系统流程的编程，获得生产单位各级领导的一致好评。

要想研制出好的专业系统软件，只懂得计算机软件开发知识是远远不够的，还要熟练掌握各专业开发的技能。谭琦琏尝试把软件设计开发应用到各个专业技术当中，他购买了财务、物流、人力资源、煤炭、炼铁等各种专业书，从网上下载大量的相关资料并打印整理，出差时，他还会去当地的书店“淘”一些自动化维护方面的新书。他还非常关注计算机维护方面的新技术，不断储备更新信息自动化的前沿知识。

2015 年年初，因优良的工作业绩，他被借调到华菱集团工作，参与华菱财务共享平台项目。同年 9 月，公司 GPS 物流管理系统因物流管理模式调整，原软件完全不能满足用户需求，谭琦琏主动站出来接受了这个艰巨的任务。他白天干完华菱的工作，晚上便开始查阅大量技术资料，通过同事从现场调研发来的业务需求，针对 GPS 定位跟踪技术的特点和应用，提出了一种将 GPS 定位跟踪技术应用于涟钢物流管理系统的体系结构，并制定出详细的系统方案。

在结束华菱工作后，他立即投入 GPS 物流管理系统开发工作中。三个多月，每天工作 20 个小时，经过艰苦努力，积累数据，最终找出了解决措施。GPS 物流管理系统运行稳定、可靠，使用至今未发生过大的故障，提高了对车辆运营的管理效率，加速了涟钢的物流运行。

爱学习、爱钻研、爱创新的谭琦琏，2012 年参加湖南省技能大赛，获得第五名；2015 年参加湖南省技能大赛获得第八名；2014 年被评为公司标兵；荣获了“湖南省技术能手”“娄底市五一劳动模范”“公司标兵”“娄底工匠”“娄底市技术能手”等众多荣誉称号。

多年来，谭琦琏坚持做自己人生的“工匠”，创新工艺、开发品种、精益求精、不断学习，在前进的路上从未停歇。他用自己的人生经历，淋漓尽致地演绎了工匠精神，诠释着自己的人生价值，运用信息化技术不断创新，唱响了一曲新的奉献之歌！

美女劳模的奋斗人生

文 / 黄玲

如果把采购市场比作没有硝烟的战场，罗婷已经和华菱涟钢采购部（进出口部）大宗原室的员工一起打了不少的硬仗，立下了赫赫战功。罗婷是湖南省华菱涟钢采购部大宗原室主任，负责进口大宗原室的日常采购业务和管理工作。在近几年进口矿价格大幅波动的市场形势下，她通过细致收集整理各种信息，沉着应对转瞬即逝的机遇，以准确的判断和操作，带领团队完成近千万吨的进口矿采购任务，保证了公司的生产需要，为涟钢采购创效作出了重大贡献，出色的表现被评选为公司劳模。

星期五的下午，我在约定的时间去采访罗婷，当时她正忙着开会。

开完会，她一路小跑跑进办公室，急急忙忙地对我说："非常抱歉，我先发一个要紧的邮件。"第一印象中的罗婷，身材娇小，有着南方女子俊俏的容颜，看上去文静秀气，做起事来却风风火火。忙完工作的罗婷接受了我的采访，清秀白皙的脸庞上有着女性特有的温柔，她有些害羞地说："其实我没有什么可采访的，只是做了自己该做的、喜欢做的。"

2006 年，国际经济与贸易专业毕业的罗婷分到原进出口公司工作，她虚心向老同事求教，觉得每一次解决问题都是学习提高的过程。随着一本又一本工作记录的完成，罗婷成为公司采购部的技术骨干，2013年被任命为华菱涟钢采购部（进出口部）大宗原室第一副主任，负责进口大宗原室的日常采购业务和管理工作。

“采购工作责任大，不能出现半点儿疏忽。稍不注意就会造成公司采购成本升高。”一直从事进出口贸易的罗婷深知肩负的重要使命。进口矿的质量对公司生产成本影响巨大，为了牢牢地把握质量这道关口，不管是半夜三更，还是风雨交加，只要一个电话，她都会迅速地赶到车皮现场，爬车皮，看矿石，取样，第一时间联系客户，却顾不得自己满脸都是灰尘，满身都是泥水。

2013年4月，当采购的一单7万吨伊朗粉回厂后，质检来电告知粒度超标，罗婷冒着大雨，第一时间赶到了现场，落实情况，拟订谈判策略。当供应商来到涟钢后，经过多轮艰苦的谈判，最终接受了每吨给予9美金补偿的方案，还竖起大拇指说：“你们的工作这么认真负责，跟你们合作我们很高兴。”这一单的补偿金额接近400万元，无疑，如此高额的补偿背后，是罗婷用心所写就的坚持和作为。

在采购过程中，罗婷利用自己丰富的专业知识，积极为优化项目物资采购方案献计献策。2012年6月份，进口矿价格一路下行，全月最低达到109美金/吨，然而，国内造球精粉由于生产需要，价格依然居高不下，对生产和铁水成本形成严重制约。这个时候，公司提出了采购进口造球精粉替代国内品种的想法，然而，市场还在一路下行，一般主流粉矿比进口造球精粉至少要便宜10美金/吨。

该在什么时候买？买多少？从哪买？面对转瞬即逝的市场机遇，罗婷沉着应对，在全面了解了生产需要和公司决策后，开始了高强度的市场资料收集和分析整理，同时与10余家客户联系，寻找资源信息。

在那一段时间里，罗婷夜以继日地忙碌着。功夫不负有心人，在各个方面对市场走势还众说纷纭之际，她根据自己多年的经验和详尽的分析，得出了市场已经接近底部的结论，认为公司抓时点采购的思路完全可行，并提出了采购整船15万吨智利造球精粉的想法。即便按50%配比，每个月也只需3万来吨，15万吨可以用上5个月。如果市场真是低位，以后上涨自然可以给公司带来高额的创效，还可以大幅提高国内采购的议价能力，大幅改善球团质量。然而，如果市场继续低迷下行，这一单价值上亿元的货物因为不及时消化也将给公司带来较大的损失。面对巨大压力，罗婷表现出了敢于担当的无比勇气，坚持自己的观点，最终她的分析得到了公司的认同和支持。在成功买下这一单智利造球精粉后，市场行情上涨了25—30美金，直接经济效益就达3000多万元。

在罗婷的带领下，大宗原室准确把握市场形势，在全年的最低点采购矿石达到120多万吨，创效达到7000万元以上。

采购是看似简单的工作，却需要花费大量的精力和时间收集和整理信息，才能用清醒的思维，做出准确的判断。罗婷坦言："采购工作压力巨大，我永远战战兢兢，永远如履薄冰。"市场低位的采购和创效固然令人欣喜，高位的风险规避同样精彩。市场打拼需要非常的"敏锐度"。2013年年初矿石价格最高达到160美金/吨，经过罗婷和同事们认真分析研究市场走势后，根据生产情况提出了停止采购的想法，得到了公司的支持。2月除4万吨氧化铁皮，没有采购一粒矿石，与正常采购量相比，高价位少采购的70余万吨矿石，就给公司避免了上亿元的损失。

2013年3月，8#高炉即将投产，在得知新高炉投产后烧结能力有可能不足、熟料比难以保证的信息以后，罗婷没有过多考虑对自己完成创效指标的影响，急生产之所急，果断地从市场上找到并采购了7万吨进口球团。在8#高炉投产初期，不但保证了高炉的熟料比，还缓解了块矿上仓保供困难的局面，为8#高炉实现快速达产达效稳顺生产创造了良好的条件。

罗婷，一个敢于打拼、勇于谋事的美女劳模，用智慧和汗水演绎出中国女性最靓丽的风采。从她身上，我感受到了沉甸甸的责任心，以及捕捉市场先机的智慧。罗婷正是通过奋斗，通过智慧，体现人生的价值！

奉献就是平凡的付出

文 / 龙婕

“咦，你怎么来上班啦？不是刚做完手术嘛，这么快就好啦？”就在我为寻找企业文化小故事的主人公犯愁时，这样一句话立刻引起了我的注意。只见一个半弯着腰，走路慢腾腾的女子走进了公司接待厅，仔细一看，原来是会计部的主管小龙，她看着我们微笑着说：“今天中午开支委会，要讨论后续工作，很重要！”小龙还兼任着公司团总支书记和工会宣传委员一职，她身边就有很多故事。等到她会议结束，已经是下午 2 点半了，我主动和她聊了一会儿，她告诉我，最近支部要参加“晒晒支部组织生活 DV 秀”，待会摄影师还会来讨论内容，她还要再等等。在这个空隙，我们打开了话匣子。

“在我刚任职团总支书记时，还只是一名普通的部门员工，曾经有人对我说过‘有作为，才有地位’，至今我一直把这句话作为座右铭。包括现在也会把这句话传授给我部门的组长，希望大家一起努力。去年，在参加金山区新长征突击手标兵评审会上，评委曾问我‘你是如何参与企业文化建设的？’因为紧张，我没有很好地回答。但是我却一直在深思这个问题，企业文化建设中我处于什么位置？公司前景发展很好，公司青年很多，我们团青年也是企业的中坚力量，那么如何提高青年的思想意识、社会责任；如何更大更好地发挥青年在企业中的作用呢？在公司党支部书记和上级领导的帮助下，我决定把一直萦绕在脑海中的方案加以实施，那就是引导！先从成立志愿者服务队开始。”说到这里，小龙很激动，她说从没有对人说过这些，因为 2015 年她有这个想法时曾遭到质疑和否定。“2016 年 5 月 6 日物流汇青年志愿者服务队成立至今，已有近 60 名志愿者，组织活动 10 项近 20 多次，发现了有很多积极、优秀的小青年，相信我们的服务队还会壮大，并且人员会延伸出去。没有梦想，就没有拼搏的方向。”小龙接着给我讲了几个故事。

“小龙，食品中专想让他们的会计专业学生到会计部实习，代理记账行业协会也赞成，希望会计部作为实习基地。”公司顾问陆老师说。

“好啊，正好可以加入我们的一对一带教方案，包括现在公司实习的学生都可以参与，让我们的带教志愿者有用武之地。”

就这样，在代理记账行业协会的牵头下，新跃会计部作为食品中专的实习基地正式签约。也恰在这时，小龙从金山卫镇团委书记处得知有一名应届毕业生小周，与奶奶相依为命，性格内向胆怯，正在为找工作发愁，结合她们实习基地的平台，她主动联系其负责团干，并且通过面试录用小周为实习生，参加了一对一带教活动。带教活动启动至今，已有 21 对师徒，其中有 5 名徒弟，包括小周，通过自己的努力，实习期满后正式留在了新跃公司继续任职。带教期间志愿师傅们没有报酬，但依然认认真真、一丝不苟，毫无保留地传授知识，帮助徒弟尽快熟悉企业，进入工作角色，培养大家的合作意识和团队进取精神，增强大家对企业的认同感和归属感。听了这个小故事，我不禁赞扬这些师傅们，平凡中见伟大，对接下来的故事我也更加期待。

“公司搬迁到现在的地址后，因为进出公司大门要穿过一个人行道，上班时间非机动车较多，发生过几起机动车和非机动车小碰擦事件。考虑到安全问题，服务队组织志愿者每天交通执勤，让大家开开心心、安安全全地进公司。在这次创城志愿活动中，新跃被安排在金山大道学府路路口早晚交通执勤半个月，在这次活动中也看到了大家的团结互助精神。”

“小张明天有事，请问哪位志愿者愿意调换一下？”服务队的小李在群中问道。不一会儿就会有很多志愿者纷纷表示愿意调换。其中一名男生小李在这次活动中更是几乎天天参加，没有怨言，主动积极。

“小李，你天天执勤不累吗？”每当有人这样问他时，他总是憨厚地挠挠头说：“没关系，反正我也没事，单身男青年就是时间多，嘿嘿。”此类故事不胜枚举。

因为摄影师来了，我们的聊天也只能提前结束。小龙最后告诉我，物流汇青年志愿者服务队，是从学习、社交、娱乐、工作四个方面引领大家，还有很多平凡中见真情的小故事。新跃是让青春更美好的舞台，是弘扬正能量的地方，一直注重对青年人才的培养，不仅是业务技能，还有社会责任的引领。大家是带着美好的憧憬和愿望来到这里，无论今后我们身处何方，都要将社会责任感、使命感和奉献精神继续发扬。

金牌品质，诚信移动

——记中国移动通信集团贵州有限公司黔西南分公司

文 / 卢婷婷

自分营以来，中国移动通信集团贵州有限公司黔西南分公司在集团公司和省公司的指导下，大力发扬和实践“四个精神”“四个感”和“四精工程”，积极培育与企业发展相适应的先进文化，促进了企业的快速发展。

在文化大发展大繁荣新时期，面对宏观环境的变化、行业竞争的加剧、内部管理的挑战，黔西南分公司积极开展“转型时期塑造优秀企业文化”的探索，并本着“有机融合、彰显共性、拓展内涵、体现特色”的原则，在集团公司“责任”和“卓越”以及省公司“山文化”体系的基础上，提炼了新时期黔西南分公司特有的“金诚”文化品牌体系。

背景：企业文化工作形势

1. 战略转型，文化先行

在移动互联时代，互联网思维和用户习惯的改变对传统的商业模式造成新冲击，市场竞争也在三大运营商的基础上，还要面对来自互联网企业的替代竞争。中国移动正处于战略转型的关键时期，这对企业文化提出新的要求。在新形势、新机遇和新挑战的面前，需要企业文化凝聚人心、鼓舞士气、激发斗志，以便在激烈的竞争中保持优势，实现新的跨越。

2. 管理提升，文化牵引

黔西南分公司在战略转型新阶段，一方面要在黔西南州经济总量处于全省靠后、人均消费较低等背景下，加快 4G 时代的市场管理提升；另一方面面对新生代的加入，亟须加快内部团队管理的转变。在此基础上，黔西南分公司通过积极探索企业文化建设和管理模式，塑造共同的信念和追求，以文化照亮、指引员工和企业前进的方向。

3. 文化管理，品牌塑造

在移动互联时代，黔西南分公司不仅肩负着推动 4G 技术发展的重任，也担当起创造良好企业文化，促进社会文明发展的责任，积极探索从文化建设向文化管理迈进，并在集团公司与省公司的指导下，通过文化品牌的塑造来提升企业文化的社会影响力和辐射力。

探索：企业文化品牌提炼

1. 企业文化演变历程

黔西南分公司自成立以来，在集团公司和省公司的指导下，积极进行企业文化建设与管理模式的探索和实践，主要经历了以下三个阶段：第一，分营初期的文化自发阶段，该阶段主要落实省公司“四个精神”“四个感”和“四精工程”，企业文化建设缺乏系统指导，总体处于文化自发状态；第二，新跨越时期的文化建设阶段，该阶段主要统一宣贯集团企业文化理念，落实企业文化“五大工程”并积极参与省公司组织的“群星璀璨”班组文化建设；第三，可持续发展时期的文化管理阶段，该阶段主要是加快文化建设向文化管理阶段的迈进步伐，按照集团公司和省公司的要求，大力开展文化品牌建设，并系统提炼了“金诚”文化品牌体系，努力实现文化品牌化。

2. 企业文化品牌的提炼过程

2012 年，黔西南分公司采取自上而下与自下而上相结合的方式，通过深度访谈（共访谈 46 人次）、问卷调查（收集了 312 份问卷，其中有效率达 99%）、集中研讨（领导班子多次调研，其中开展了 8 场文化座谈会，覆盖面达 130 多人次）、LOGO 征集投票（共收集 37 份设计稿，463 人参与投票，参与率达 77%）等途径，倡导全员参与，汇聚员工智慧，共同提炼了“金诚”文化品牌。

“金诚”文化品牌，简言之就是“金牌品质、诚信移动”，与集团“责任、卓越”相呼应，是对省公司“山”文化体系的延伸，也是对黔西南“山水长卷、水墨金州”的彰显。

“金”代表尊贵和品质，也是黔西南“中国金州”的写照。常言道：金牌品质、一诺千金、金子般的心灵、真金不怕火炼，这体现了集团文化“卓越”的核心内涵。

“诚”是立企之本、为人处世的原则，是集团文化“责任”核心内涵的要求，也是社会主义核心价值体系的内涵之一。

3. 企业文化品牌体系

黔西南分公司坚持社会主义核心价值体系，弘扬新时期贵州精神，遵循中国移动“责任和卓越”的核心内涵以及贵州公司“山”文化体系，构建了“一个主题、五大理念、三大目标”的“金诚”文化品牌体系。

4. 企业文化品牌的宣贯传播

黔西南分公司通过制定《企业文化“12345”三年战略规划》以及《企业文化品牌“五个一”落地实施指导手册》等方案，从制度上保障“金诚”文化的落地实施，同时召开企业文化宣贯会及培训大会，加强全体员工对“金诚”文化的认识，并通过制作一系列文化产品（如完善企业文化墙、印刷企业文化手册等），开展企业文化案例征集活动（共征集了55篇优秀文章）等方式逐步加快“金诚”文化的推广渗透。

践行：企业文化管理实践

1. 务实：爱岗敬业，积极奋进

务实是黔西南分公司一贯的优良作风，也是黔西南分公司进一步应对竞争、追求卓越的根本途径，是公司实现可持续发展的坚强保障。

首先，黔西南分公司举办了“奋斗的青春最美丽——青年员工事迹分享会”和召开“最美移动人事迹”宣讲活动学习身边典型，大力弘扬爱岗敬业、不畏艰辛、追求卓越的精神，鼓舞先进、鞭策落后。其次，黔西南分公司将企业文化与党建工作相结合，通过扎实的基层党务工作与反腐倡廉工作，弘扬正气，培养踏踏实实做事、干干净净做人的作风。最后，黔西南分公司开展各类创优争先评选活动，充分运用树立典型、表彰先进，以榜样的力量鼓舞员工，营造全体员工奋勇争先的氛围。

2. 团队：用心沟通，精诚协作

团队是现代企业竞争发展的必然要求。现代企业之间的竞争是团队与团队之间的竞争，没有优秀的团队就不可能有优秀的企业。

黔西南分公司通过组织丰富多样的文娱活动，为员工搭建多种沟通渠道，促进部门之间、员工之间的交流，增加了解和共识，为打造坚强团队奠定基础，并以班组文化建设为企业文化的落脚点，在省公司“群星璀璨”班组文化建设活动的指导下，不断深化班组文化建设工作，涌现出一批批优秀的班组团队。

在团队文化的充分渗透下，黔西南分公司打造了一支优秀的团队，这些团队在营销服务、4G网络建设、经营管理等各线条冲锋陷阵，确保了公司的区域市场领先者地位。

3. 创新：勤于学习，持续改进

创新是中国移动持续发展的不竭动力，面对不断变化的行业运营格局、业务发展环境以及内部运营管理，创新是实现战略转型的必然要求。

黔西南分公司一向重视企业创新发展，以“五小”创新创效活动、QC课题研发、科技进步与业务服务创新等活动为载体，全面提升企业核心竞争力。特别是在QC活动开展中，黔西南分公司持续加强管理，通过活动开展不断激发人才活力，推动公司创新发展。为规范QC小组活动的开展，公司不断对QC小组的成立、精选课题及QC成果的发布逐渐进行指导及规范，每月一通报进展情况。黔西南分公司着手从人力、物力等各项领域进行筹备，向各部门、班组广泛征集QC小组活动课题，并邀请资深专家对各小组的QC成果进行指导和点评，2014年共评出《提高资产转资成功率》《利用室分系统有效解决兴义监狱干扰问题》《集团客户专线网管监控提升》等9个创新课题。

4. 关爱：以人为本，共同成长

关爱是企业员工结构多元化背景下的时代要求，是中国移动实现关爱员工承诺、建设和谐企业的重要途径。

首先，黔西南分公司坚持以人为本原则，不断深入推进各项员工关爱工作，通过由领导带头重视，定期为员工举办生日会，以赠送小礼品、切蛋糕、合影留念等方式拉近彼此距离；深入开展EAP项目，缓解员工工作压力；定期安排员工体检切实保障公司员工的身体健康等实际行动来落实员工关爱。其次，黔西南分公司通过开展兴趣小组，落实相关培训等活动，以办好事、办实事关心员工的长远发展，并为员工展现风采，实现自我价值提供相应平台，促进员工全面成长。

5. 和谐：感恩互信，互惠共赢

和谐是企业持续发展的基石，是维护行业健康发展的关键要素，是履行社会责任的重要体现，是创建和谐生态环境的时代要求。

抗险保通信是黔西南分公司体现社会责任的一大方面，在各级领导的周密组织安排下，分公司都出色地完成了每次重大活动的通信保障及宣传服务工作，在事故面前更是抢险及时，助力抢险救灾，充分展示公司员工的无私奉献精神：如在“望谟 6·6 洪涝灾害”，出动抢险人员 2800 人次，共计抢通了全县 61 个基站，全县所有乡镇移动网络得到全面恢复。“册亨森林火灾”，公司连夜组织员工支持灭火与基站维护工作，艰苦奋战 10 个小时。

在社会公益方面，2014 年公司员工自发成立了“和”公益组织，通过开展贫困儿童一对一帮扶、爱心鞋盒、绿色环保等公益活动，增强公司员工的公益意识，志愿者们亲力亲为，用实际行动展示移动公司的社会责任感和树立良好企业公民形象。

除此以外，黔西南分公司关注绿色环保、新农村建设等热点问题，全力做好黔西南州“四在农家·美丽乡村”小康讯行动基础通信设施建设，积极承担社会责任。目前，公司已累计建设村通基站 1087 个，完成了 393 个行政村有线网络的覆盖，建成了 9 个村级农民多功能信息服务站、8 个学校的网络，全州行政村移动通信覆盖率达到 100%，自然村移动通信覆盖率达到 96%。

黔西南分公司在企业文化建设和管理上积极进行探索和实践，也取得了一定的成效，但文化之路任重道远，将继续积极响应新形势下企业战略发展的要求，围绕“责任、卓越”的核心内涵和“移动改变生活”的战略愿景，深化落实卓越工程，全面、深入、持续推进“金诚”文化品牌建设，实现从文化建设向文化管理迈进，提升企业文化的凝聚力、感召力和软实力，推动企业全面协调可持续发展！

杨百章：商海风云中的孝道人生

文 / 任伟峰

一次偶然的邂逅，记者目睹了合阳县秦晋矿业有限公司董事长杨百章为老父亲尽孝的一幕。当时，他正在和几位客商商谈业务，谈话正浓时，杨中子老人（杨百章的父亲）徐步迈进了办公室，杨百章立刻放下公务，扶着老父亲在临窗的沙发上坐下，给老父亲沏茶点烟，让在场的人无一不为杨百章的高风亮节和至善至孝所感动。

叱咤商海，成为当地风云人物

杨百章因优异的业绩被编入《中华爱国国典》，其事迹相继被《人民论坛》《人民政协报》《陕西日报》《渭南日报》等媒体报道，并被推选为政协渭南市第四届委员会委员、陕西省经济发展促进会副会长、全国优秀企业家、中国最具社会责任感风云人物、陕西省公益事业突出贡献企业家、陕西十大杰出商业领袖、渭南市劳动模范、渭南市第三届十大道德楷模、合阳县十大道德楷模。

1971 年，杨百章在河津县老尧头煤矿参加工作，先后担任采煤队队长、井下技术员、副矿长职务。1983年改革开放国家鼓励全民创业发展经济，他选择了西部国家级贫困县——合阳县，用自己多年从事煤矿管理的经验，先后救活了合阳县文革煤矿、合阳县秦家河煤矿。1988年在西部洽谈会上又成功招商引资——山西煤业集团来合阳投资开发合阳煤炭事业，成立了合阳县秦晋矿业开发有限责任公司，带动合阳煤炭事业起步发展，在短短的几年时间内，把合阳县秦晋矿业开发有限责任公司平政煤矿建成了渭北大地上一流的现代化矿井，使平政煤矿一举成为渭北大地上煤炭行业的一面旗帜。在谈到孝道时，他总是说："平时要多为父母、长辈做些事。千万不能等待，不然可能成为终身遗憾。"

杨百章这些年为事业呕心沥血，费尽辛劳。但他再忙，一有空，就会回家看望老父亲，给他端茶递水，揉腰捶背，倾诉自己的心里话。老父亲脚上长了鸡眼，他特别着急，到县城专门寻访这方面的专业名医，并接送老人多次去求诊，直到老人康复。

饮水思源，成功后积极回报社会

在商海叱咤风云的杨百章成功不忘感恩，饮水不忘思源，数十年如一日，用爱心温暖贫困者心灵，为改变合阳的落后面貌作出巨大贡献。他也把财富回报给社会，积极参加社会公益事业，先后为中国红十字会、汶川地震灾区、合阳县残联捐款捐物百余万元，近年累计为社会公益事业投资建设资金达1360余万元。给南渤海村困难户、70岁以上老年人及时发放生活补贴，资助本村学生学杂费、学校校舍电路维修费用等。给南渤海村硬化水泥巷道3500米，给安阳村硬化乡村通道2500米。

杨百章这些善举和他父亲严格的传统家教是分不开的，老人如今已91岁高龄，在老家山西省河津市下化乡周家湾村生活了几十年，饱尝了解放前战争带来的痛苦与酸楚和解放初的低标准生活。老人教导子女：要对社会有用，要对农民有感情，要尊老爱幼，要善待朋友，处事要和睦，做事要对得起自己的良心。正是这短短的几句话，让杨百章在最艰苦的时候没有气馁，最终成就了一番辉煌的事业。

20 多年前，在杨百章事业最艰难的时候，他母亲却身患重症，当时老家的医疗条件相当落后，自己的经济条件也并不富裕，但他多次带母亲到西京医院求医。如今的杨百章身为企业的董事长，物质条件相对丰厚，却提倡要节俭生活，常回家吃家常饭，用省下来的钱去接济周围的困难群众。他曾多次为南渤海的老人举办寿宴，并给他们发放生活补贴。他的敬老爱老事迹在当地已广泛流传。

奉行孝道，追求事业和家庭的和谐统一

“我今年 61 岁，我的老父亲 91 岁，我这样的年纪，回到家，还能喊一声爸，这是多么幸福的事啊。”杨百章动情地说。为老人过 90 大寿时，他约了山西老家的亲朋好友来给父亲贺寿，他盛情款待来宾，却分文不收贺礼。在寿礼上他动情地说：“但愿老人能活到 100 岁，再为老人举办一次大寿，尽一个儿子最好的孝道。”

在孝敬老人这件事，他要求别人做到的，自己首先做到。他每年都陪同老父亲回山西老家走一趟，让老人回家乡看看，并经常带着父亲到西安、洽川旅游，让老人心情愉快，生活顺畅。在自己事业成功后，他安排公司的医疗站定期为老人检查身体，为父亲聘请了专门的陪护医生，并多次向专家请教让老人长寿的秘诀，让老人多吃清淡的新鲜蔬菜，天气晴朗时多到户外走走。在他的带动下，兄弟姐妹和儿子儿媳对老人也是孝敬有加。

眺望渭北这片绵绵黄土，似乎永远也无法诉尽杨百章的赤子情怀！他用孝心回报着老父亲，用爱心回报着养育过他的山山水水，这一切跟他在商海的叱咤风云和人生的沉浮磨砺一样令人深情、令人眷念！

坎坷中的屹立

文 / 王厚全　岳静　金石

如今，地铁出行已成为许多市民的首选，它的方便、便捷也与准时、安全画上“等号”。然而，在“等号”的身后，凝结的是无数工程人的辛勤和汗水，饱含的是许多不为人知的故事和意义。

2013 年 5 月，电建铁路公司承接了深圳市轨道交通网络运营控制中心工程，该项目建成后，将成为深圳地铁共计 25 条线路的指挥调度中心，可以说是深圳地铁的大脑和心脏，它将直接关系到深圳地铁三期工程能否如期开通。

如此举足轻重的枢纽中心对参建各方都是一个巨大的挑战，作为中国电建进军地铁建设领域的第一个项目，没有任何成熟的经验可以借鉴，只能说是摸着石头过河。

该工程被设计在一个山坳里开展，进场施工场地狭小，基础开挖需要爆破炸石，该地区又紧邻居民区，爆破时间和爆破强度极大受限。项目部于 2013 年 7 月 10 日进场，受各种因素制约，2015 年 1 月才完成了主体结构的封顶，后续的施工任务异常艰巨。在一年有效施工时间内要完成如此庞大的各类复杂系统安装，难度可想而知。

面对工程上的重重困难，公司领导经过慎重考虑，2015 年 3 月，经验丰富的谭忠莲临危受命，出任深圳地铁 7 号线 7307-2 标指挥长。无论是第一次见到谭忠莲，还是后来工作上的数次交往，谭忠莲给人最深的印象就是朴实厚道。正是这份厚道实干，让他顶住了压力，成为 NOCC 的主心骨。

谭忠莲总是穿梭在工地的各个角落，从塔楼走到裙房，再从裙房走到地下室。每走一圈下来，衬衣从前襟湿到后背，毫不夸张地说可以拧出水来，就连安全帽的内衬都像被水泡过一样，帽带也是湿漉漉的。

关于谭忠莲的拐杖，那是他在一次巡查工地时摔伤了脚，被医生诊断为骨折后就开始用起来了。医生多次劝阻他，年纪大了一定要多休息，可是不服输的谭忠莲，在刚刚拆了固定石膏不久，又倔强地拄着拐杖出现在了工地，不但白天去，晚上也要去，就连工地上的电梯司机都认识了这位每天拄着拐杖来巡查的老同志。由于多年的操劳，谭忠莲的身体不是很好，高血压、高血糖让这位在一线奋战了四十载的老党员每天都大把地吃药，大家眼看着他头发一天天白了，腰背一点点驼了，但病痛并没有牵绊住他前进的脚步。

众所周知，NOCC 工程的外墙施工是一个重点和难点。谭忠莲带领大家与材料供应商精心筹划，细化图纸设计，在施工现场分块进行管理，做好充分的技术准备。一个又一个不眠的夜晚，工地上汽车轰鸣，施工电梯上上下下把玻璃石材运送到指定地点，谭忠莲也是彻夜未眠思考着工作。

在 NOCC 2 号调度大厅施工中，建筑面积 2300 平方米，装修复杂，设备管线复杂，高峰期施工队伍接近 20 家，施工专业近 30 种，交叉施工，相互制约，协调量相当巨大。

在调度大厅的防静电地板施工中，不得不说项目部创出了一个新的纪录。2015 年 12 月 13 日，项目部接到 BT 指挥部通知，要求大厅地板施工要在接下来的一周内完成，以保证下一步设备安装。谭忠莲带领大家成立突击小组，制订专门施工计划，划分 7 个区域流水作业，工人按技术水平定部位，水电工、电焊工、地板工紧密配合，管理人员24小时现场带班。奋战7个昼夜，最终保证了时间节点。

不管之前有多少坎坷，不管有多少绕不过的坎儿，但最后呈现在大家面前的NOCC调度大厅是完美的：精装修采用了造型美观艺术吊顶，流线型灯槽，可调光LED灯，墙面采用冲孔铝板，地面采用防静电地板，消防系统更是采用了先进的水雾及水炮技术。

聚是一团火，散是满天星。谭忠莲深谙，团队的进步才是真正的进步。他始终以“打造一流团队，凝聚工作合力”为目标，坚持德才兼备选用人才的标准，把先进企业的管理经验用在团队建设中，使公司在精细化管理中提质增效。

为了让年轻员工少走弯路，他总是毫不吝啬地将自己多年的经验传授给大家，教导年轻员工如何从部署、执行、检查、总结等环节把工作做实。他就像阵阵春风，吹暖了公司敢为人先、积极进取的良好氛围。

工作中，他是铁骨铮铮的汉子，生活中，他是一个热心、细心又温馨的人。在NOCC工程最紧张的那段时间，谭忠莲母亲生病住院，作为长子的他却因工作不能回去看望老人。终于趁着稍微有点儿空，谭忠莲回了一趟家，结果当天刚到北京就接到项目电话，有急事需要他回来处理。望着躺在手术车上的老母亲，他难过地拉住了母亲的手，哽咽着说：“妈，您踏踏实实做手术，我们哥儿几个就在外面等着，您出来就能看到我们了！”对80多岁的老母亲撒这个谎，可能是他人生中唯一一次对母亲撒谎。他强忍着眼泪，对家人千叮咛万嘱咐后，返回了深圳，回到了工作中。

谭忠莲经常说，他这一辈子亏欠父母、妻子、女儿的实在是太多太多。他和我们千千万万工程人一样，从选择这一行的那天起，就注定选择了漂泊。我们的父母变成了空巢老人，我们的孩子变成了留守儿童，我们缺席了子女的成长，也缺席了父母的衰老。但究竟是一种怎样的意念支撑着我们?对，是责任！责任可以很小，责任也可以很大，有人说责任是一种负担，你嫌弃它，害怕它时，它就是一种负担，但如果你把它扛在肩上，它就会成为你前进的动力，成为护佑你的盔甲，成为你灵魂的追求。

当有一天我们回首走过的路，终会感到欣慰和骄傲。因为在城市夜空闪烁的霓虹中有工程人的一份美，在万家璀璨的灯光里有工程人的一点亮，在风驰电掣的列车上有工程人的一份力，在祖国繁荣的春天里有工程人的一缕香！

终于在参建各方的不懈努力下，项目团队克服了工期短、技术复杂、施工难度大，资金成本压力大等多重困扰，NOCC 工程利用 5 个月完成了主体结构，5 个月完成了二次结构，8 个月完成了装修，10 个月完成了设备安装调式。终于 2016 年 4 月 15 日通过竣工验收，4 月 28 日通过消防验收，5 月 20 日完成三权移交，10 月 28 日深圳地铁 7 号线正式开通运营。

这是一场战役的胜利，一份使命的达成，更是一种文化的传递，一种精神的展现！当我们踏着一路的坎坷、一路的泥泞登上山顶傲然屹立的那一刻，屹立的不仅仅是工程本身，更有一种特殊的力量被凝聚，灌注到我们的血液中。这种力量叫个体的强，因为每一个工程人的奋斗让他们的生命遍地开花；这种力量叫群体的光，只有大家手拉着手，相濡以沫，才可以沉淀下每一张成熟脸庞上最自信的笑，才可以把责任变成使命的担当！

2016 年 10 月 28 日，由中国电建集团铁路建设有限公司携手各参建工程局建成的首条完整地铁线路——深圳地铁 7 号线，提前两个月通车试运营。这是中国电建地铁建设史上具有里程碑意义的重要时刻，是中国电建铁路人自强不息、奋勇拼搏的硕果。他们用自己的智慧与勇敢，在深圳地铁建设史上抒写了浓墨重彩的篇章！

后记

由中国企业文化促进会、中国工人出版社、中外企业文化杂志社等单位联合主办，中国企业文化促进会中小企业文化专委会、北京艺海博文科学研究院承办的首届“企业文化故事”征文大赛活动的一项重要成果——《中国企业故事　第一辑》，经过紧张的编辑加工，就要与读者见面了，我们感到非常地高兴与欣慰！

回顾首届“企业文化故事”征文大赛活动，从最初的策划选题、启动仪式、媒体宣传，到后来的初选、终审、网上公示，最后进入编辑阶段，等等，前后用了一年多时间。克服了许多困难，也得到了很多有关单位领导和朋友的大力支持和无私帮助。

在这里，感谢中华全国总工会原副主席、全国政协委员倪健民在繁忙的公务中欣然为本书作序。感谢中国企业文化促进会、中国工人出版社、中外企业文化杂志社、企业文化杂志社支持这项公益活动。感谢中国社会科学院研究生院原教务长李成勋教授、中国人民大学商学院邓荣霖教授、清华大学人文社科学院邹广文教授、中宣部中国思想政治工作研究会原部主任李俭教授、北京青年政治学院王莉萍教授加班加点审读了全部文章，并写了密密麻麻的评语，保证了评审工作的客观公正和圆满完成。他们一丝不苟的工作作风让人钦佩。还要感谢为本次征文大赛活动付出辛勤劳动的其他同志，正是他们的默默付出，才使得涓涓细流汇成了推动我国企业文化大繁荣、大发展的长河。

由于我们水平和能力有限，又是第一次举办这样的活动，缺少经验，导致前期准备工作不充分，让评委和编辑眼前一亮的作品不是很多，参赛的大型国有企业也比较少，对全国几千万个企业影响力也有限，这是我们筹办下届活动应认真汲取的经验和加以改进的地方。

本书在编辑过程中，正值举世瞩目的中国共产党第十九次全国代表大会在北京胜利召开。习近平总书记在报告中指出，“文化是一个国家、一个民族的灵魂。文化兴国运兴，文化强民族强。没有高度的文化自信，没有文化的繁荣兴盛，就没有中华民族的伟大复兴”。我们要发挥社会组织优势，更好地推动中国特色社会主义企业文化繁荣发展。既已迈出了第一步，就会有第二步、第三步——冬天将过，春天还会远吗？

编者

2018年1月

企　业
风　采　录

中乔大三农实业集团

中乔大三农总部设在北京市昌平区小汤山现代农业科技示范园（东区），由中国当代杰出青年、中国十大杰出青年农民、中国种草第一人、红旗渠精神传承人乔书领创办，是集园林绿化、文化传播、财富投资、工程项目建设、生态农业、观光旅游于一体的集团公司。

2014 年 9 月，在北京大学举行的一次研讨会上，乔书领被红旗渠精神深深震撼，强烈的责任感与社会使命感激发着他修筑红旗渠国家农业公园的决心。于是，他果断转身成立中乔大三农实业股份有限公司，把建造红旗渠国家智慧农业公园作为首选项目。

中乔大三农实业集团分别在河南省林州市和北京昌平区兴寿镇建立富硒产业园、物流中心。近年来，乔书领将绿色生态乡村旅游项目作为未来红旗渠投资发展的重要方向，倾心打造的红旗渠国家农业公园，规划总面积达数平方公里，公园以保护性开发皇后古村为核心，利用当地丰富的资源建设大太行生态博物馆、红旗渠画院等设施，将建成集古村保护、建筑观赏、文化体验、花海景观、农业休闲、健康避暑胜地、养老度假于一体的多功能农业主题公园。这项绿色生态乡村旅游项目将会解决大量周边村庄劳动力的就业问题。目前，皇后村和牛岭村两村流转土地达一千亩，荒山 30 平方公里。仅这些土地每年就可为农民带来 100 万的收入，村里闲置的古村落房子也可用来出租，每月的房租也为村民带来一笔可观的收入。

2017 年 4 月份，乔书领为支持白家庄水彩村发展捐赠了 5000 元，作为村里的起步资金。白家庄村用这笔资金为村民购买了水彩笔和纸，免费发给村民。村里每月举办一次水彩画评选，设立奖项和奖金，由乔书领赞助。既

给乔书领颁发“十大杰出青年”奖

红旗渠“中国乡村旅游最佳目的地”授牌仪式

能画画还能赚钱，村里百姓都十分乐意画画，小到几岁的娃娃，大到八旬老汉，都画得不亦乐乎。乔书领每月都会到白家庄村收购村民的水彩画作品，最低一幅 10 元，最高一幅 300 元。这也成了贫困户主动脱贫的一项措施。如今的白家庄 800 余口人，家家户户都画画，田间地头、房前屋后充满了艺术气息。

中乔大三农集团不忘初心，心系乡亲，志在三农，乐当创业兴业拓路人，甘当父老乡亲暖心人，勇当助力“三农”带头人，愿当精准脱贫践行人，争当“红旗渠精神”传承人，以愚公移山的意志，一往无前，继续书写太行经济圈壮丽篇章。

【红旗渠简介】

红旗渠，国家 5A 级旅游景区，全国重点文物保护单位，位于河南省林州市，是 20 世纪 60 年代林县（今林州市）人民在极其艰难的条件下，从太行山腰修建的引漳入林的工程，被人称之为“人工天河”。

红旗渠被林州人民称为“生命渠”“幸福渠”。它的修建不仅从根本上改变了林州人民的生存条件，促进了林州的经济发展，而且孕育产生了红旗渠精神。红旗渠工程于1960年2月动工，至1969年7月支渠配套工程全面完成，历时近十年。该工程共削平了1250座山头，架设151座渡槽，开凿211个隧洞，修建各种建筑物12408座，挖砌土石达2225万立方米。红旗渠总干渠全长70.6公里（山西石城镇－河南任村镇），干渠支渠分布全市乡镇。据计算，如把这些土石垒筑成高2米、宽3米的墙，可纵贯祖国南北，绕行北京，把广州与哈尔滨连接起来。

2016年10月，红旗渠获批成为国家5A级旅游景区。

2017年1月，红旗渠被列入《全国红色旅游经典景区名录》。

海南省农垦投资控股集团有限公司

海南省农垦投资控股集团有限公司（以下简称“海垦控股集团”）系海南省政府直属国有独资企业，拥有土地总面积1041.3万亩，下属二级企业46家，其中农场公司28家、上市公司1家。

海垦控股集团孕育于1952年1月创建的海南农垦，是中国第三大垦区。根据2008年国务院批复的《关于推进海南农垦管理体制改革的意见》，海南农垦开始由海南省全面管理，并按照“政企分开、社企分离、建立现代企业制度”的总体要求，推进海南农垦管理体制改革。2010年9月，海南省农垦

海垦大楼

总公司与海南省农垦总局实现政企分开，并改制更名为海南省农垦集团有限公司。2015 年，根据中共中央、国务院《关于进一步推进农垦改革发展的意见》和海南省委、省政府《关于推进新一轮海南农垦改革发展的实施意见》精神，全力推进以“垦区集团化、农场企业化”为主线的新一轮海南农垦改革，同年 12 月在原海南省农垦总局、海南省农垦集团有限公司基础上组建成立海垦控股集团，承接海南农垦经营性国有资产权益。

海垦控股集团围绕新一轮海南农垦改革发展的目标任务和要求，推进垦区集团化、农场企业化、农垦社会职能管理属地化改革，取得了重大突破和明显成效。实施以加快农垦八大产业发展、八大园区建设为重点的“八八战略”（八大产业：即天然橡胶、热带水果、热带作物、草畜养殖、南繁育种、旅游健康地产、商贸物流、金融服务；八大园区：即桂林洋国家热带农业公园、万宁槟榔城、五指山金江茶文化产业园、红光草畜产业园、南田国家现代农业示范区、三亚凤凰谷乡村文化旅游区、南滨国家南繁种业园区、南平医疗养生产业园区），全力打造海南岛“菜篮子”“肉篮子”“果篮子”，加快推进热带水果新品种引进推广、海南岛果篮子基地建设，加快统筹推进全省畜牧产业转型升级，扛起农垦企业保障海南蔬菜、肉类、水果供应及平抑物价的社会责任担当，实施“品牌创新、品牌强垦”战略，致力打造“三个一工程”，即打响一个母品牌，打强一批驰名商标，打造一百个知名商标。

海垦控股集团正以全新的视角、务实的姿态，融入以“创新、协调、绿色、开放、共享”为理念的发展大局，按照海南农垦班子现代化、职工知识化、收入效益化、土地资本化、产品品牌化的“五化”要求，充分借助海南生态环境、经济特区、国际旅游岛三大优势，进一步深入推进农垦改革，加快实施“八八战略”，努力把海南农垦打造成海南经济新的增长极和国家热带特色农业示范区，再创海南农垦新辉煌！

中信银行

中信银行成立于1987年，是中国改革开放最早成立、最早参与国内外金融市场融资的新兴商业银行，拥有国内营业网点1400余家，香港及海外机构、子公司十余家，员工总数近6万名，总资产近6万亿元。

在国内经济新常态和金融市场化的时代背景下，中信银行以“最佳综合

李庆萍董事长在中信银行 30 周年纪念大会上讲话

融资服务银行”为发展愿景，充分发挥中信集团金融与实业并举的独特竞争优势，坚持“诚信、创新、协作、卓越”的核心价值观和“合规、智慧、团队、高效”的经营管理理念，向企业客户和机构客户提供公司银行业务、国际业务、金融市场业务、机构业务、投资银行业务、保理业务、托管业务等综合金融解决方案，向个人客户提供零售银行、信用卡、消费金融、财富管理、私人银行、出国金融、电子银行等多元化金融产品及服务，全方位满足企业、机构及个人客户的综合金融服务需求。

中信银行一直以来坚定传承中信集团优秀文化和弘扬中信优良传统，自2014 年来，以李庆萍董事长为首的领导班子坚持“文化治行”理念，高度重视企业文化建设，积极贯彻集团对文化体系的发展要求。2015 年，中信银行制订了 2015-2017 年企业文化建设三年规划，以文化体系的“五个统一”，文化落地的“五大工程”、目标体系的“五位一体”全面开展企业文化建设工作。2017 年开展的“砥砺三十、以信致远”30 周年行庆系列活动将全行企业文化建设推向高潮。近年来，中信银行通过顶层设计、统筹谋划、考核激励、系统推进，取得了宣贯培训、编讲故事、氛围营造、文化示范、形式创新等诸多方面的阶段性企业文化建设成效，进一步增强了对中信银行品牌文化的自信，提升了全行员工对中信银行核心价值观的认知认同，凝聚起了以文化精神推进全行实施战略转型的磅礴力量。

在新时代社会主义的征程上，中信银行将在总行党委的领导下，认真深刻理解和贯彻十九大报告中习近平同志提出的“一个国家、一个民族的强盛，总是以文化兴盛为支撑的”、“文化自信是更基础、更广泛、更深厚的自信，是更基本、更深沉、更持久的力量”，不断加强和创新企业文化建设，深化品牌文化内涵，把握“互联网 +”时代的发展趋势，以企业文化软实力提升中信银行核心竞争力，为打造出高文化附加值的中信品牌作出积极的贡献！

大同煤炭集团云冈矿

大同煤炭集团云冈矿位于山西省大同市西郊 17 公里处，与著名的云冈石窟毗邻，是我国自行设计、自行施工的现代化大型矿井。

云冈矿于 1966 年 10 月 1 日动工兴建，1973 年 3 月 31 日建成投产，投产第二年即产煤 150 万吨，达到了一期工程设计能力，创造了当时新矿井达产最快纪录。1980 年，产煤 273 万吨，完全达到设计能力。1981 年，对矿井运输系统进行改造，实现了煤炭运输皮带化。1995 年，改扩建工程完成，生产能力大幅提高，年产量长期保持在 400 万吨以上。2007 年至 2013 年，煤炭产量连续七年突破 500 万吨。

从建矿投产到 2016 年年底，云冈矿共生产煤炭 1.4 亿吨，为国家经济建设作出了巨大贡献。先后荣获“国家特级安全质量标准化矿井”“特级安全高效矿井”“山西省五一劳动奖状”“山西省功勋企业”“国家级绿色矿山”“中国最美矿山”等称号。

与此同时，精神文明建设和政治文明建设迅速发展，被上级授予“全煤系统文明单位”“山西省文明和谐单位”“山西省精神文明先进单位”“山西省五星级基层工会”“省管国有企业文明单位标兵”“大同市文明和谐单位标兵”“集团公司红旗党委”“集团公司党风廉政先进单位”“精神文明建设文明单位标兵”等荣誉称号。连续两年获得“山西省煤炭科技创新双十佳矿”

矿长渠贵君井下检查安全生产

荣誉称号。

2016年，被山西省煤炭学会评为“山西省煤炭科技创新示范矿井”。2016年，云冈矿党委被中国煤炭职工思想政治研究会授予“中国煤炭工业思想政治工作先进集体”，同时还荣获了全国煤炭行业“五四红旗团委”光荣称号。

近年来，云冈矿在习近平新时代中国特色社会主义思想的指引下，紧紧围绕集团公司“建设新同煤，打造新生活”重要战略愿景，练好安全发展、创新发展、和谐发展“三大内功”，抓好安全稳定、生产经营、惠民实事“三件大事”，提升质量标准化、现代化、信息化“三化水平”，提高工程质量、检修质量、考核质量“三个质量”，为打造安全高效、创新发展、和谐稳定的云冈品牌而努力奋斗。

华北制药集团

华北制药集团的前身华北制药厂是我国“一五”计划期间的重点建设项目，1953年筹建，1958年投产，主要产品覆盖化学制药、现代生物技术药物、维生素及营养保健品、现代中药、生物农兽药等领域，涉及全身性抗感染类、心脑血管类、抗肿瘤及免疫调节类等治疗领域近千个品规，目前拥有

40 多家子（分）公司，职工 1.7 万余人。

创新产品品质，筑牢新华药发展基石。60 年来，华药人不忘振兴民族医药事业的初心，牢记“一切为了人类健康”的使命，常年开展全员质量提升活动，持续改进产品品质，累计发表 QC 成果 7000 余项。获得国家发明奖 5 项、国家科技进步奖 20 项。30 多个产品通过美国 FDA 和欧盟 COS 认证，150 条主要产品生产线通过新版 GMP 认证。先后被授予“国家质量管理奖”“全国质量管理卓越企业”“工业企业质量标杆”“全国质量信得过班组建设优秀企业”“全国医药行业质量管理（QC）小组活动优秀企业”“国家级企业技术进步奖”“首届中国产学研合作创新奖”“国家技术创新示范企业”等荣誉称号。

提升人文品质，积蓄新华药发展动能。创建领导干部中心组学习会、华药大讲堂和形势任务报告会“三大学习平台”，党员群众党校、党员活动室和新媒体“三大教育阵地”，打造了建设新华药的智源地。通过持续开展技术练赛、劳动竞赛、职工创新工作室“三项特色活动”，凝聚起建设新华药的强大力量，使华药涌现出一大批优秀班组带头人，孵化出一大批能工巧匠和金牌工人。

华北制药集团外景

优化运营品质，提升新华药发展速度。华药秉承“人类健康至上，质量永远第一”的企业宗旨，优化“10+6+N”的组织架构，做精做强传统优势抗感染药物板块，做优做大现代生物医药板块，积极发展专业治疗领域、农兽药、大健康及医药物流板块，着力提升运营、管理和研发效率，努力建设国内领先世界一流的现代化制药集团，先后被评为“16家最具国际竞争力企业”、“全国先进生产力典范企业”等荣誉称号，连续多年跻身全国500家最大和最佳经济效益工业企业行列和中国制药工业企业前十名，企业发展实现了前所未有的加速度。

企业入选了“石家庄十大城市名片”，获“百姓放心药企业”“全国用户满意企业”“中国十大诚信企业”“全国模范劳动关系和谐企业”“全国就业先进企业”等荣誉称号。

中国电建集团铁路建设有限公司

中国电建集团铁路建设有限公司（简称铁路公司）是隶属于世界500强企业——中国电力建设集团有限公司的重要子公司，成立于2011年1月，现注册资本金57.83亿元，各类专业技术管理人员509人。截至2017年，公司资产总额154.97亿元，净资产71.29亿元，是中国电建集团A级企业。

铁路公司以市场为导向，创新竞进，着力培育企业核心竞争力，构筑了较为完善的市场布局和业务格局，增强了持续发展优势。在城市轨道交通市场，投资建设了深圳、成都、武汉、哈尔滨、福州、洛阳、晋太城际铁路

成都地铁 18 号线首台盾构机始发现场

等城市轨道交通工程项目，总投资规模超过 1500 亿元，其中成都地铁 18 号线 PPP 项目 347 亿元，是目前全国最大的 PPP 项目。参与了西成、成贵、石济、京沈、宝兰等客运专线，蒙华铁路等国家重点铁路工程建设；投资建设了吉林长春、云南蒙自等城市的综合管廊工程。深圳城市轨道交通 7 号线 BT 项目荣获 2016 年 -2017 年度“国家优质工程金质奖”，成为 2017 年度唯一获得国　　　优金奖的地铁项目，也是继无锡地铁 1 号线工程之后，全国第二个获国家优质工程金质奖的地铁项目。

铁路公司以“创一流专业化平台公司，打造中国轨道交通投资建设知名品牌”为企业愿景，坚持精工良建、品臻致远，秉承“自强不息，勇于超越”的企业精神，坚持共建、共享、共赢的经营理念，着力提高发展质量和效率，发挥中国电建轨道交通业务的营销中心、融资中心、管理中心、技术服务中心作用，已成为推动中国城市轨道交通建设发展的重要力量。

陕西西凤酒股份有限公司

陕西西凤酒股份有限公司位于陕西省凤翔县柳林镇，总资产 34.5 亿元，占地面积 90 万平方米，年生产能力 10 万吨，员工 3000 余人，属国家大型一档企业，是西北地区规模最大的国家名酒制造商、陕西省利税大户之一。

西凤酒曾获 1915 年美国旧金山巴拿马万国博览会金质奖，1992 年第十五届法国巴黎国际食品博览会金奖等八项国际大奖，蝉联四届全国评酒会“国家名酒”称号，先后荣获“中华老字号”“中国驰名商标”“国家原产地域保护产品”“国家地理标志产品”等称号。西凤酒酿制技艺被列入陕西省第一批非物质文化遗产名录。2017 年 10 月，经中国酒类品牌价值评议组委会评测，西凤品牌价值为 679.01 亿元，位居中国酒类品牌价值第 4 位。

优秀企业文化是提升企业凝聚力和竞争力的重要支撑，是推动西凤良性发展的强大动力。2013 年以来，新一届公司领导班子更加注重企业文化建设，相继组建了西凤企业文化建设委员会，设置了企业文化中心。编撰出版了融理念、行为、视角为一体的《西凤企业文化战略体系》，成为白酒行业第一家拥有完整性和系统性企业文化建设战略的企业；投资拍摄了以西凤酒历史故事为题材的古装微电影《秦凤奇缘》《酒醉蜂蝶》；编辑印发了西凤企业《员工手册》；举办了“西凤酒全国征文大赛”；创办了《陕西西凤酒》双月刊杂志；在北京、广州、郑州、西安等地相继建设了风格鲜明、格调一致的西凤酒文化馆，将西凤酒的品牌文化输送到全国市场，打造了文化与营销的完美融合的典范。

西凤企业相继荣获全国“企业文化顶层设计与基层践行优秀单位”“2015 年度中国工业游文化先进单位”“‘十二五’全国企业文化建设先进单位”“陕

西凤酒城全景

西省企业文化建设示范基地”等称号。

新时代的西凤，将以党的十九大精神为指引，牢记“让凤酒香满人间”的企业使命，发扬“敢为人先、包容进取、追求卓越”的企业精神，不断增强企业竞争实力和发展活力，为实现挺进中国白酒第一阵营、实现西凤事业伟大复兴的战略目标而努力奋斗！

上海海怡建设（集团）有限公司

上海海怡建设（集团）有限公司始建于1992年，是一家拥有房屋建筑总承包等三个国家一级资质，集施工总承包、建筑装饰装修、餐饮旅游、仓储劳务等多元化经营的综合型民营企业集团。海怡集团自创办以来，积极适应市场变化，合理调整产业结构，创新管理体制和机制，形成了多元化、专

党委领导班子及各支部书记参观遵义会议会址

业化经营格局，集团经济运行质量、综合实力和管理水平不断提升。自2013年至2016年，集团四年营业收入平均年增长28.84%，实现税收3.3524亿元。截止2017年11月底，集团实现营业收入33.4922亿元，同比增长10.46%，实现税收9888万元，同比增长48.75%，为社会经济发展作出了突出的贡献。

海怡集团先后获得“鲁班奖”“白玉兰奖”等19个奖项，获得上海市“文明工地”“申安杯”“优质结构”“金钢杯”奖等307个市级奖项，2017年，获得“白玉兰”奖等市级奖项21个，区级奖项41个。集团既重视企业的经济发展，也重视企业党的建设、精神文明建设和企业文化建设，着眼企业长远发展。自2003年以来一直是上海市文明单位，2006-2008年被评为“全国精神文明建设工作先进单位”，2008年以来一直是“上海市建筑施工企业综合实力排名30强企业”“上海市建筑装饰业30强企业”，2008年获“全国诚信优秀企业”称号，2013年获“全国企业信用等级AAA”称号，2015年获得“全国优秀施工企业”称号，2015年至2017年连续获得“中国建筑业企业信用等级AAA级”称号，2016年获得“国家工商总局2014年-2015年度守合同重信用企业”称号，2016-2017年连续两年是上海市民营企业100强。

海怡集团在自身经济发展壮大的同时，不忘主动承担社会责任，集团组织员工常年坚持参加志愿服务和学习雷锋活动，积极参与扶贫帮困、慈善募捐等社会慈善公益事业，累计向社会捐款1000余万元。